Christa Muths
**Heilen mit Farben,
Bildern und Symbolen**
Das große Buch der
Heilübungen

Simon+Leutner

Die Deutsche Bibliothek - CIP-Einheitsaufnahme

Muths, Christa:
Heilen mit Farben, Bildern und Symbolen : das grosse Buch
der Heilübungen / Christa Muths. - Dt. Erstausg. - Berlin :
Simon und Leutner, 1993
  (Edition Herzschlag)
  ISBN: 3-922389-49-X

Originalausgabe
© 1993 by Simon + Leutner Verlag,
Oranienstr. 24, 10999 Berlin
Covergestaltung: Manasa Susann Pásztor
Coverbild: Juan M. Vâsquez
Satz und Umbruch: Oliver Hellberg Schreibbüro, Berlin
Druck: PDC, Paderborner Druck Centrum

Alle Rechte vorbehalten.

Die Autorin

Christa Muths lehrte Gesellschaftswissenschaften und Sozialpädagogik an der Fachhochschule in Darmstadt, bevor sie ihre heilenden Fähigkeiten entdeckte und auszubilden begann.
Sie lebt seit 1980 in England und arbeitet dort seit Jahren als Heilerin. Ihre besondere Begabung, Energien wahrzunehmen und bewußt einzusetzen, machen sie zu einer international gefragten Persönlichkeit. Sie veröffentlichte ein ausgesprochen erfolgreiches Buch zur Farbtherapie (Farbtherapie - die sanfte Art die Seele zu heilen, München 1989). Ein weiteres Buch über Klangtherapie ist in Arbeit. Zur Zeit plant sie den Aufbau eines Lehrinstituts für ganzheitliches Heilen (Centre for Holistic Studies).

Inhalt

Vorwort 9

I. **Warum Heilübungen?** 13

   Was sind Heilübungen? 14
   Der Ansatz der Ganzheitlichkeit 14
   Unterschiedliche Bewußtseinsformen 17
   Heilübungen - ein Weg der Veränderung 20
   Geschichtliche Erfahrungen und Hintergründe 22
   Exkurs zur Realität 32

II. **Die Wirkung der Übungen** 38

   Physiologische Effekte 39
   Psychologische Effekte 42
   Geistige Effekte 44
   Spirituelle Effekte 46
   Die soziale Ebene 49

III. **Voraussetzungen zum Erfolg** 54

   Das Überwinden innerer Hindernisse 58
   Anwendung und Umwandlung eigener Energien .. 67
   Gefahren der Heilübungen und ihre Vermeidung .. 69

IV. **Die Durchführung der Heilübungen** 78

   Die richtigen Bedingungen 78
   Visualisation, Heilübungen und Meditation 87

Inspirationen für Heilübungen 88
Die Wahl der Objekte 98
Die Grundregeln für die Heilübungen 99

V. Heilübungen 100
Die verschiedenen Basistypen 100
Atemübungen 106
Mantras 110
Symbole 111
Mandalas 147
Die Elemente 153
Thangkas 165
Farben 167
Heilübungen über das Selbst
und unsere Gefühle 172
Heilübungen über unsere Gefühle 172
Übungen für bestimmte Situationen 184
Übungen zur inneren Stärkung
und Gestaltung der Zukunft 188
Heilübungen zur inneren Klarheit 193
Chakrenmeditationen 196
Heilübungen mit Edelsteinen 210
Heilübungen mit Tarot 217
Heilübungen mit dem Körper 220
Das innere Lächeln 222
Verbinden der rechten und linken Gehirnhälfte . . . 223
Akustische Heilübungen 228

Heilübungen zu Musikstücken 232
Om-Heilübungen 236
Planeten-Ton-Heilübungen 238

VI. Zum Abschluß 241

VII. Anhang 249

    Empfehlungen für Heilübungen 249
    Alphabetisches Verzeichnis der Übungen 285
    Literaturverzeichnis 289

Vorwort

Dieses Buch ist eine Fortsetzung meines Farbtherapiebuches. Meine Arbeit bezieht sich auf die Energiefelder des Körpers insgesamt, vor allem auf die Möglichkeiten mentaler und spiritueller Veränderungen, die durch Farben, Töne und Symbole aufgrund verschiedener Heilübungen und Meditationen erzielt werden können. Diese Veränderungen wirken sich dann sowohl auf den emotionalen Bereich als auch den Körper aus. Die Teilnehmer meiner Klassen und der »Readings« - dabei handelt es sich um das Lesen der Energiefelder in der Aura - fragten und fragen immer wieder nach schriftlichen Unterlagen, und so fing ich an, die Übungen aufzuschreiben. Daraus ist das vorliegende Buch geworden.

Farben haben mein ganzes Leben lang eine große Rolle gespielt. Doch erst während meiner Ausbildung als Heilerin in England wurde mir die spirituelle und heilende Bedeutung der Farben bewußt. Ein Farbtherapiekurs vertiefte meine Kenntnisse, und sehr bald schon begann ich selbst, mit Farben bewußt und heilend umzugehen. Ich wurde dabei von meinen damaligen Lehrern unterstützt. Der Kreis meiner Klienten dehnte sich ohne jede Werbung rasch aus. Ich begann auch in Deutschland und verschiedenen anderen Ländern damit zu arbeiten. Meine Fähigkeit, "Readings" zu geben, entwickelte sich im Zusammenhang einer speziellen Ausbildung zum Medium. Weitere Ausbildungen in ganzheitlicher Medizin folgten und unterstützen die Fähigkeit, feinstoffliche Energien wahrzunehmen und auf dieser Ebene heilend zu wirken.

Der Begriff Gesundheit ist von der Weltgesundheitsorganisation (WHO) als die Abwesenheit von Krankheit definiert worden. Mein Verständnis von Gesundheit ist jedoch viel umfassender. Die Heilübungen dienen dazu, eine Balance zwischen den Energien der verschiedenen Körper herbeizuführen. Dabei handelt es sich um unseren physikalischen Körper, den mentalen, geistigen sowie den spirituellen Körper. Der physikalische Körper ist der grobstofflichste, der spirituelle Körper ist der feinstofflichste, und dazwischen liegen die beiden anderen - der emotionale sowie der geistige. Alle Körper in ihren unterschiedlichen Stofflichkeiten funktionieren nur miteinander - sie wirken und reagieren aufeinander.

Wer sich während seines Lebens unentwegt beschwert, unzufrieden ist, an allem etwas auszusetzen hat, vergiftet sich im wahrsten Sinn des Wortes das Blut, ruiniert sein Äußeres. Tiefe Linien erscheinen im Gesicht, die Haltung wird gebeugt - er hat sich in den für uns unsichtbaren Gefilden des Geistes einen Ort geschaffen, der mit Negativität verseucht ist. Dieses Gedankennetz zieht unvermeidlich entsprechende Reaktionen und Gefahren nach sich. Wir wissen alle aus eigener Erfahrung, daß diejenigen, die am meisten Angst vor Diebstahl, Feuer, Unfall etc. haben und auch dementsprechend die meisten Sicherheitsvorkehrungen treffen, immer diejenigen sind, denen tatsächlich am meisten passiert. Mein Nachbar hat aus Angst vor Dieben Lenkrad und Steuerknüppel seines Autos mit einer dicken Stahlkette verbunden; das Gartentor ist doppelt gesichert und sehr hoch, im Haus hängen mehrere Feuerlöscher. Im Laufe eines Jahres wurde ins Auto eingebrochen und wichtige Unterlagen wurden gestohlen, ins Haus wurde eingebrochen, und es gab ein Feuer in der Küche. Ich selbst vergesse ständig, die Tür zum Garten abzuschließen; das Gartentor selbst hat kein Schloß und wird nur mit einer Kordel "verriegelt". Mir ist noch nichts passiert. (Siehe dazu: Franz Simon, Der Flirt mit der Negativität, Berlin 1991).

Wenn wir jedoch immer wieder und ohne Unterlaß unser eigenes Ideal vor uns aufbauen, ziehen wir die Elemente an, die uns dabei helfen, damit wir unser eigenes Ideal auch leben können. Jeder Wunsch, ob gedacht oder ausgesprochen, bringt uns das Gewünschte näher. Der Erfolg hängt dann von der Intensität des Wunsches ab. Bei Widersprüchen bezüglich des Wunsches läßt der Erfolg länger auf sich warten. Bei unbewußten und tieferen Ablehnungen oder negativen Konzepten, die sich auf den Wunsch beziehen, trifft die Erfüllung des Wunsches meist nicht ein. Unsere Gedanken und Wünsche sind wie eine magische Kraft, auch wenn sie nicht direkt mit dem Auge wahrnehmbar sind. Sie sind jedoch sehr real - genauso real wie eine Blume, eine Frucht oder ein Haus.

Wir geben und empfangen durch unsere Wünsche, Gedanken und Kommunikation mit anderen Menschen ständig geistige Elemente. Wir sind wie eine Batterie, die Kraft entsendet, aber auch genährt werden muß. In Massenversammlungen, zum Beispiel bei Popkonzerten oder in Kirchen, wirken unsere vereinten Wünsche wie eine große Batterie, die eine riesige Maschine steuern kann. Wir stehen in einem dauernden Austausch mit unserer Umwelt und nehmen die unserem jeweiligen Zustand entsprechende geistige Nahrung auf. Wenn wir uns also in einem negativen Gefühls- und Gedankenzustand befinden, machen wir eher negative Erfahrungen. Befinden wir uns jedoch in einem positiven Gedankenzustand, wird auch das, was wir aufnehmen und wahrnehmen, positiv sein. Es ist deshalb besonders wichtig, daß wir uns sowohl auf der äußeren als auch auf der inneren Ebene bewußt werden, in welchem Zustand wir uns befinden.

Wenn wir uns in einem negativen Zustand mit negativen, zynischen Menschen umgeben, nehmen wir bevorzugt deren negative Ausstrahlungen auf, während wir in einem positiven Zustand dagegen geschützt sind. Umgeben wir uns in einem kurzzeitigen negativen Zustand mit negativen Menschen, erscheinen unsere

Pläne plötzlich unerreichbar; dann verlieren wir das Zutrauen, diese Pläne auch durchzusetzen - werden zögernd und unsicher. Wir benötigen dann später viel Kraft, um unseren ursprünglichen Zustand wieder aufzubauen. Schon wenn wir uns in einem leicht erschöpften Zustand unter unruhige, unzufriedene Menschen begeben, werden deren Energien auf uns abfärben, wenn auch nur für kurze Zeit.

Heilübungen sind ein wunderbares Mittel, uns unserer eigenen Negativität bewußt zu werden - auch, um im Alltag negative Situationen gut auszuhalten und durchzustehen.

Ein einmal hergestelltes Gleichgewicht bleibt jedoch nicht für immer und unendlich bestehen. Das würde, in physikalischen Begriffen gedacht, den totalen Stillstand und Tod bedeuten und käme nach heutigen Erkenntnissen dem Energiezustand der Schwarzen Löcher gleich. Auf den Energieebenen der uns bekannten Materie ist jedoch alles in Bewegung und in Veränderung. Das ist es, was Leben ausmacht. Die hier beschriebenen Heilübungen helfen, einen inneren, psychischen Ausgleich oder Gleichgewichtszustand immer wieder herzustellen. Sie helfen, festgefahrene Zustände wieder in Bewegung zu bringen - vor allem, die Ursachen von inneren Unruhezuständen zu verstehen und aufzulösen. Sie führen außerdem zu einem erweiterten und tieferen Verständnis von Leben und Tod - der eine veränderte Form von Leben ist. Jede dieser Übungen wirkt über die einzelne Person hinaus, denn unser verändertes Verhalten beeinflußt unsere Umwelt, und so hat unser persönlicher Heilprozeß eine tiefere Wirkung auf den Heilprozeß unserer Umgebung.

Christa Muths   London Mai 1992

I. Warum Heilübungen?

Die Frage, warum man Heilübungen durchführt, scheint auf den ersten Blick sehr einfach zu beantworten. Wenn man die Frage jedoch denjenigen stellt, die die Übungen schon gemacht haben, erhalten wir von jedem eine andere Antwort: »Ich fühle mich dadurch besser« oder »Ich bin entspannter« bis zu Antworten wie: »Ich fühle mich Gott näher«. Die verschiedenen Übungen haben eines gemeinsam: Sie beschreiben einen Weg von der inneren zur äußeren Veränderung. Sie bestimmen selbst, wozu Sie die Heilübungen verwenden wollen, zur Entspannung oder zur inneren Selbstveränderung. Sie bestimmen auch, ob Ihnen die Heilübungen helfen oder nicht. Falls Sie glauben, man könne solche Übungen auch im Schnellverfahren lernen, liegen Sie leider falsch. Das Erlernen der Übungen ist keine leichte Aufgabe. Doch bringen sie Ihnen einen unschätzbaren inneren Reichtum, wenn sie erst einmal erarbeitet sind. Sie gewinnen die Möglichkeit, sich selbst mit Hilfe der Übungen genau kennen und akzeptieren zu lernen. Indem Sie lernen zu sehen, wo Sie stehen und wohin Sie gehen wollen, beginnen Sie damit, Ihre vorgegebenen Strukturen des Denkens, Fühlens und Handelns zu verändern und neu zu bestimmen.

Was sind Heilübungen?

Heilübungen sind eine vertiefte Form der Visualisation und eine Vorstufe zur Meditation. Die Grenzen zur Meditation sind dabei fließend. Die Übungen werden Ihnen helfen, gesund zu werden - sowie den richtigen Weg zur Veränderung zu finden und zu beschreiten. Sie lernen so, Verantwortung für Ihr Leben zu übernehmen und die nötigen Schritte in die Wege zu leiten. Die meisten Menschen leben in gewohnheitsmäßigen Mechanismen: Sie springen zum Beispiel von einem Thema zum anderen, von einer Idee zur nächsten, von einem Wunsch und einer Tat zur nächsten. Mit Hilfe der Übungen läßt sich solche Sprunghaftigkeit leicht auflösen. Dabei findet eine Integration der Gedanken statt, das heißt, es ist kein Mehraufwand zur bewußten Kontrolle des Gedankenprozesses mehr nötig.
Die verschiedenen Übungen beziehen sich genau wie auch die Meditation auf unser eigenes Bewußtsein. Sie sind eine Art geistige Aktivität, die im Laufe der Übung auch emotionale, physische und spirituelle Prozesse einschließt, und damit auch innerhalb dieser Bereiche wirkt. Heilübungen sind keine Religion, sondern Techniken, die es uns ermöglichen, zunächst die Einheit des eigenen Lebens und darüber hinaus auch die Einheit des Lebens im allgemeinen zu erfahren.

Der Ansatz der Ganzheitlichkeit

Heilübungen bestehen nicht aus purer Technik, sondern sind eher mit einer Kunst vergleichbar, die wie alle anderen Künste auch gelernt und geübt sein will. Um das Bearbeiten von Materialien in einem Handwerk zu erlernen, geht man schon seit Jahrhunderten durch eine mehrjährige Ausbildung. Auch jedes beliebige Studium dauert mindestens drei bis vier Jahre. Die Heilübungen haben andererseits nichts mit bestimmten intellektuellen Fähigkeiten und dem Ausbildungsgrad zu tun. Sie unterscheiden sich sehr wesentlich von anderen, ausschließlich mentalen Beschäftigungen.

In der westlichen Kultur sind wir es gewöhnt, innerhalb bestimmter mentaler Gesetzmäßigkeiten zu denken und zu handeln. Wir sehen die Objekte und Menschen in unserer Umwelt entsprechend unseren intellektuellen Konzepten. Wir haben gelernt, analytisch zu denken, zu urteilen und zu handeln. Tatsächlich umfaßt und begreift unser rationales Denken jedoch nur einen sehr kleinen Teil der Wirklichkeit. Allerdings sind wir so an diese Art des rationalen Erkennens gewöhnt, daß es uns schwer fällt, andere Möglichkeiten des Geistes, des Körpers, der Emotionen und der Spiritualität zu entwickeln, geschweige denn zu leben.

Unsere traditionelle Form des Denkens geht auf die Zeit der Aufklärung zurück, in der Verstand und Vernunft als einzig mögliches Mittel der Erkenntnis gesehen wurden. Dies geht einher mit dem mechanistischen Ansatz in der modernen Physik, bei dem die Welt auf ihre kleinsten Bestandteile (Neutronen, Elektronen, Quarks) reduziert wird, und diese als voneinander unabhängig funktionierend angesehen werden.

Im Gegensatz dazu entwickelt sich zur Zeit eine neue, mehr organische Auffassung von der Welt: alle Objekte beziehen sich mit ihrem ganzen Wesen aufeinander. Diese grundlegende Änderung innerhalb des Wissenschaftsansatzes wurde durch die Relativitätstheorie ausgelöst und von der Quantenphysik weiterentwickelt. Die Quantentheorie besagt unter anderem, daß alle Materie die gleichen Strukturen wie Licht aufweist und sich auch dementsprechend verhält: wie Welle und Teilchen zugleich. Genauso verhält es sich mit der Raum-Zeit-Einheit. In der Quantenphysik sind schließlich auch Raum und Zeit nicht mehr voneinander zu trennen. Es wird daher zur Zeit vom dritten großen Wandel in den Wissenschaften gesprochen.

Der erste Wandel vollzog sich mit den Entdeckungen von Galilei, der zweite mit den Gesetzen von Isaac Newton und der dritte mit der Einsteinschen Relativitätstheorie. Selbst in der Medizin und Zellforschung wird über die Quantenchemie und Quantenphysik diskutiert. Während früher alle nichtorganische Materie als »tote« Materie betrachtet wurde, die sich mechanisch verhält, sieht man heute vielmehr ihre zufälligen und sich verändernden Qualitäten.

Unsere Wahrnehmung ist nach wie vor fast ausschließlich vom mechanistischen Weltbild bestimmt, das heißt, wir nehmen immer nur einen bestimmten Ausschnitt, einen winzigen Teil des Ganzen wahr und beziehen uns mit unserem Handeln nur darauf. Mit Hilfe der meditativen Übungen wird jedoch eine ganzheitliche Wahrnehmung aufgebaut. Sie bezieht sich auf das innere Wesen der zu beobachtenden Objekte. Wir erhalten so echte Informationen über die Objekte, indem wir eine gemeinsame Erfahrung mit den jeweiligen Objekten machen. Schlußfolgerungen werden dann aufgrund dieser inneren Erfahrungen gezogen. Das durch die Übungen geschulte Bewußtsein kann als eine erweiterte Form unseres derzeitigen Alltagsbewußtseins angesehen werden. Der Baum ist hierfür ein gutes Beispiel: Wenn wir über, beziehungsweise mit einem Baum meditieren, erfahren wir etwas über das Leben des Baumes, seine Beziehung zur Sonne, zu Wind und Regen und zur Erde. Wir können etwas über die Rolle des Baums als »Gastgeber« für viele andere Lebewesen erfahren und herausbekommen, wie der Baum den Übergang zum Winter und den Beginn des neuen Lebens im Frühling erfährt. Wir können sogar Wirkungen und Auswirkungen der verschiedenen Blattformen erspüren. Solche Erfahrungen mit einem Baum führen zu grundsätzlichen Veränderungen unseres Bewußtseins und Urteilsvermögens. Manche dieser Erkenntnisse könnten wir auch irgendwo nachlesen, wodurch wir unseren Wissensstand erweitern, nicht jedoch unser tiefergreifendes Bewußtsein.

Dieses direkte Erfassen durch stilles, beobachtendes Teilhaben an den Vorgängen gewährt einen völlig anderen Austausch mit allem Leben und Teilhabe an aller ihm innewohnenden Erfahrung.

Unterschiedliche Bewußtseinsformen

Wir kennen und unterscheiden ganz verschiedene Formen von Bewußtsein. So konzentrieren wir uns während eines Tages mal mehr auf die Außenwelt, um uns dann wieder mehr mit unseren inneren Gefühlen zu beschäftigen und umgekehrt. Wir wechseln also in verschiedene Bereiche unseres Bewußtseins.

Unser Alltagsbewußtsein hat sich über Tausende von Jahren entwickelt. Es setzt sich nicht nur aus unserer eigenen täglichen Lebenserfahrung zusammen, sondern außerdem aus den Erfahrungen unserer Eltern, Lehrer, Freunde - sowie unserer gesamten Kultur.

Zwei Bewußtseinsformen sind uns im Alltag vertraut: das Wach- und das Schlafbewußtsein. Aus diesen beiden Bewußtseinsstufen setzt sich unser Alltagsbewußtsein zusammen.

Eine andere, uns weniger vertraute Form des Bewußtseins ist die Trance. In abgeschwächter Form kennen wir sie jedoch alle: Wir erleben sie, wenn wir so sehr in ein Buch vertieft sind, daß wir die Umwelt nicht mehr wahrnehmen - die Zeit vergessen; oder wenn uns ein Film so fasziniert, daß wir völlig mit dem Film mitleben. Dasselbe gilt auch für Jugendliche, die auf Popkonzerten in Ekstase geraten oder auch beim Musikhören »abschalten«. Diese äußerst intensive Art der Konzentration und Zuwendung kennzeichnet den Bewußtseinszustand der Trance. Wir leben dann in einer imaginären Realität - in uns selbst.

In Trance hat sich unser Bewußtsein auf eine bestimmte eingegrenzte Welt reduziert, was auch verschiedene therapeutische

Möglichkeiten zur Folge hat: Der Körper scheint weniger schmerzempfindlich und der Verstand erhält Zugang zu längst vergessenen Erinnerungen und Erlebnissen. Das Bewußtsein ist dabei immer nach innen gerichtet.

Die Bewußtseinsform der Heilübungen geht in eine ganz andere Richtung. Meine Übungen sind eher mit der Meditation als mit der Trance verwandt. In der Trance kann das Individuum die Realität völlig vergessen und seinen Verstand ausschalten - sind hier doch die erweiterten geistigen Möglichkeiten die Hauptsache. Bei den Heilübungen dagegen werden das wirkliche Geschehen, die Umgebung und die persönliche Realität einbezogen. Der Verstand ist bei den Übungen immer voll dabei. Von Anfängern werden diese beiden Bewußtseinszustände leicht verwechselt. Bei Heilübungen und Meditation erweitert sich der Bewußtseinszustand, während sich bei der Trance die geistige Aktivität konzentriert, was aber in diesem Zusammenhang eine Einengung darstellt, da sie sich nur auf einen Teil des Ganzen bezieht.

Auf der transpersonalen Ebene finden wir das mystische Bewußtsein, das uns zum totalen Raum-Zeit-Bewußtsein hinführt. Es ist schwierig, diesen Zustand zu beschreiben, da er außerhalb unseres Sprachsystems liegt. Das Sprachsystem einer jeweiligen Kultur baut sich aus dem Alltagsbewußtsein der Menschen auf, die eben diese Kultur geschaffen haben. Dazu kommt die Summe des geschichtlich mit in diese Kultur gebrachten Alltagsbewußtseins.

In allen Kulturen hat es Menschen mit mystischem Bewußtsein gegeben. Es waren aber immer nur sehr wenige, weshalb die Erfahrung dieses Bewußtseinszustandes nicht in die Alltagssprache umgesetzt wurde. Bei den mystischen Menschen ist das Bewußtsein auch im Alltag wesentlich erweitert und nicht nur auf den jeweiligen Lebensmoment begrenzt. Die mystische Erfahrung übersteigt unser Alltagsbewußtsein. In der mystischen Tradition wird von »Einsicht«, »Erleuchtung« und »erweiterter Wahrnehmung« gesprochen.

Ein mystisches Raum-Zeit-Bewußtsein kannten alle großen Religionsstifter wie zum Beispiel Moses, Buddha, Krishna, Jesus Christus, Plotin, Lao Tse, Meister Eckhart, Hildegard von Bingen, Franz von Assisi, der Dalai Lama sowie die großen Wahrsager wie zum Beispiel König Salomon, Nostradamus, aber auch die großen Meister der östlichen Religionen.

Der unserem Alltagsbewußtsein vorgegebene Rahmen meßbarer Zeit wird in veränderten Bewußtseinszuständen gesprengt. Im Zustand des erweiterten Bewußtseins kann diese Eingrenzung aufgehoben werden und Vergangenheit und Zukunft gegenwärtig werden. Mystisches Bewußtsein war und ist das Kennzeichen hochentwickelter religiöser Menschen.

Diese Form von Erkenntnis und Bewußtsein ist jedoch nicht nur den Religionen vorbehalten, sondern steht prinzipiell jedem Menschen offen, der durch Meditation in der Lage ist, das Raum-Zeit-Kontinuum zu erfassen und damit sein Bewußtsein zu verändern. Für Menschen, die bewußtseinsmäßig sehr weit entwickelt sind, wird Meditation zum Bestandteil ihrer Persönlichkeit. Diese Menschen haben leicht Zugang zu bestimmten Informationen und entwickeln eine Art von mystischem Bewußtsein, das heißt, sie sind ständig in Meditation.

Fortgeschrittene Meditierende erfahren und erleben in den Heilübungen vor allem die inneren Zusammenhänge aller Dinge - die innere Verbundenheit mit allem.

Besonders intensive Meditationserfahrungen führen an einen Punkt innerer Klarheit, wo man das Gefühl hat, in eine unendliche Stille einzutreten und sich völlig außerhalb von Raum und Zeit zu befinden.

Durch das Erfahren dieser unendlichen Stille wird man sich der Bedeutung von »Maya« bewußt. In der indischen Philosophie wird damit die Illusion der materiellen Welt bezeichnet. Es gibt in dieser Philosophie nur eine Wirklichkeit, das All-Eine, nämlich »Brahma«. Zu einer ähnlichen Erkenntnis kommt die angeblich intelligenteste Frau der Welt, Marilyn vas Savant, mit einem gemessenem IQ von 228. Auch für sie ist alle Materie im All nichts anderes als örtlich zusammengeballte und stabilisierte Energie.

Heilübungen - ein Weg der Veränderung

Der Weg zu den Heilübungen ist nicht ganz einfach und von vielen Hindernissen begleitet. Das trifft jedoch auf alle neuen Techniken zu. Die Hindernisse, die in der Regel zu überwinden sind, werden im Kapitel »Voraussetzungen für eine erfolgreiche Meditation« ausführlich besprochen, und es werden dort Hilfen zu ihrer Überwindung angeboten.

In den Heilübungen verläuft der geistige Prozeß kontinuierlich, während er im allgemeinen sehr oft von Hektik geprägt ist, von einem Gedanken zum nächsten springt. Mit den Heilübungen lernen wir, uns zu konzentrieren. Wir lernen zu visualisieren, das heißt Möglichkeiten der Zukunft in der Gegenwart zu erfahren und damit die Zukunft mitzugestalten und zu bestimmen. Wir lernen, uns auf andere Lebenseinheiten und Lebenszusammenhänge einzulassen und sie zu verstehen. Vor allem lernen wir uns selbst kennen und annehmen - wohl das wichtigste im Leben.

Der bekannte Satz »(er)kenne dich selbst« ist ein Aufruf zur Veränderung und Bewußtseinserweiterung.

Wer kennt sich schon selbst, wer sieht in den Spiegel und kann sich darin mit all den Schwächen, Stärken und Möglichkeiten selbst erfassen? Wer weiß schon genau, wer sie/er ist? Heilübungen helfen herauszufinden, wo wir im Augenblick stehen - in körperlicher, emotionaler, geistiger und spiritueller Hinsicht. Wir können uns durch die Übungen selbst viel besser erfahren und dadurch bestimmte Denkstrukturen und Verhaltensweisen ändern. Wir können lernen, Blockaden abzubauen und Zukunftsmöglichkeiten zu nutzen. Wir werden dadurch glücklicher und zufriedener. Unsere eigenen unerforschten Kräfte werden uns bewußt, und wir lernen unsere inneren Hindernisse kennen und überwinden.

Die Realität nehmen wir aus unserem jeweiligen Blickwinkel heraus wahr und erfassen damit jeweils die Realität allein dieses Blickwinkels. Die Heilübungen machen es möglich, die »Realität« aus verschiedenen Perspektiven wahrzunehmen und zu interpretieren. Damit erhalten wir einen erweiterten Zugang zum Ganzen.

Die Heilübungen unterstützen die Entwicklung folgender Möglichkeiten:

- Erlernen tiefer Konzentration durch Aufgabe geistiger Sprunghaftigkeit,
- Bewußtmachung eigener Hindernisse und Blockaden,
- Selbsterkundung durch bewußtes Eintauchen in das eigene Unbewußte,
- Tiefenentspannung von Körper, Emotionen und Geist,
- körperliches und seelisches Wohlbefinden,
- Energiezufuhr,
- Öffnen der Chakren, dadurch besserer Energiefluß im Körper,
- andere, erweiterte Sichtweisen der Realität,
- Kontrolle über das eigene Leben gewinnen,
- Verbesserung und Vertiefung der Kommunikationsfähigkeit,
- Zugang zu Informationen aus anderen Dimensionen,
- innere Stärke,
- innerer Frieden,
- Entwicklung und Erweiterung unserer Ganzheit.

Indem Sie sich durch das Üben kreativer Visualisierungen neue Fähigkeiten aneignen, erweitern Sie sowohl die Aufnahmekapa-

zität Ihres Gehirns als auch Ihre physischen, emotionalen und intellektuellen Spielräume. Sie motivieren sich damit, sich auch weiterhin neue Kenntnisse »erobern« zu wollen.
Es gibt zwei Arten von Besitz und Eigentum: den materiellen und den spirituellen. Das materielle Eigentum kann uns über Nacht durch äußere Umstände verlorengehen, das spirituelle Eigentum jedoch nie. Je mehr und tiefer wir eigene Erkenntnisse über uns haben, desto sicherer und vertrauter fühlen wir uns nicht nur mit uns selbst, sondern auch mit unserer Umwelt. Und desto sicher und vertrauter können wir in Krisensituationen mit Problemen umgehen, sie anpacken und positiv auflösen.
Selbstvertrauen wirkt nicht nur ansteckend auf andere, es gibt auch anderen Motivation und Zuversicht - der eigene Frieden überträgt sich zumindest zum Teil auf unsere Umwelt.

Geschichtliche Erfahrungen und Hintergründe

Die Heilübungen sind der Meditation sehr verwandt und aus Erfahrungen mit Meditation entstanden. Meditation kann als Grundlage und Ausgangspunkt für meine Übungen gesehen werden. Meditation ist eine uralte Technik, die sowohl in hochentwickelten als auch in primitiven alten Kulturen praktiziert wurde. Bevor die Meditation in der Geschichte das erste Mal erwähnt wurde, war Bewußtseinsveränderung durch Trance bereits bekannt. Bei afrikanischen und australischen Stämmen tanzte man sich in die Ekstase. Dabei wurden auch Masken verwendet. Eine Form von ekstatischem Tanz hat sich bei den Sufis bis heute erhalten: der Tanz der Derwische.
Aus der Geschichte wissen wir, daß die alten Chinesen, Inder und Ägypter bereits meditierten. Die Chinesen arbeiten bis heute mit Atemübungen zur Stabilisierung körperlicher, emotionaler und geistiger Gesundheit.

Der Taoismus, eine chinesische Philosophie, die verschiedene Strömungen des Konfuzianismus und des Buddhismus umfaßt, hat die Harmonie des Menschen mit den natürlichen Rhythmen und Gesetzen des Universums zum Ziel - ausgedrückt im Yin und Yang, dem dualen Prinzip des Universums. Dunkelheit und Licht, das Weibliche und das Männliche kommunizieren miteinander und können sich in völliger Harmonie aufeinander beziehen.
Der Taoismus sieht es als Aufgabe des Menschen, diese Harmonien zu verstehen und sich selbst damit in einen harmonischen Ausgleich zu bringen. Ein ganz wesentliches Mittel dazu ist für den Taoismus seit alters her die Meditation. Einer seiner wichtigsten Vertreter ist Lao Tse, der circa im Jahre 600 vor Christus geboren wurde.
In der christlichen Religion spielt das Gebet als eine Form der Meditation bis heute eine große Rolle. Wir verbinden mit dem Wort Gebet eine Pflichtübung, deren Sinn verloren gegangen zu sein scheint. Diese Art, das Gebet zu verstehen, beruht fast immer auf einer kindlichen Auffassung der Beziehung zwischen dem Menschlichen und dem Göttlichen.
Die Form des mystischen Gebetes war jedoch niemals Teil kirchlicher Praxis, sondern blieb einem bestimmten Personenkreis vorbehalten. Das mystische Verständnis von Gebet entspricht der Meditation und beinhaltet, daß man das Gebet versteht und sich mit ihm identifiziert. Wir wissen, daß sich Jesus vierzig Tage zur Meditation in die Wüste zurückgezogen hat, um sich auf die kommenden Aufgaben vorzubereiten.
In der Orthodoxen Kirche spielt die Ikone eine wesentliche Rolle. Im Westen dagegen ging diese Verbindung zu Bildern leider verloren. Übrigens werden nicht die Ikonen angebetet, sondern das, was sie darstellen. Die äußere symbolische Form sollte nicht mit dem Inhalt verwechselt werden. Die Ikonen haben ganz alte Bedeutungen, und der Maler hat bestimmten asketischen Regeln zu folgen, während er die Ikone malt. Das Holz, auf dem gemalt

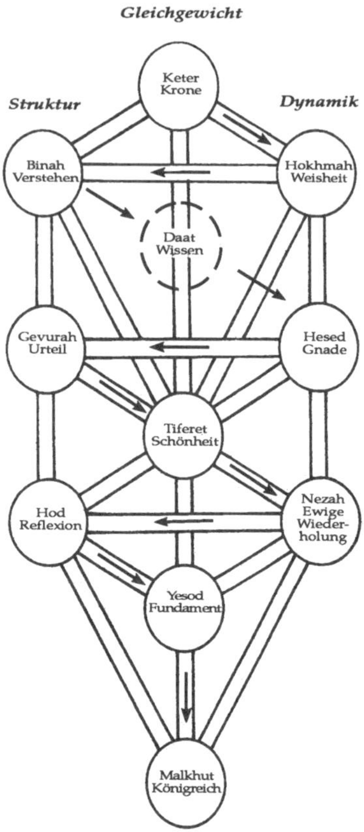

Abb. 1: Der Baum des Lebens

wird, wurde zuvor ebenso gesegnet wie die Farben. Während des Malprozesses befindet sich der Maler in einem meditationsähnlichen Zustand.

Es gibt eine alte jüdische Tradition, in der auch mit Symbolen meditiert wird, nämlich mit der Kabbala. »Kabbala« ist hebräisch und heißt »Überlieferung«: ein Hinweis auf Inhalte, die jeweils

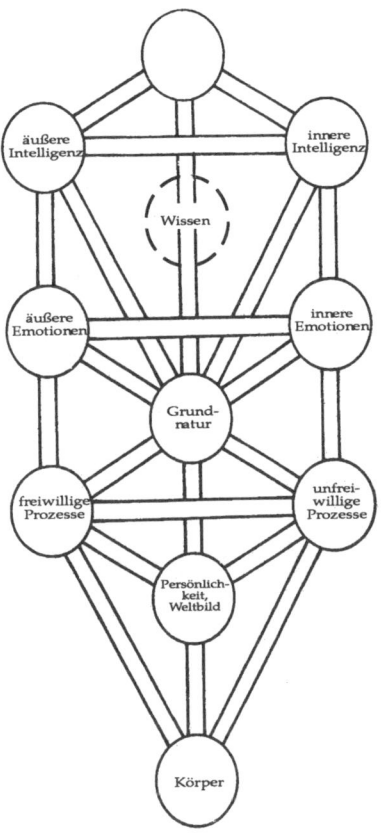

Abb. 2: Der Baum des Menschen

vom Lehrer auf den Schüler übertragen und damit erhalten wurden. Die Kabbala geht zurück bis in das erste Jahrhundert unserer Zeitrechnung. Ihre erste Schrift über den Baum des Lebens, das Sinnbild der Kabbala, wurde im zehnten Jahrhundert nach Christus verfaßt. Im Baum des Lebens können tatsächlich alle Lebensvorgänge in ihrem Zusammenhang aufgezeichnet werden.

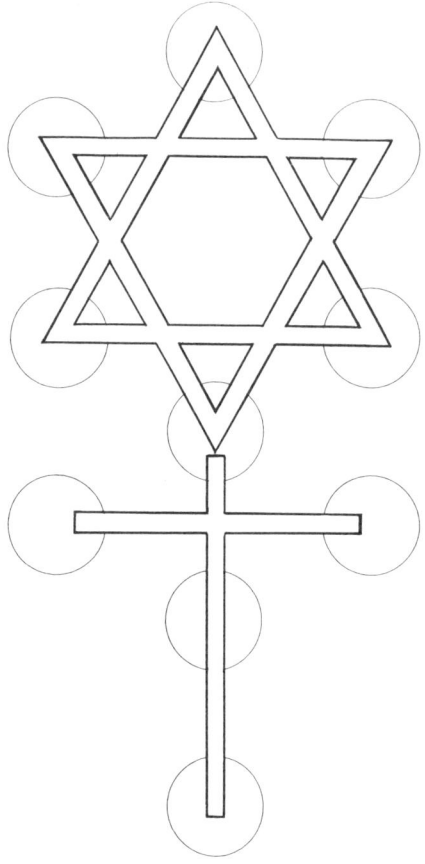

Abb. 3: Der Lebensbaum zusammengesetzt aus Hexagramm und Kreuz

Die Lehren der Kabbala waren während des Mittelalters sehr einflußreich. Sie verbreiteten sich über Spanien und Italien bis nach Nordafrika und die Türkei. Die Entwicklung ging dann über Jemen, Kurdistan und Bagdad und wurde im achtzehnten Jahrhundert besonders stark in Jerusalem und Polen. Die Kabbala wurde nie zu einer Institution. Sie war immer ein wesentlicher Teil der jüdischen Kultur und deren historischer und räumlicher Unsicherheit. Die Anhänger der Kabbala folgten ihr nicht, indem sie ins Kloster gingen und Mönche oder Nonnen wurden. Sie folgten vielmehr einer bestimmten Art, die Realität wahrzunehmen und zu leben.

Der Baum des Lebens setzt sich aus dem Hexagramm und dem Kreuz zusammen und repräsentiert die verschiedenen Wege - Gefahren und Fallen -, die jemand zu gehen hatte, damit sich für ihn die Spiritualität öffnen konnte. Meditation ist auch hier der Weg des inneren Wissens und der inneren Geheimnisse. Während sich der Sufismus als Form islamischer Mystik in seiner spirituellen Suche auf Tanz, Musik und Dichtung konzentriert, liegt der Symbolismus der Kabbala bei Buchstaben, Zahlen und mathematischen Beziehungen. Der Baum des Lebens ist nicht eine intellektuelle Methode für metaphysische Spekulation, sondern er muß von innen her verstanden werden.

Innerhalb des Buddhismus gibt es sehr viele verschiedene Formen der Meditation. Der Buddhismus selbst entwickelte sich aus einer langen Meditation. Siddharta saß unter einem Baum und meditierte. Nach langer Zeit wurde er erleuchtet und schließlich zu Buddha.

Buddha ist ein Wort aus dem Sanskrit und heißt: »Derjenige, der voll erleuchtet ist«. Buddha entwickelte seine Philosophie. Er sah die Ursache allen Leidens in der allgemeinen Vorstellung, daß das Selbst permanent und beständig sei. Tatsächlich ändere es sich ständig und entwickele sich weiter. Er definierte acht Grundregeln, durch die man das Leiden beenden könne: der richtige Blick, die richtige Sprache, die richtige Lebensführung, das richtige Lösen von Problemen, die richtige Lebendigkeit, das richtige Bemühen, das richtige Bewußtsein und die richtige Meditation. Diese Regeln sind eine Art moralischer Lebenscode - Philosophie und tägliche Übung zugleich.

Der Buddhismus sieht die Entwicklung eines Menschen sehr organisch und natürlich und erlaubt eine Vielfalt von verschiedenen Meditationspraktiken.
Eine davon ist die Zen-Meditation, die sich im Westen, besonders in Amerika, in den letzten Jahren sehr verbreitet hat.
Zen ist eine chinesisch-japanische Form des Buddhismus, die sich circa 600 vor Christus in Japan entwickelt hat. Auch hier wird von Harmonie, Erleuchtung der Seele des einzelnen gesprochen.
Die Zen-Meister verwenden hauptsächlich Atem-Meditationen und das Gebet zur Meditation, um diese Zustände herbeizuführen. Die Hauptübung ist das Zazen - das bedeutet »sitzen« und wird täglich durchgeführt. Der Meditierende sitzt auf einem Kissen einer Wand gegenüber. Dabei ist die richtige Haltung entscheidend. Die richtige Haltung ist im Zen fast ebenso wichtig wie die Meditation selbst.
Im Zen konzentriert man sich nur auf den Atem, auf nichts anderes. Es wird auf nichts hingearbeitet, denn die Erleuchtung kommt, wenn die Zeit reif ist und nicht vorher. Zen kann, wie alle anderen Meditationsformen, nicht mit dem reinen Verstand erfaßt werden. Das reine intellektuelle Verstehen begreift nur einen kleinen Teil des Zen-Prozesses.
Die Inder und die buddhistische Religion verwenden auch das Mantra - das Wort - zur Meditation, während die alten Ägypter direkt auf heilige Gegenstände meditierten.
Doch fast alle Religionen setzen die Stimme für ihre Gebete und Meditationen ein - die tibetischen Mönche beispielsweise das Om, den Urlaut der Welt. Doch auch in unseren mittelalterlichen Klöstern wurden verschiedene Gesänge zur Meditation benutzt.
Der Begriff Hindu bedeutet nur »indisch«. Der Hinduismus steht deshalb sowohl für die indische Kultur als auch für das spirituelle Verständnis dieser Kultur.
Insofern ist der Hinduismus weitumfassend und spiegelt die unterschiedlichen Entwicklungen während vieler Jahrhunderte wi-

der. Es gibt da zum Beispiel sowohl einen Gott als auch viele andere Göttlichkeiten. Der Hinduismus bietet vielfältige Meditationsmöglichkeiten. Eine davon ist das Tantra.
Tantra ist eine sehr alte religiöse Philosophie, die in einzigartiger Weise Sexualität und Spiritualität verbindet, indem sie in der Meditation sexuelle Energien für die spirituelle Entwicklung nutzt.
Meditiert wird im Hinduismus mit Mantras und Mandalas, aber auch mit Visualisationen und Gebeten. Es sind sehr viele verschiedene Formen möglich - sowohl körperliche Übung, um den Prozeß der Erkenntnis zu unterstützen, als auch geistige und spirituelle Übung. Meditation ist hierbei das Medium, um den »Suchenden« aus dem Zustand seiner Ignoranz zum Wissen zu führen.
Die Methode, die im Hinduismus alle Level der Person vereinigt, ist Yoga. Es gibt sehr viele verschiedene Formen von Yoga, die aber alle dasselbe Ziel haben: die Einheit der Person mit sich selbst und mit dem Kosmos.
Jhana-Yoga ist der intellektuelle Weg, auf dem das Ziel mittels ausführlicher intellektueller Studien und Meditation erreicht wird. Bhakti-Yoga ist der Weg der Liebe und Ergebenheit und Karma-Yoga der Weg des Dienens und selbstlosen Handelns. Hatha-Yoga ist der Weg der physischen Kontrolle.
Raja-Yoga kontrolliert den Verstand und Laya-Yoga harmonisiert die Aktivitäten der feinstofflichen Energien.
Acht Schritte sind notwendig, um die erwünschte Befreiung von den Problemen und Schmerzen des Lebens zu erreichen: Abstinenz, Beobachtung, Haltung, Kontrolle des Atems, Rückzug der Sinne, Konzentration, Meditation und schließlich Kontemplation.
Kurz: Yoga in der östlichen Tradition ist nicht das, was im Westen daraus gemacht wurde - eine Art von Freizeitentspannung. Yoga repräsentiert eine allumfassende Philosophie vom Leben und vom Dasein.

Yoga beinhaltet die Überlieferungen der esoterischen Erkenntnisse und Weisheiten des Hinduismus, ebenso wie die Sufi-Übungen die esoterischen Erkenntnisse des Islams und die Kabbala die esoterischen Erkenntnisse des Judentums überliefern. Auf diese Weise wurden sie uns bis heute bewahrt und werden auch weiterhin bewahrt bleiben.

In den alten Kulturen gehört die Meditation zur Religion, sie ist Teil der Religion, ein Weg, um in Kontakt mit Gott zu treten. Religion hatte in den alten Kulturen eine andere Bedeutung als heute. Das allgemeine Bewußtsein der Menschen war damals anders, und die wenigen, die gebildet waren, waren fast ausschließlich durch die Ausbildung der Kirche gegangen. Eine kirchlich unabhängige Form von Bildung gab es bis zum Mittelalter nicht. Viele der damaligen Kirchenvertreter konnten die Begrenzungen der Religion erkennen, hatten jedoch keine Möglichkeit, unabhängig davon zu arbeiten. Diese Meister benutzten Meditation, um Zugang zu anderen Dimensionen und Antworten auf schwierige Fragen zu bekommen.

Die Sufis existieren als mystische Gruppe innerhalb des Islams seit Jahrhunderten. Sie sind das Herz des Islam und ihrer eigenen Meinung nach das Wesen aller Religionen. Das Ziel der Sufis ist der »universelle Mensch« aller Kulturen und Religionen. Die Sufis haben wunderschöne Gedichte, die sie zur Meditation verwenden. Das Ziel der Sufi-Meditationen ist es, innere Wahrheit zu finden statt dem äußeren Gesetz zu dienen. Im Sufismus entwickelt sich der Mensch von Stufe zu Stufe, befreit sich dadurch von seinem Ego-Selbst und entwickelt eine Art kosmisches Selbst. Die Sufi-Übungen sind sehr weit gefächert: vom Gebet über den Tanz zur Meditation. Die Meditation ist hier purer Ausdruck des Lebens - niemals eine abstrakte Übung. Architektur, Musik, Dichtung, Tanz sind Ausdruck innerer Lebendigkeit. Im Sufismus gibt es keine Teilung von Meditation und Leben. Alles ist eine Repräsentation einer größeren Einheit. Es gibt keine normalen und gewöhnlichen Tätigkeiten, die nicht in Meditation verwandelt werden können. Die innere Einstellung und die innere Suche sind entscheidend.

Im tibetischen Raum wurden schon zu alten Zeiten aus gemahlenen Edelsteinfarben »Thangkas« gemalt - Bilder über Menschen, Götter und das Universum. Auf diesen Thangkas wurde Weisheit und Wahrheit ausgedrückt und gemalt. Schon vor dreitausend Jahren malten die alten Tibeter die Entwicklung des Embryos in der Gebärmutter - wissenschaftlich erst mehrere tausend Jahre später nachgewiesen. Dieses durch Meditation erworbene Wissen wurde auf Thangkas wiedergegeben, die dann als Meditationsobjekte dienten.

Tatsächlich weisen alle mystischen Religionen und Philosophien auf die Existenz eines kosmischen Bewußtseins hin, das wir heute als Raum-Zeit-Kontinuum bezeichnen und das nur durch Meditation gezielt erfahren werden kann.

Exkurs zur Realität

Mit Einstein begann die dritte revolutionäre Phase in den Wissenschaften. Er ist der Entdecker der Relativitätstheorie und einer der Väter der Quanten-Physik.
Diese hat nachgewiesen, daß sich unter bestimmten Bedingungen Materie genau wie Licht, sprich Energie, verhält. Beides besteht aus Welle und Teilchen gleichzeitig. Die Unterschiede zwischen Materie, Licht und jeder anderen Form von Energie lösen sich auf. Je mehr wir die eine Seite untersuchen, desto mehr verlieren wir Kenntnis über die andere Seite. Je nach den verschiedenen experimentellen Bedingungen verhält sich die Materie eher wie eine Welle oder eher wie ein Teilchen, aber in gewisser Weise wie beide zugleich. Jede Untersuchung beeinflußt und ändert die Struktur des Ganzen.
Aus diesem Grunde kann wissenschaftlich kein bestimmtes Verhalten der jeweiligen Form der Materie vorausgesagt werden. Es kann wissenschaftlich nur von Wahrscheinlichkeiten gesprochen werden, da sich durch jede Untersuchung eines Teiles des Ganzen das Ganze verändert.
Kein Element kann deshalb absolut erkannt und beschrieben werden, da es von zu vielen Variablen beeinflußt wird. Keine wissenschaftliche Untersuchung kann von daher ein Element absolut beschreiben. Das liegt nicht an den technischen Möglichkeiten, sondern an der oben beschriebenen fundamentalen Struktur der Materie an sich. Der wissenschaftliche Grundsatz der Quanten-

Physik lautet: Je mehr wir über einen Teil eines Elementes wissen, desto weniger wissen wir über einen anderen Teil des Ganzen. Dieselben physikalischen Gegebenheiten treffen auf das Raum-Zeit-Kontinuum zu. Die Zeit ist untrennbar vom Raum und bewegt sich, wenn überhaupt, mit dem Raum und innerhalb des Raumes, nicht wie wir sie wahrnehmen, losgelöst vom Raum. Die Zeit ist deshalb nicht vorübergehend, sondern hat wie der Raum eine vierdimensionale Struktur, die von uns bisher zweidimensional, das heißt linear, verstanden wurde. Gegenstände und Körper bewegen sich durch dieses Raum-Zeit-Kontinuum, die Zeit selber bewegt sich jedoch genauso wie der Raum im Prinzip nicht. Es gibt keine befriedigende zweidimensionale Darstellungsweise dieser Realität.

Erfahrungen und Erlebnisse in der sogenannten Vergangenheit lassen sich diesen neuen Erkenntnissen entsprechend heute aufgrund eines erweiterten Bewußtseins ändern. Wir greifen dann mit unserem jetzigen Bewußtsein in das Raum-Zeit-Kontinuum ein und beeinflussen damit das »Vergangene«. In der neuen Physik gibt es verschiedene Theorien, die von einer rückwärtswirkenden Verursachung sprechen. Dies könnte von Teilchen bewirkt werden, den Tachyonen, die schneller als das Licht sind. Unser Verständnis von Ursache und Wirkung entspricht nicht dieser physikalischen Realität. Die Quantentheorie spricht von einer umgekehrten Kausalität. Das bedeutet, daß eine Beobachtung, Erkenntnis oder Untersuchung, die heute stattfindet, zur Entstehung einer Wirklichkeit und Realität in einer näher oder weiter zurückliegenden Vergangenheit beitragen kann.

Diese Erkenntnisse vom Dualismus aller Materie, von der gegenseitigen Bedingung von Raum und Zeit und die Aufhebung des Zusammenhangs von Ursache und Wirkung stellen unser ganzes herkömmliches Realitätsverständnis und damit unser ganzes Wissen auf den Kopf. Sie stehen dem mechanistischen Weltbild völlig entgegen. Doch ein weiterer Faktor verunsichert die wissenschaftliche Theoriebildung: So sind es nicht nur Untersuchungen und Studien, die Materie beeinflussen und verändern; allein schon die Art und Weise, wie Materie und Energie betrachtet werden, hat einen Einfluß auf deren Eigenschaften! Unsere Gedanken sind also bereits Formen von Interaktion und Eingriff - sie beeinflussen das Verhalten von Materie und Energie - und dadurch auch jede andere Materie.

Eine Gruppe von Wissenschaftlern hatte bei Untersuchungen von Pflanzen bestimmte - nach herkömmlichen Vorstellungen »unwahrscheinliche« - Ergebnisse erzielt. Die gleichen Untersuchungen wurden dann von einer anderen Gruppe von Wissenschaftlern durchgeführt, die dem Ganzen sehr skeptisch gegenüberstanden und es passierte nichts Außergewöhnliches. Als die erste Gruppe die Versuche dann noch einmal im Beisein der Skeptiker wiederholte, reagierten die Pflanzen tatsächlich wie die Male zuvor.

Doch ein weiterer wesentlicher Faktor macht das Ganze noch schwieriger und komplizierter. Der Kosmos setzt sich aus Vakuum (dem Nichts), Materie und Energie zusammen. Der Begriff Energie wird hier deshalb zusätzlich zum Begriff der Materie verwandt, weil es so schwierig ist, unser gesamtes Denken umzustellen und Energie als Materie anzusehen. In der mechanischen Physik ist das Vakuum ein absolutes Nichts, nicht so in der Quanten-Physik. Im Quanten-Vakuum gibt es virtuelle Teilchen, die zum Vakuum gehören und die Eigenschaft haben, Teilchen für kurze Zeit an die Materie abzugeben, um sie kurz darauf wieder in das Nichts, das Vakuum, zurückzunehmen. Die möglichen Teilchen beeinflussen für die kurze Zeit, in der sie wirkliche Teilchen, also Materie oder Energie sind, die existierende Materie und Energie. Diese möglichen Teilchen haben keine festen Regeln, nach denen sie sich zu bestimmten Zeiten in Materie verwandeln, oder aufgrund derer sie welche existierende Materie wo und wann beeinflussen. Sie sind somit völlig unberechenbar.

Diese möglichen Teilchen sind ständig um uns herum und beeinflussen die Materie - unsere Umwelt und damit uns. Diese Teilchen können für immer Materie werden, wenn ihnen sofort beim Auftauchen in unserer »Realität« genug elektrische Energie zugeführt wird. Sie bleiben dann in unserer »Realität« als Materie erhalten. Wir haben aber damit keine neue Materie geschaffen, da wir die zugeführte Energie aus einem elektrischen Feld unserer Realität genommen haben. Es hat also keine Bildung neuer Materie stattgefunden, sondern nur eine Verlagerung.

Um das Ganze noch mehr zu verwirren, sei hier noch die Theorie von den verschiedenen gleichzeitigen und nebeneinander stehenden Universen vorgestellt. Die Theorie der parallelen Universen wurde 1957 von Hugh Everett erdacht und später von verschiedenen Physikern aufgegriffen und weiter ausgeführt. Die Theorie besagt, daß alle möglichen unterschiedlichen und alternativen Quantenwelten von gleicher Wirklichkeit parallel zueinander existieren.

Beschrieben wird diese Theorie ausführlich in den Büchern »Auf der Suche nach Schrödingers Katze« und in Richard Bachs »Eins-Sein« mehr auf dem Stand des Alltagsbewußtseins.

Immer, wenn eine Messung oder Untersuchung durchgeführt wird, teilt sich das untersuchte Universum in zwei. Untersuchen wir einen toten Frosch, teilt sich das Universum in zwei: eins, in dem der Frosch noch lebt und ein anderes, in dem der Frosch tot ist. Diese Zweiteilung trifft nicht nur auf »Materie« zu, sondern auch auf »Entscheidungen«. Wann immer wir eine Entscheidung für etwas treffen, teilt sich das Universum in zwei, und beide Universen leben weiter: das eine mit der Entscheidungsmöglichkeit für etwas und das andere Universum, in dem wir die Entscheidung aus irgendeinem Grunde getroffen haben. Jede ungelebte Möglichkeit »lebt« deshalb in einem parallelen Universum weiter. Wir haben deshalb eine zunehmend größere Zahl von Universen parallel nebeneinander bestehend.

Die Theorie klingt etwas unwirklich, hält aber theoretischen Überlegungen durchaus stand. In jeder Sekunde entstehen so zahllose Universen. Um diese Teilung herbeizuführen, reicht es de facto schon aus, wenn ein winziges Teil des mikroskopischen Bereiches mit einem makroskopischen Teil in Wechselwirkung tritt. Wir haben also eine ungeheure Vielfalt von verschiedenen Universen, die sich ständig weiter verästeln. Können wir diese Universen bereisen? Unser Wissen und Bewußtsein reicht zur Zeit noch nicht aus, um andere Welten zu erfahren und erleben. Sie lassen sich mit den uns bekannten Wahrnehmungen noch nicht erfahren oder messen, sind aber einigen Menschen in Träumen und Meditationen zugänglich.

Der Quantenbegriff hat die alte Vorstellung des mechanistischen Universums völlig hinweggefegt - folgende Schlußfolgerungen sind zu ziehen:

1. Die Zeit verläuft nicht linear, sondern vierdimensional - Vergangenheit, Gegenwart und Zukunft sind nicht deterministisch festzulegen, sondern sie bestehen gleichzeitig nebeneinander.
2. Realität ist nicht fest zu umreißen und objektiv zu bestimmen, sondern hängt vom Bewußtseins- und Erkenntniszustand des Betrachters ab.
3. Die Entwicklung der Materie und des Bewußtseins verläuft nicht gleichmäßig und stetig, sondern passiert in Schritten. Wir haben bisher nur begrenzt Kenntnis von den Faktoren, die diese Schritte mitbeeinflussen.
4. Beinflussende Faktoren bei den Quanten-Schritten sind Bewußtsein, Materie und auch die möglichen Teilchen des Vakuums.
5. Jede Entscheidung und jede ungelebte Möglichkeit bringt neue Realitäten auf anderen Ebenen hervor.

Der indische Mediziner Dr. Deepak Chopra, Arzt der westlichen und ayurvedischen Medizin, untersuchte über Jahre Spontanheilungen bei schwerkranken Patienten. Er machte die Beobachtung, daß vor jeder dieser Spontanheilungen die Patienten eine drama-

tische Bewußtseinserweiterung erfuhren. Sie wußten plötzlich, daß sie geheilt werden könnten und daß es Kräfte gibt, die außerhalb des eigenen Bewußtsein liegen. Diese plötzliche Bewußtseinserweiterung verlieh den Patienten eine starke innere Kraft, an ihre Heilung zu glauben, die dann auch tatsächlich einsetzte. Diese Erfahrung wird auch bestätigt von Dr. Bernie Siegel, einem bekannten Krebsforscher wie auch von Personen, die mit Aids-Kranken arbeiten, z.b. aus der Frankfurter Aids-Hilfe.
Die Kinesiologie wies in Tausenden von Versuchen nach, daß sich die Muskelkraft von Menschen verändert, je nachdem ob sie an etwas denken, was für ihren Körper oder ihre Person positiv oder negativ ist. Gedankenprozesse beeinflussen erwiesenermaßen die Abläufe und Funktionen des Körpers. Die alternative Medizin macht sich das in vielerlei Hinsicht zunutze, doch wird das Bewußtsein als einflußnehmende Kraft noch immer völlig unterschätzt. Das trifft sowohl auf die Naturwissenschaften, als auch auf die Medizin und die Humanwissenschaften zu. In den Wissenschaften mit all ihren Theorien und Konzepten über die Unterschiede zwischen Subjekt und Objekt, Ursache und Wirkung, Ordnung und Unordnung taucht diese Größe fast gar nicht auf. Auch im Alltag beschäftigen wir uns im allgemeinen *nicht* mit unserem inneren Bewußtsein und dessen Kraft. Dabei sind Gedankenprozesse ein wesentlicher Teil unseres Bewußtseins und je mehr wir uns auf allen Ebenen bewußt werden, desto eher können wir unser Leben bewußt und frei gestalten - auch frei von religiösen Inhalten, die unsere Kultur noch immer stark beeinflussen - frei von moralischen Kategorien wie »Richtig« oder »Falsch« und »Gut« oder »Böse« - und auch frei von einer personifizierten Vorstellung von Gott, der niemals wie ein Teil dieses Raum-Zeit-Kontinuums als Person denken, fühlen oder planen kann, sondern der als Schöpfer des Universums das Wissen über die Gesetze der Raum-Zeit-Dimension verkörpert, das schon vor ihr und damit ewig vorhanden sein muß.

II. Die Wirkung der Übungen

Wenn wir uns mit jemandem unterhalten, sprechen wir nicht einfach nur mit einer Person, sondern tun sehr viel zur selben Zeit: So denken wir zum Beispiel darüber nach, in welche Richtung die Konversation gehen soll, was bereits gesagt wurde, was wir sagen und ausdrücken wollen, wie wir uns in der Situation fühlen und was wir über die Person denken, mit der wir gerade reden. Außerdem merken wir plötzlich, wie müde wir sind, daß uns die Füße weh tun, daß wir Durst oder zuviel gegessen haben. Jede einzelne dieser Wahrnehmungen ist wie ein ausgesendetes Signal. Körper und Geist und Psyche sind voll damit beschäftigt, das alles sinnvoll zu verarbeiten, wir befinden uns also schon während einer ganz gewöhnlichen Unterhaltung in einem enorm komplexen Prozeß, der uns außerdem viel Energie kostet.
Stellen Sie sich nun einmal vor, was passiert, während Sie sich in Meditation befinden oder ähnliche Übungen machen. Sie sind dann mit ganzem Herzen bei einer Sache, Verstand und Körper sind voll einbezogen. So ist auch zu erklären, warum sich der Energieverbrauch im Körper während der Meditation reduziert und deshalb ein Teil des eingeatmeten Sauerstoffes für eine vertiefte Zellatmung verwendet werden kann.
Obwohl die Effekte der Heilübungen als ganzheitliche Prozesse ablaufen, sind sie im folgenden der Übersicht halber getrennt dargestellt. Medizinisch sind die physischen Ursachen und körperlichen Veränderungen, die während der Meditation auftreten, zwar noch nicht vollständig erforscht und erklärt, doch lassen sie sich wie folgt beschreiben.

Physiologische Effekte

Nur wenige Menschen sind so gesund, wie sie sein könnten. Obwohl unser Bewußtsein über die richtige Ernährung und den Anteil an physiologischer Tätigkeit (sprich Sport im weitesten Sinne) zugenommen hat, essen wir im allgemeinen doch noch zu oft die falschen Sachen, trinken zu viel von den falschen Getränken und haben zuwenig körperliche Betätigung. Darüber hinaus belasten wir uns und unseren Körper zu oft mit den Problemen und Konflikten des Alltags, des Berufs und des Privatlebens.

Was können die Übungen, Visualisierungen und Meditationen bieten, um uns den täglichen Streß zu erleichtern? Mit Hilfe der bewußt ausgeführten Übungen können wir uns einen inneren Raum schaffen, in den wir uns jederzeit zurückziehen können, wann immer wir wollen. Dadurch schaffen wir uns eine Möglichkeit zu tiefer körperlicher Entspannung. Wir erreichen schließlich einen völlig anderen geistigen und emotionalen Zustand als den, der uns sonst im Alltag vertraut war, denn dieser innere Raum gibt uns die Möglichkeit, uns während des Tages, und wenn auch nur für kurze Zeit, aus dem Alltagsstreß zurückzuziehen.

Bei täglicher Übung entwickelt sich eine völlig neue und andere Sichtweise des Lebens. Obwohl die äußeren Bedingungen sich vielleicht nicht einmal ändern, werden sie doch ganz anders wahrgenommen. Man hat mehr Abstand zu den täglichen Dingen und kann sie gelassener und entspannter sehen. Wir beginnen, auch andere in einem neuen Licht zu sehen und werden uns ihnen gegenüber entsprechend anders verhalten: gelassener, entspannter, ruhiger. Ereignisse, die uns früher schnell aus der Bahn geworfen haben, irritieren uns nicht mehr so schnell.

Jedesmal, wenn wir in einen tiefen Entspannungszustand eintreten, lösen wir bestimmte Reaktionen aus. Der Verstand ist wach, während sich der Körper entspannt. Die Atmung verlangsamt sich, wird tiefer und rhythmischer. Der Puls wird ruhiger und kräftiger, und die Aktivität der Muskeln läßt nach. Der Körper wird möglicherweise ruhiger als im Schlaf - für viele Menschen eine ungewöhnliche Erfahrung. Wir wissen, daß unsere Muskeln während des Schlafes zucken und sich unsere Augenlider bewegen.

Während des Meditationsprozesses wird weniger Sauerstoff verbraucht und weniger Milchsäure abgesondert. Das Milchsäurelevel hängt eng mit Ängstlichkeit, innerer Anspannung und Streß zusammen. Je ängstlicher wir sind und je mehr Streß wir erfahren, desto höher ist der Ausstoß von Milchsäure und desto höher auch die Anspannung und Verkrampfung der Muskeln, was wiederum den Sauerstoffluß im Körper beeinträchtigt.

Sogar der Hautwiderstand verändert sich bei Menschen, die meditieren. Der Hautwiderstand ist umso geringer, je mehr Ängste und Streß uns beeinflussen. Meditation verringert diese Faktoren und deshalb steigt der Hautwiderstand.

Während der Meditation werden dem Körper Signale gegeben, alle diese Prozesse in die Wege zu leiten. Im fortgeschrittenen Stadium hilft dann schon der Gedanke an die jeweilige Übung, um diese Wirkungen zu erzielen. Die durch das Üben und Meditieren auftretenden Veränderungen der Muskelaktivität, der Körpertemperatur, der Atmung und des Herzschlags können im Biofeedback gemessen werden. Mit dieser Methode kann nachgewiesen werden, welche physiologischen Einflüsse ein bestimmter Bewußtseinszustand hat. Mit der Kirlianphotographie haben wir außerdem eine Möglichkeit, die feinen Energien, die sich in der Aura widerspiegeln, photographisch aufzunehmen und zu interpretieren - insofern bestätigt die moderne Wissenschaft, was die alten Lehren schon immer behauptet haben, nämlich den Zusammenhang von Geist, Psyche und Körper.

Meditation beeinflußt den Körper sowohl direkt aufgrund physiologischer Veränderungen als auch indirekt durch die Entwicklung einer inneren Harmonie. Unser Körper wird dabei zur gleichen Zeit mehr und weniger wichtig. Wichtiger, da wir mehr über ihn erfahren, wie er sich gerade anfühlt und wie er sich beruhigt und entspannt. Wir fühlen, daß wir ihm etwas Gutes tun, und können ihn deshalb auch wieder mehr in Ruhe lassen. Je weniger wir um ihn besorgt sein müssen, indem wir seinen Wünschen und Bedürfnissen gerecht werden, je besser und selbstverständlicher wir uns also auf ihn einstellen, desto weniger wichtig wird er für uns sein. Auch die Qualität des Schlafs verändert sich bei meditierenden Personen. Einschlafstörungen verschwinden, der Schlaf wird tiefer, man braucht weniger und fühlt sich am Morgen frischer als sonst.

Dr. Herbert Benson, Arzt an der Harvard Medical School in den USA, studierte über mehrere Jahre den Einfluß von Meditation (*Transcendental Meditation*) und kam zu folgenden Ergebnissen:
- der Herzschlag der Meditierenden verminderte sich pro Minute um circa drei Herzschläge,
- die Atmung verlangsamte sich und verlief rhythmischer,
- der Sauerstoffverbrauch verminderte sich bis zu zwanzig Prozent,
- auch der Stoffwechselverbrauch verminderte sich erheblich,
- das Milchsäurelevel sank und damit der Anteil von Gewebeknoten unter der Haut,
- der Blutdruck stabilisierte sich und der Bluthochdruck verminderte sich,
- die Gehirnströme veränderten sich, es wurden mehr Alpha- und mehr Theta-Ströme (Tiefenentspannung) gemessen.

Dr. Benson entdeckte dann, daß diese Resultate nicht nur für Meditierende der transzendentalen Meditation zutreffen, sondern auf alle Personen, die ernsthaft meditieren.

Einige dieser Veränderungen können auch mit Hilfe von autogenem Training, Entspannungstechniken und Hypnose erreicht werden. Doch alle diese Techniken müssen mühsam erlernt werden, oder es ist Hilfe von Ärzten nötig.

In der heutigen Medizin spielen diese Erkenntnisse bei der Behandlung von Krankheiten eine große Rolle, besonders in der Krebstherapie. In England gibt es in Bristol eine Krebsklinik, die sich im wesentlichen mit den Möglichkeiten der Ernährung bei der Behandlung von Krebs beschäftigt. Gleichzeitig wird aber auch mit Meditationstechniken zur Entspannung und zur Selbsterkenntnis gearbeitet. Die genauen physiologischen Zusammenhänge werden zur Zeit noch erforscht.

Psychologische Effekte

Körperliches und emotionales Wohlbefinden sind eng miteinander verbunden, und das gilt genauso umgekehrt: Emotionales Wohlbefinden beeinflußt auch den Körper.
Wir kennen das alle, wie in schlechten Zeiten unser Körper reagiert und sich verändert - Rückenschmerzen, Magenschmerzen, Kopfschmerzen und so weiter. Wir fühlen uns emotional wohl, wenn wir mit Alltagsproblemen leicht und gut umgehen können, uns von diesen nicht unter Druck gesetzt oder aufgefressen fühlen, und wir ausgeglichen mit beiden Beinen sicher auf dem Boden stehen.
In der neueren medizinischen Fachliteratur, vor allem aus Amerika kommend, wird viel auf den Zusammenhang zwischen dem emotionalen Wohlbefinden und dem Abwehrstand beziehungsweise der Immunreaktion des Körpers hingewiesen. Emotionale Stabilität kommt jedoch nicht von ungefähr. Wir erarbeiten sie uns im Laufe unseres Lebens, indem wir mit den jeweiligen Umständen unseres Lebens fertig werden beziehungsweise lernen, mit ihnen umzugehen. Sind wir in der Lage, Gefühle zu zeigen und mit anderen zu teilen? Die Fähigkeit, tiefere Gefühle zu erleben und zu zeigen, ist nicht gerade jedermanns Sache, und es

gibt Kulturen, in denen sich das nicht schickt. Doch die Unterdrückung von Gefühlen macht Kommunikation oberflächlich und den Körper krank.

Das Erleben tieferer Gefühle verbindet uns: Eltern mit Kindern, Ehepartner miteinander, Freunde mit Freunden. Wir sollten unsere Gefühle nicht verneinen, sondern sie anerkennen, akzeptieren und als wesentlichen Teil von uns ansehen. Wenn wir unsere Gefühle unterdrücken, ist es, als ob wir auf einen kochenden Kessel einen Deckel setzten, damit kein Dampf herauskommt. Wohin das führt, wissen wir ja: der Kessel explodiert.

Und genauso ergeht es denjenigen, die ihre Gefühle verneinen. Eines Tages »platzen« sie im wahrsten Sinne des Wortes, und heraus kommen alle möglichen Gefühle, von denen sie nicht einmal wußten, daß sie existierten: Neid, Eifersucht, Kleinlichkeit, Angst, Feigheit, Haß.

Auf der anderen Seite können wir unsere Gefühle nicht schutzlos jedem preisgeben. Wo liegt der goldene Mittelweg? Was ist richtig und was sollte man besser lassen? Was haben Heilübungen denn diesbezüglich beizutragen?

Wie wir schon gesehen haben, stabilisieren die Heilübungen die körperlichen Funktionen, die wiederum Einfluß auf unsere Emotionen haben. Darüber hinaus dienen sie zur Selbsterkenntnis - wir lernen nämlich, uns von bisherigen Wahrnehmungsmustern zu lösen. Wir lernen, frei zu entscheiden, ob und wie wir uns verändern wollen. Wir lernen, mit uns ehrlich zu sein - und infolgedessen auch mit anderen. Wir verändern unseren Horizont ständig, befinden uns in einem permanenten Wachstum und haben Freude an diesen Entwicklungen und Veränderungen. In der Meditation rennen wir nicht vor unseren Gefühlen davon, sondern lernen, sie zu verstehen.

Wir erwerben die Fähigkeit, uns wegen negativer Gefühle nicht selbst abzulehnen, sondern auch diese Seite von uns zu akzeptieren und langsam zu verändern.

Sind wir uns erst einmal selbst auf die Schliche gekommen, werden wir sicher auch anderen gegenüber mit unseren Gefühlen ehrlicher sein können.

Sind wir erst einmal in der Lage, mit dem täglichen Streß umzugehen, werden wir auch mehr Toleranz für andere und ihre Schwächen haben - insofern hat regelmäßige Meditation ungeheure Folgen für unser emotionales Wohlergehen, vor allem was die Erkenntnis unserer eigenen Gefühle und Handlungsweisen angeht. Normalerweise reagieren wir auf auftauchende Probleme entsprechend unseres erlernten Gedanken- und Gefühlssystems. Der eine braust auf und wird wütend, der andere ist beleidigt und zieht sich zurück, der nächste rächt sich und wieder ein anderer hat seine Gefühle unter Kontrolle und zeigt gar nichts. Diese Beispiele beschreiben nur die groben Unterschiede. In Wirklichkeit ist unser Reaktionssystem jedoch viel feiner verzweigt.

Wenn wir auf eine Situation oder ein Problem immer auf eine ganz bestimmte Weise reagieren, erhalten wir auch immer ganz bestimmte Antworten. Das gleiche Muster finden wir auch im Bereich des Denkens. Durch Meditation gewinnen wir ein tieferes Verständnis für diese Strukturen, können sie erkennen und auflösen. Insofern fördert Meditation nicht nur die körperliche und emotionale Ausgeglichenheit, sondern auch innere Freude und Kreativität.

Geistige Effekte

Wir benutzen ungefähr zehn Prozent unserer vorhandenen geistigen Kapazitäten. Wer kann schon sagen, daß er kreative Gedanken und Ideen auch in die Tat umsetzt? Wer von uns hat Klarheit im Denken und ist sich bewußt, wie seine eigenen Denkprozesse verlaufen? Wer kann sich leicht konzentrieren und seine Konzentration für längere Zeit halten?

Die Antwort auf alle diese Fragen lautet, daß es nicht sehr viele Menschen gibt, die sich leicht konzentrieren, klar denken und kreativ handeln können und sich im Klaren über ihr eigenes Denken sind.

Die meisten Menschen sind geistig unklar, ängstlich und gestreßt. Dieser Zustand beeinflußt ihr Denken nicht gerade positiv. Wie schon im ersten Kapitel beschrieben liegen unserem Denken bestimmte Reiz-Reaktionsmuster zugrunde, uns vertraute Schablonen, die unsere Umwelt entsprechend ordnen. Um diese Schablonen zu ändern oder zu erweitern, muß man sie zuerst einmal kennenlernen.

Man kann Gedankenabläufe regelrecht umprogrammieren. Dazu gibt es verschiedene Methoden, die unter anderem auch ein schnelleres und effektiveres Denken ermöglichen sollen: NLP (Neuro-Linguistisches Programmieren), Silva Mind etc. Diese Methoden beschäftigen sich mit der reinen Umprogrammierung der Gedanken, sie beschäftigen sich nicht mit der Integration in das eigene Ganze. Die Meditation hingegen lehrt uns Konzentration, lehrt uns, die eigenen Gedanken zu verfolgen, damit wir die Abläufe erkennen und verstehen. Darüber hinaus können wir so auch bestimmte Strukturen verändern, wenn wir es wünschen.

Wenn wir mit den Heilübungen beginnen, werden wir feststellen, daß die Gedanken wandern und uns die Konzentration schwer fällt. Doch langsam aber sicher werden wir verstehen, was es heißt, den Verstand zu kontrollieren. Wir fühlen uns, als ob wir unseren Verstand überhaupt zum ersten Mal wahrnehmen. Wir entdecken, daß sich unsere Gedanken normalerweise einfach aneinanderreihen, viele verschiedene neben- und nacheinander, und wir können uns nicht erklären, woher das kommt. Die Gedanken scheinen abgelöst zu sein.

Heilübungen sind ein geistiges Training, das uns zunächst hilft, die Gedanken zu konzentrieren und zusammenzuhalten. Diese Erfahrung wird sich auf unser ganzes Leben auswirken und nicht nur unsere Gedanken, sondern auch unsere Handlungen beeinflussen. Wir werden dadurch klarer und schneller denken lernen und mit neuen Situationen leichter umgehen.

Die Fähigkeit, innere Bilder zu erzeugen, ist die Grundlage der visuellen Meditationen. Diese Fähigkeit muß bei vielen Menschen erst trainiert werden, doch sie gibt uns die Möglichkeit, kreative Gedanken auch in Handlungen umzusetzen und innere Symbole zu sehen und zu verstehen.

Das Wiederholen der Visualisierungen hilft bei der Umsetzung und Verwirklichung ganz erheblich. Indem wir uns regelmäßig mit unseren kreativen Ideen beschäftigen, geben wir unserem Geist und dem Unbewußten den Auftrag, diese Ideen auch in die Tat umzusetzen und zu verwirklichen.

Wenn wir soweit sind und das alles erreicht haben, wird sich die Form unserer Meditation verändern. Bestimmte uns eigene Bilder und Vorstellungen werden auftreten und wir werden darüber nachdenken. Wir werden dann auf einer neuen Ebene feststellen, wie schlecht unsere Konzentration ist und werden unsere Bemühungen weiter verstärken. Die inneren Bilder werden sich erweitern und immer komplexer werden. Ganze Landschaften werden sich in uns auftun, und wir werden lernen, von innen her zu verstehen - die innere Sprache aller Dinge, die Welt der Symbole.

Spirituelle Effekte

Der spirituelle Aspekt ist viel schwieriger zu beschreiben als die vorangegangenen Aspekte. Bei dem, was spirituell genannt wird, handelt es sich um den Sinn des Lebens. Obwohl diese Dimension in der Regel nicht unmittelbar in unsere täglichen Aktivitäten eingreift, bestimmt sie doch den eigentlichen Grundplan für unser tägliches Leben. Je nachdem, wie dieser Grundplan definiert wird, handeln wir auch.

Wird unser Leben nicht durch spirituelle Werte getragen, werden wir nach Dingen streben, die uns äußere Sicherheit geben: eine sichere Stellung, Geld, materielle Werte.

Ist der Grundplan unseres Lebens durch die Sehnsucht nach menschlicher Liebe durchdrungen, werden wir ständig auf der Suche nach Liebe sein. Enthält der Grundplan einen besonderen Wunsch nach Anerkennung, werden wir danach trachten, Anerkennung durch unsere jeweilige Umgebung zu erhalten. Ist der Grundplan, daß wir uns selbst beweisen, werden wir dementsprechend handeln. Oder ist es von der spirituellen Ebene her unser Grundplan, uns im Zusammenhang mit dem Kosmos zu sehen, werden wir uns auch im Alltag dementsprechend verhalten. Wir werden weniger abhängig von anderen sein wollen und versuchen, Erfahrungen der Einheit mit der Umwelt und dem Kosmos zu machen. Diejenigen unter uns, die religiös sind und nach einer Einheit mit ihrem Gott trachten, werden bestrebt sein, das zu erreichen.

Meditation bietet viele Möglichkeiten des Wachstums und denjenigen, die keine spirituelle Suche in ihrem Leben verfolgen, immerhin die Möglichkeit, Entspannung und Konzentration zu lernen. Wir machen mit Hilfe der täglichen Übungen und Meditationen unsere ganz eigenen Entdeckungen auf unserer inneren Reise. Wir sind dabei immer der Mittelpunkt des Geschehens, das nicht stattfindet, wenn wir nicht gezielt und konzentriert daran arbeiten. Wir sind für diese Reise selbst verantwortlich, und niemand kann für das Gelingen oder Nichtgelingen eintreten. Diese Erkenntnis und die innere Annahme, daß wir für die ganze Entwicklung alleine verantwortlich sind, ist schon ein großer Sprung in die richtige Richtung.

Obwohl sich die Übungen hauptsächlich auf die eigene innere Arbeit beziehen, öffnen sie zur gleichen Zeit andere Dimensionen: die Suche nach dem Unendlichen und dem Göttlichen. Der Mensch gehört zum Mikrokosmos und die Unendlichkeit (Gott)

zum Makrokosmos. Das Verstehen des eigenen Kosmos, des Mikrokosmos, führt zum Verstehen der anderen Dimension, des Makrokosmos.
Alle Religionen haben Dogmen und Präambeln, Meditation jedoch nicht. Sie kann daher unabhängig jeder Religion angewandt werden. Es ist allerdings keine Methode, mit der man im Schnellverfahren »sein Seelenheil findet« oder sich selbst begreift und alles so erhält, wie man es sich in seinen schönsten Träumen vorstellt.
Die Heilübungen geben keine Antworten, die eine Person egozentrisch nur auf sich selbst beziehen kann. Die Heilübungen beantworten die eigenen Fragen, jedoch nicht in einem engen egozentrischen Verständnis, aber sie geben Antworten auf unsere individuellen Probleme und Erfahrungen. Diese Antworten sind darüber hinaus auch universell, das heißt, sie beziehen sich auf die Beantwortung aller ähnlichen Fragen. Die Heilübungen machen uns deutlich, welche unserer Fragen von grundsätzlicher Bedeutung und welche Fragen vorübergehend sind. Wir erfahren in den Heilübungen, daß die Erscheinungsform der Realität, wie sie sich uns äußerlich darstellt, nicht das eigentlich Reale ist. Hinter jeder Erscheinungsform einer Realität, eines Problems und Konfliktes, steckt eine tiefere andere Realität. In den Heilübungen haben wir die Möglichkeit, diese zu erfahren. Doch dazu ist auch etwas Geduld, Hingabe und tägliche Übung erforderlich.
Die Übungen vermitteln uns Erfahrungen und Wissen, nicht im Sinne von Kenntnissen, sondern von Weisheit - auch innerer Gewißheit. Bestimmte Kenntnisse können in den meisten Fällen in Büchern nachgelesen werden. Wissen im Sinne von Weisheit dagegen nicht, denn dabei geht es doch um das innere Verstehen von Realität, das Begreifen der tieferliegenden Schichten der Wirklichkeit.
Jede religiöse Philosophie verspricht für das Ende der Reise ein ganz bestimmtes Ziel: für die Christen ist das der Himmel oder das Paradies auf Erden, für die Sufis ist es Baqa, für den Zen-

Buddhisten ist es das Satori, die Erleuchtung, für den Hinduismus ist es Moksha, die Befreiung oder Erleichterung, im Kundalini-Yoga ist es das Öffnen des Scheitel-Chakras und im Buddhismus schließlich der Weg ins Nirvana.
Meditationsübungen öffnen uns alle diese Dimensionen auch außerhalb der Religion. Es geht dabei um Erfahrungen außerhalb von Zeit und Raum, bei denen man sich völlig eins mit sich und dem Universum fühlt und ein ganz tiefes Verständnis dafür entwickelt, wie die Welt und das Universum miteinander verbunden sind.

Die soziale Ebene

Wir haben in den vorherigen Abschnitten gesehen, wie sich Heilübungen in der Praxis auf Körper, Psyche und Geist auswirken. Menschen, die regelmäßig üben, verändern sich; sie werden ausgeglichener, ruhiger, stabiler und gelassener mit ihrem Leben umgehen.
Als der Vater der Psychoanalyse, Sigmund Freud, seine Theorien entwickelte, arbeitete er fast ausschließlich in der Wiener Oberschicht, und die Behandlung war nur für wenige finanziell erschwinglich. Seine Arbeit hatte jedoch eine Schlüsselfunktion. Nach dem Kriege wurden in allen westlichen Kulturländern ganze Generationen von Therapeuten, Sozialarbeitern und Beratern ausgebildet und die Ausbildung beruhte auf den psychologischen Prinzipien von Freud. Lebensberatung wird in vielen Zeitungen und auch von Rundfunkstationen, wo man anrufen kann und über das Radio seine Probleme diskutieren kann, angeboten. Freud und seine Theorien - mit allen Einschränkungen - haben einen großen sozialen Wandel herbeigeführt, der sicherlich von der gesamten sozialen Entwicklung unterstützt wurde. In den letzten zehn Jahren hat sich eine Veränderung angebahnt.

Immer weniger Menschen profitieren von Gesprächstherapien, die sich nur auf verbale und kognitive Erkenntnisse beziehen. Besonders in Amerika, wo die Anzahl der Therapeuten und Psychiater pro Kopf sehr viel größer ist, als in anderen westlichen Industrieländern, hat sich der Wandel zu alternativen Theorien und Methoden wie der Visualisation oder der Meditation und zu verschiedenen Körpertherapien schon fast vollzogen. In Deutschland und England setzt sich dieser Trend langsam fort.
In Amerika, England und Holland gibt es bereits erste Ausbildungsstätten, die Therapeuten sowohl in klassischen Methoden wie der Verhaltenstherapie, der Jungschen Therapie und der Gestalttherapie als auch in alternativen Methoden wie Meditation, Klang- und Körpertherapie ausbilden. Die dort ausgebildeten Therapeuten werden jetzt schon von den staatlichen Stellen bevorzugt angestellt, da sie effektiver arbeiten und sich den Bedürfnissen der Klienten flexibler anpassen können als die herkömmlich ausgebildeten Psychotherapeuten und Psychiater.
Eine ähnliche Entwicklung spielt sich in den Staaten auch im Bereich der Medizin ab, wo viele Ärzte besonders bei der Betreuung von Schwerkranken sowie Aids- und Krebs-Patienten mit Visualisierungstechniken und Meditationen arbeiten.
Dr. Leshan, der als Psychologe in einem Krankenhaus arbeitet, berichtet von Patienten, die Angesichts ihres Todes unaufhörlich weinen und ihm dann sagen: »Sie können nicht verstehen, warum ich weine, Doktor. Ich weine nicht, weil ich sterbe, sondern weil ich nicht gelebt habe.« Diese Aussage wird von anderen Ärzten, die vorwiegend mit Krebspatienten arbeiten, bestätigt. Das Schlimmste am Ende eines Lebens ist das Gefühl, nicht wirklich sein eigenes Leben gelebt zu haben. In jeder Familie gibt es Geschichten über besonders begabte Familienmitglieder, die ihren Weg nicht geschafft haben und dadurch persönlich unglücklich wurden, die an sich selbst litten, und darüber, wie sich dieses Leiden dann auf die anderen Familienmitglieder auswirkte. Un-

zufriedene Menschen leben oft unter ihren eigenen Fähigkeiten, haben nicht die Kraft sich durchzusetzen, sich etwas zuzutrauen, oder sie sind nicht beständig genug, um ein gewünschtes Ziel zu erreichen. Berichtet werden Heilungen dann, wenn der Patient sich selbst kurz vor dem Tode plötzlich entscheidet, nun doch noch zu leben. Dann setzt in der Regel ein innerer Veränderungsprozeß ein, der sich sofort auf die äußeren körperlichen Prozesse niederschlägt und eine Heilung bewirken kann.

Wir machen unsere Übungen und meditieren, um uns zu entspannen, um Konzentration zu lernen, die Intensität und Tiefe unserer Beziehungen zu verstärken, unsere Gesundheit zu verbessern und so weiter. Alle diese Ziele sind realistische Ziele. Doch das wesentlichste Ziel ist, eine größere Vollkommenheit zu erzielen. Nicht Vollkommenheit im Sinne von Perfektion, sondern im Sinne von Ganzheit und voller Lebensdynamik. Denn die meisten Menschen leben mehr oder weniger unterhalb ihres möglichen Potentials. Viele Seiten von uns sind noch nicht entwickelt oder unausgebildet.

Das Ziel unseres kapitalistischen Zeitalters ist der materielle Erfolg - der kurzfristig erzielbare Gewinn - ohne Rücksicht auf langfristige Negativeffekte. Die Folgekosten dieser ungeheuer schnellen technologischen Entwicklung werden nun fällig. Neue Wege des Umweltschutzes und der Energiegewinnung müssen gefunden werden, ebenso wie andere Wege der Kommunikation und der Verständigung. Auch die individuellen Ziele der materiellen Sicherheit und der finanziellen Vermehrung des persönlichen Reichtums müssen nun überwunden werden, um den Planeten zu retten. Wir haben uns mehr aufeinander zu beziehen - die Probleme müssen von allen gemeinsam gelöst werden.

Dr. Peter Russel, ein englischer Mathematiker und Physiker, nennt die neue Form der Zusammenarbeit, die benötigt wird, um den Planeten zu retten, Synergie. Das Wort kommt aus dem Griechischen: synergos, das heißt »Zusammenarbeit«. Jedes einzelne Ele-

ment des Systems arbeitet zu dem ihm eigenen Ziel hin. Wenn nötig, wird jedoch spontan zusammengearbeitet, und man unterstützt sich gegenseitig auf das gemeinsame Ziel hin.
Russel führte über vier Jahre eine Untersuchung mit fünfhundert Studenten durch, die sich intensiv mit dem Studium des inneren Wachstums beschäftigten. Er fand heraus, daß sich die innere Erkenntnis unverhältnismäßig viel schneller entwickeln läßt als das Lernen von äußeren Fakten. Inneres Wachstum geschieht nicht wie erwartet proportional, sondern in ungleichmäßigen aber schnellen Schritten. Er verglich dann das innere Wachstum mit den Prognosen des Wachstums der Informations-Industrie. Während der vierjährigen Laufzeit der Untersuchung hatten vierzig Prozent mehr Menschen damit begonnen, sich mit den inneren Wachstumsprozessen zu beschäftigen. In den folgenden Jahren stieg die Anzahl wieder überproportional. Er fand heraus, daß diese »Bewußtseinskurve«, wie er sie nennt, in den ersten zehn Jahren des zweiten Jahrtausends nach Christus die Informationskurve überschreiten wird. Die Menschen werden sich dann mit Selbstentwicklung beschäftigen, so wie sie sich heute mit Taschenrechnern, Fernsehen und Videos unterhalten. Sein Buch wurde 1982 veröffentlicht und bis heute hat seine Prognose gestimmt. Relativ wenige Menschen mit einem sehr weit entfalteten Bewußtsein beeinflussen die gesamte Gesellschaft überproportional.
Gurdjieff, der große russische Musiker und Lehrer, ging davon aus, daß hundert Menschen im Bewußtsein der vollen Erleuchtung - im vollen Bewußtsein über sich selbst und damit auch über die Welt - den Bewußtseinsstand der ganzen Welt wesentlich beeinflussen können. Eine Erklärung dafür fand der englische Biologe Dr. Rupert Sheldrake. Er wies nach, daß zu jedem organischen und anorganischen Prozeß ein elektromagnetisches Umfeld gehört, das mit anderen Feldern ähnlicher Struktur kommuniziert. Er führte langjährige Untersuchungen durch, die zum Beispiel nachweisen, daß Bäume miteinander kommunizieren.

Auch der Mensch wird von elektromagnetischen Feldern umgeben, der Aura oder, wie C.G. Jung es nannte, dem kollektiven Unbewußten. Diejenigen, die sich mehr mit ihrer inneren Entwicklung befassen, schließen sich einer bestimmten energetischen Schwingung an - erschaffen eine gemeinsame Aura. Das wiederum beschleunigt ihre Entwicklung. Es entsteht dann ab einem bestimmten Punkt eine Art von Routine, ein »morphogenetisches Feld«, durch das dann auch ein Schneeballeffekt ausgelöst werden kann. Insofern hilft jeder, der einen Schritt weitergeht, auch denen, die diesen Schritt noch nicht getan haben.

Eine ähnliche Meinung vertrat übrigens auch Alice Bailey, eine Mitarbeiterin von Rudolf Steiner, die sich um die Jahrhundertwende mit dem Gottesbegriff auseinandersetzte. Sie sah den Menschen, die Tiere, Pflanzen und Mineralien als Teile der Erde, die sich im Sonnensystem weiterentwickeln. Das Sonnensystem wiederum als Teil einer noch größeren Einheit und so weiter. Die größeren Einheiten entwickeln sich ihrer Auffassung nach immer gleichzeitig mit den kleineren, die sich wiederum gegenseitig reflektieren. Die Mystiker aller Zeiten behaupten in dieser Hinsicht das Gleiche, daß die Entwicklung jedes einzelnen auch die Entwicklung der Gesamtheit beeinflußt und umgekehrt. Wir alle sind miteinander und mit der Umwelt verbunden und beziehen uns durch Gedanken aufeinander. Indem uns dies bewußt wird, sind wir in der Lage, im Alltag anders mit unseren Mitmenschen und unserer Umwelt umzugehen, ein authentisches und soziales Verhalten zu entwickeln und dementsprechend zu wirken.

Unsere Erde steht - so sehen es auch viele andere Wissenschaftler, Philosophen und Seher - am Anfang des möglicherweise größten Wandels in der Geschichte seit Bestehen der Menschheit. Je mehr Menschen bewußt an diesem Wandel mitarbeiten, desto schneller und komplikationsloser können diese Veränderungen stattfinden.

III. Voraussetzungen zum Erfolg

Was immer die Motive des einzelnen sein mögen, es ist nicht einfach, diese Übungen zu erlernen. Man braucht vor allem Geduld mit sich selbst und die richtige Einstellung, das heißt die Bereitschaft, Rückschläge hinzunehmen. Der Erfolg zeigt sich nicht von heute auf morgen, und es geht oft nicht kontinuierlich vorwärts. Die innere Erkenntnis kommt, wenn die Zeit »reif« dafür ist. Wir haben keine Möglichkeit, diesen Zeitpunkt mit unserem Verstand oder unseren Wünschen zu bestimmen.

Nach allem, was hier besprochen wurde, haben wir nun eine Vorstellung, worum es sich bei den Heilübungen handelt. Auf dem Weg werden wir jedoch vielen Hindernissen begegnen. Diese werden im folgenden beschrieben, damit es uns dann leichter fällt, sie zu akzeptieren und zu überwinden.

Wir sind nicht frei, solange wir von äußeren Stimulationen abhängen: Fernsehen, Kino, Theater und so weiter. Wenn es uns an äußeren Stimulationen mangelt, fehlt uns etwas, wir fühlen uns unausgeglichen, sind bestrebt, diese fehlenden äußeren Aktivitäten auszugleichen: ein Wochenendtrip hier, ein Wochenendtrip dort... Dieses Bedürfnis, durch äußere Stimulation eine innere Leere zu übertünchen, ist der Fluch unserer Zeit. Wir sind so »programmiert«, daß wir glauben, wie hätten nichts vom Leben, wenn wir uns nicht ständig in freudiger Erregung befinden.

Das Gegenstück zu dieser durch äußere Umstände herbeigeführten freudigen Erregung ist die Depression. Die Anzahl der Depressiven hat in allen westlichen Industrienationen zugenommen und wird schon als Volksseuche bezeichnet. Ganze Forschungszweige widmen sich der Depression, und die Pharmaindustrie macht riesige Gewinne durch die verschiedenen Mittel, die man gegen Depressionen einnehmen kann. *Stern* und *Spiegel* hatten jeweils Titelstories mit den Themen »Depressionen« und »Glückspille«. Alles hat zwei Seiten, um Weiß erkennen zu können, benötigen wir Schwarz, um das Positive erkennen zu können, brauchen wir die Bestimmung des Negativen. Jedes Gefühl hat eine entsprechende gegenteilige Seite, zum Hoch gehört das Tief; zum künstlich erzeugten Hoch gehört die Depression. Wenn wir als Reaktion auf eine Depression jedoch zu stimmungsverändernden Medikamenten greifen, machen wir uns tatsächlich zu emotionalen Krüppeln.

Ein weiteres Beispiel bieten die Urlaubsgepflogenheiten. Wir arbeiten circa fünfundvierzig Wochen im Jahr und freuen uns während dieser Wochen auf unseren Urlaub: Bahamas, Indien, Amerika, Türkei und so weiter. Die Arbeit erscheint uns als Schinderei, und das häusliche Leben ist langweilig und öde. Der jährliche Urlaub oder die Wochenendreisen reißen uns jedoch aus diesem Zustand und machen die Arbeit erträglich. So »warten wir uns durchs Leben«: »Ich kann es kaum erwarten bis...« der Urlaub beginnt, die Hochzeit stattfindet, ich den Führerschein habe, ich achtzehn bin, das Baby da ist und so weiter. Wenn dann alle unsere Wünsche erfüllt sind, holt uns die innere Leere wieder ein und wir verschieben das Leben in der Gegenwart wieder auf das nächste zukünftige, freudige Ereignis.

Die Meditation mit den Heilübungen hilft, als ersten Schritt die innere Leere anzunehmen. Anschließend kann gesucht und dann bestimmt werden, wie und womit man diese innere Leere füllen kann.

Ein anderes Problem, welches sich äußerlich anders darstellt, innerlich aber auf denselben Ursachen beruht, ist das Phänomen des Workoholics. Hier steht nicht die freudige Erregung im Mittelpunkt (obwohl oft beides zusammengehört), sondern der Zwang zum Erfolg, zur Anerkennung. Wir haben hier wieder die Abhängigkeit von der Meinung anderer. Zum Erfolg gehört, daß andere uns anerkennen. Das tieferliegende Motiv ist in der Regel auch wieder die innere Leere. Dafür spricht auch, daß in beiden Fällen, sowohl beim Leistungszwang als auch bei der ständigen freudigen Erregung, das Gefühl der Anerkennung und das der erfüllten Wünsche ständig wiederholt werden muß.

Das Ziel ist nicht, gegen diese sozialen Faktoren zu rebellieren, sondern die individuelle Situation zu meistern. Meistern, das bedeutet, sich bewußt zu werden, wann wir äußere Aktivitäten suchen, um eine innere Leere nicht wahrnehmen zu müssen. Es ist sehr leicht, sich ständig selbst zu belügen, wenn man sich mit äußeren Stimulationen »zufriedenstellt«. Die Heilübungen sind eine Methode, diese eigene innere Erfahrung zuzulassen und eine Veränderung herbeizuführen.

Bevor wir jedoch mit den Heilübungen beginnen, wollen wir darüber nachdenken, was wir wirklich für unser Glück benötigen. Wie wichtig sind äußere Dinge für uns? Wir können eine Liste von äußeren Dingen aufstellen, von denen wir heute meinen, daß wir sie dringend benötigen. Gleichzeitig können wir eine Liste mit inneren Werten aufstellen, die wir dringend wünschen. Diese Liste sollte nun mehrmals im Abstand von vier bis fünf Tagen aufgestellt werden, und wir werden sehen, wie sich die Schwerpunkte langsam verlagern. Durch die bewußte Auseinandersetzung nimmt die Liste der äußeren Dinge ab und die Liste der inneren Ziele nimmt zu. Das ist eine wesentliche Voraussetzung, um mit den Heilübungen beginnen zu können. Wir müssen uns über unsere Ziele klar sein, das erleichtert den Prozeß während der Meditation erheblich.

Als Vorbereitung zu den Heilübungen sowie während der Übungen haben wir mit uns die folgenden Punkte zu klären:

- unsere Beziehung zu uns selbst,
- unsere Beziehung zu unserem Körper,
- unsere Beziehung zu Eigentum,
- unsere Beziehung zu unserer Familie,
- unsere grundsätzliche (tiefe?) Beziehung zum Leben.

Es geht nicht darum, diese Beziehungen zu lockern oder zu lösen, sondern sie bewußt zu leben. Jede unbewußte Handlung und Reaktion bringt einen Verlust von Energien mit sich. Das Ziel ist, Klarheit über sich selbst zu erlangen, die eigenen Einstellungen und Reaktionen in sich selbst und anderen gegenüber herauszufinden, um damit auch klarer, ausgeglichener und insgesamt ökonomischer leben zu können.

Wer genehmigt sich schon zwanzig Minuten am Tage nur für sich alleine, in denen er sich auch wirklich nur auf sich selbst bezieht? Hier ist nicht gemeint, sich selbst zu vergessen, indem wir fernsehen oder ins Kino gehen, sondern daß wir uns konzentriert auf uns selbst und unsere eigenen Motive beziehen. Wenn wir uns täglich zwanzig Minuten für uns selbst gönnen, sind wir auf dem besten Wege, die Voraussetzungen für die Heilübungen zu schaffen.

Wie schon gesagt, schnelle Erfolge sind mit den Heilübungen nicht gegeben. Wenn Meditationen und Heilübungen zur Gewohnheit und fest in den Tagesplan eingebaut werden, kommen die Erfolge von selbst, unerwartet und überraschend. Entscheidend ist die innere Haltung. In dem Augenblick, in dem wir wirklich die innere Haltung erreicht haben, daß wir uns regelmäßig Zeit zur Selbstreflexion nehmen wollen und uns diese Zeit auch tatsächlich genehmigen, kommen die inneren Erfahrungen.

Es sind mehrere innere und äußere Faktoren, die uns daran hindern, diese Übungen zu lernen. Die äußeren Faktoren erweisen sich jedoch in der Praxis als weniger wichtig und weniger hindernd als die inneren Faktoren. Bei den äußeren Faktoren handelt es sich um die richtige Zeit, die richtige Umgebung, die richtige

Haltung. Die inneren Faktoren sind innere Unruhe, mangelnde Konzentrationsfähigkeit, das Springen der Gedanken von einem Punkt zum anderen, das Loslassenkönnen von »äußeren« Faktoren, wie unerledigte Post, die Erwartung eines möglichen Anrufes und so weiter.
Die folgenden Abschnitte beschäftigen sich mit dem Überwinden der Haupthindernisse.

Das Überwinden innerer Hindernisse

In den folgenden Abschnitten werden die Haupthindernisse, die die Heilübungen blockieren, besprochen. Das sind Erregung oder Depression, Trägheit, innere Unbeweglichkeit, Unlust, mangelnde Arbeitsdisziplin (das Aufschieben von unangenehmen Arbeiten oder Arbeitssucht) und Konzentrationsschwäche.
Es werden Methoden zur Überwindung angeboten. Jedes Hindernis, jedes Gefühl, jeder Gedanke hat einen eigenen Energiestrom. Energieströme sind ein Teil von uns, haben aber als Teil auch ein Eigenleben. Wenn wir dieses Eigenleben ständig ignorieren, wird sich die jeweilige Energie tatsächlich »selbständig« machen und sich blockierend auf die Gesamtintegration auswirken. Wir benötigen dann mehr Energien, um die Gesamtintegration aufrechtzuerhalten. Wir wissen alle um den engen Zusammenhang zwischen Körper, Psyche, Geist und Seele. Unterdrückter Ärger kann Entzündungen hervorrufen, unterdrückte Bitterkeit und Enttäuschung Rheuma und Arthritis, ein ständiges sich selbst Zurücknehmen Krebs, eine ständige Überforderung Bluthochdruck und Herzerkrankungen und so weiter. Hindernisse sind Abwehrmechanismen, die nicht einfach verschwinden, weil sie ursprünglich nämlich eine Schutzfunktion hatten und fest in den Gesamtorganismus des Körpers integriert sind. Wir müssen diese Abwehrmechanismen als solche erkennen und verstehen lernen,

sie anerkennen und ernst nehmen und dann mit ihnen »verhandeln«. Sie müssen als »Freunde« behandelt werden, von denen man im Rahmen der Freundschaft jetzt bestimmte Entwicklungen und Veränderungen erwartet. Ihre Art von Hilfestellung ist jetzt nicht mehr nötig, da wir versuchen, andere Methoden zu entwickeln, um bestimmte Konflikte, Probleme und Lebenssituationen zu behandeln. Durch die Bewußtwerdung dieser Abwehrmechanismen kann das Ziel angegangen werden: Integration dieser Abwehrmechanismen und dann das völlige Loslassen.

Erregung und Depression

Über den Zusammenhang zwischen Erregung und Depression wurde im vorherigen Abschnitt geschrieben. Zur Auflösung sind verschiedene Schritte notwendig:
Der erste Schritt ist, daß man sich die Situation, in der man sich befindet, bewußt macht. Das kann auf verschiedene Weisen geschehen. Eine Methode, die bereits erwähnt wurde, besteht darin, sich Listen zu schreiben, in denen eine äußere und innere Wertskala aufgeführt ist.
Eine zweite Möglichkeit wäre, Freunde, die eine andere Lebensauffassung haben, zu fragen, wie sie denn ihre Balance zwischen inneren und äußeren Werten handhaben. Jede Diskussion über dieses Thema wird das eigene Bewußtsein erweitern und vertiefen. Wir werden uns mehr und mehr unserer eigenen Schwächen bewußt und setzen uns damit auseinander.
Eine dritte Methode, die für sich sehr effektvoll ist, aber auch die beiden anderen, zuerst genannten Methoden unterstützt, liegt in der Atemmeditation.

Die Überwindung der Trägheit

Die Trägheit hat ihre Ursachen in der Regel in einer Kombination von zwei Gründen: langsamerer Stoffwechsel sowie eine innere Langsamkeit und in der Regel auch Desinteresse. Der Betroffene will meistens in Ruhe gelassen werden. Es ist bequemer, sitzen zu bleiben, zu lesen und Süßigkeiten in sich hineinzustopfen oder vor dem Fernseher zu hocken und Snacks zu knabbern, als etwas Neues zu lernen. Träge Leute halten sich oft für unfähig und nicht schnell genug, um anderen gewachsen zu sein. Diese innere Einstellung unterstützt natürlich das träge Verhalten. Wieder andere sind träge und handeln nicht, weil sie entweder zuviel denken und sich zu keiner Entscheidung durchringen können. An diesen Beispielen fällt auf, daß sich die Betroffenen von den Meinungen anderer abhängig gemacht haben.

Möglichkeiten zur Überwindung sind zum einen, Freunde zu bitten, einen darauf aufmerksam zu machen, wenn diese beobachten, daß man wieder mit Trägheit auf etwas reagiert; zum anderen ist eine Liste der Dinge anzufertigen, die man gerne erledigen möchte, und diese Liste ist täglich, wöchentlich, monatlich oder für alle drei oder alle sechs Monate zu schreiben beziehungsweise als Jahresliste anzufertigen. Man hakt täglich die tägliche Liste ab, wöchentlich die wöchentliche und so weiter. Mit diesem Prozeß erzieht man sich zur Selbstdisziplin und gibt seinem Unbewußten die Anweisung: »Ich will mich ändern, ich tue bewußt, was ich kann, um die Trägheit zu überwinden. Ich brauche aber deine Hilfe, um Erfolg zu haben. Bitte hilf!«

Wenn wir uns immer wieder an diese Liste erinnern und sie auch abhaken, wenn wir dazu keine Lust haben, wird langsam eine innere Veränderung eintreten. Wir werden lernen, daß wir die Trägheit als Abwehrmechanismus nicht mehr brauchen, sondern entwickeln eigene Kontrollmechanismen. Auch die folgenden Farbmeditationen helfen, die Situation aufzulösen: roter Kreis und rote Straße.

Die Überwindung der inneren Unbeweglichkeit

Wir treffen immer wieder auf Menschen, die innerlich unbeweglich sind. Sie ändern im Restaurant die Anordnung des Gedeckes, weil sie sich nur bei einer bestimmten Anordnung wohlfühlen; sie planen jede Tätigkeit tage-, wochen- oder sogar monatelang im voraus. Unvorhergesehene Ereignisse lösen Streß, Ärger und Ablehnung aus. Menschen mit ungewöhnlichem Verhalten werden abgelehnt, da man ihre Verhaltensweisen nicht verstehen und erklären kann. Bei diesen unbeweglichen Menschen besteht keine natürliche Neugierde, warum sich andere Menschen anders verhalten. Bestimmte Dinge haben an einem bestimmten Platz zu stehen, wenn jemand sie anders hinstellt, werden sie ärgerlich und rücken sie wieder an den alten Platz. Es gibt viele Beispiele, wie solche Menschen reagieren: die Lampe muß in einem bestimmten Winkel scheinen, das Fleisch muß nach einer bestimmten Methode geschnitten werden, alles hat seine Regeln und ist geordnet. Unordnung wirft diese Menschen aus der Bahn, und sie betrachten sie als einen Eingriff in ihr persönliches Leben. Nicht alle innerlich unbeweglichen Menschen zeigen alle diese Abwehrmechanismen zur gleichen Zeit. Die Sicherheit eines solchen Menschen hängt von den äußeren Umständen ab. Je vertrauter die äußere Umgebung ist, desto sicherer ist man. Und je besser man neue Umstände, wie zum Beispiel einen Urlaub, planen kann, desto sicherer fühlt man sich.

Diese Menschen warten im Leben gerne ab, bevor sie reagieren, oder sie versuchen besser noch, erst die Lebensumstände so zu arrangieren, daß sie ihnen möglichst wenig Unannehmlichkeiten und Überraschungen bieten. Diesen Menschen fällt es außerordentlich schwer, innerlich anpassungsfähig und beweglich zu bleiben.

Innere Beweglichkeit ist aber die Voraussetzung zu jeder Weiterentwicklung. Für Menschen, die innerlich unbeweglich sind, ist es sehr schwer, Heilübungen zu lernen.

Eine der Möglichkeiten zur Auflösung ist wieder die innere Bereitschaft, das Problem zu erkennen. Man sollte Freunde fragen, ob sie einen für innerlich unbeweglich halten (mit der Frage ist der erste Schritt zur Anerkennung getan).
Das Akzeptieren der eigenen inneren Unbeweglichkeit ist der größte Schritt nach vorne. Zwei der unten beschriebenen Heilübungen helfen, die Situation aufzulösen: die Kreismeditation und die Quadratmeditation.

Die Überwindung der Unlust

Die mangelnde Lust, etwas zu unternehmen, ist uns allen sehr bekannt. Ob es sich dabei um das tägliche Allerlei handelt, wie zum Beispiel um Geschirrspülen, Bügeln, Rasenmähen, Schuheputzen oder Aufräumen, oder um Situationen aus der Arbeitswelt, wie zum Beispiel mit unbeliebten Kollegen zusammenzuarbeiten oder für einen erkrankten Kollegen einzuspringen. Es kostet uns einiges an Überwindung, diese Arbeiten auszuführen.
Um viele dieser Notwendigkeiten, die Unlust auslösen, kommen wir nicht herum. Sie gehören einfach zum Leben dazu. Wenn wir kein Interesse an diesen Tätigkeiten haben, sträubt sich unser ganzes Inneres dagegen. Wir schaffen durch diese Unlust und Ablehnung eine dunkle Wolke von schwerer Atmosphäre um uns herum mit dem Erfolg, daß es uns noch schwerer fällt, diese Tätigkeit auszuführen. Wir benötigen wesentlich mehr Energien dazu, als wenn wir die Tätigkeiten gerne und mit Bereitschaft ausführen würden. Das heißt, daß die ungeliebte Tätigkeit uns mindestens dreimal soviel Energien kostet wie eine Tätigkeit, die wir gerne ausführen. Die Unlust frißt buchstäblich unsere Energien. Es ist deshalb zu unserem eigenen Vorteil, die Unlust abzubauen.
Eine Hilfe hier ist zum Beispiel Musik. Wir akzeptieren diese ungeliebten Tätigkeiten, indem wir - wann immer es möglich ist -

während der Ausführung Musik anhören, die wir besonders schätzen. Das minimiert nicht nur den Streß, sondern wir haben während der Ausführung der Tätigkeit auch etwas gewonnen, nicht nur Energie durch Unlust verloren.

Im Arbeitsprozeß läßt sich diese Vorgehensweise jedoch in der Regel nicht verwirklichen. Hier müssen andere Methoden helfen. Die erste besteht darin, den Zeitraum für die ungeliebte Tätigkeit klar zu umreißen und sich auf diese Tätigkeit positiv vorzubereiten. Die Heilübungen sind dazu ein wunderbares Mittel. Das Singen der Obertöne oder das Einschwingen auf das Om geben uns große Stärke und eine positive Einstellung, die uns hilft, diese negativen Gefühle der Unlust zu überwinden. Hans Joachim Behrend hat auf seinen Kassetten »Die Welt ist Klang« viele Beispiele für Om-Gesänge von Mönchen. Diese können zusammengeschnitten und als Meditationsübung benutzt werden. Die Stimmung steigt schnell, die Unlust verliert völlig an Bedeutung und hilft uns, zumindest die Hälfte des ungeliebten Arbeitstages mit den Kollegen, die man nicht mag, mit Leichtigkeit zu überwinden.

Größere und schwierigere Arbeitsprobleme müssen jedoch anders behandelt werden. Eine grundsätzliche Unlust über die momentane Arbeitsstelle oder in einer Beziehung kann nicht einfach wegmeditiert werden. Das widerspricht direkt dem Sinne der Heilübungen. Heilübungen helfen nicht wegzugucken, sondern - im Gegenteil - *hinzugucken*. Wir haben dann herauszufinden, ob wir in der für uns richtigen Position sind, den richtigen Platz im Leben haben. Wenn wir herausfinden, daß das nicht so ist, müssen wir Schritte einleiten, um dies zu ändern. In diesem Falle helfen die Heilübungen, herauszufinden, wo die Probleme liegen, und in welche Richtung wir Veränderungen unternehmen wollen und können.

Die Unlust zu meditieren hängt eng mit der Unlust in anderen Bereichen zusammen. Je lustloser wir insgesamt sind, desto schneller werden wir von einer Unlust befallen, zu meditieren.

Die Lösung ergibt sich, wie oben bereits ausgeführt: Zunächst werden die äußeren Unlustgefühle bearbeitet, und durch das Annehmen und Herangehen an das Problem ändert sich schon die innere Einstellung. Die Unlust zu meditieren vergeht mehr und mehr und weicht dem Bedürfnis, die Heilübungen durchzuführen. Das Einschwingen auf die Obertöne und das Om ist Meditation und Heilübung. Beides vertreibt die von uns geschaffenen dunklen Wolken sehr schnell.

Mangelnde Konzentrationsfähigkeit

Der Anteil der Menschen mit Konzentrationsschwierigkeiten ist ungeheuer hoch. Das ist besonders für das Erlernen der Meditation ein großes Hindernis. Um diese Schwäche insgesamt zu überwinden, bieten sich verschiedene Heilübungen an.

■ **Atmen**
Die erste Übung ist die Atemübung. Man legt sich auf den Rücken, entledigt sich aller einengenden Sachen (Gürtel beispielsweise), atmet so tief wie möglich durch und hält den Atem an der tiefsten Stelle an. Nach dem fünften Mal atmet man gleichmäßig weiter, verfolgt einfach nur die Bewegungen des Atems und konzentriert sich zwanzig Minuten ganz auf das Atmen.

■ **Sitzen**
Die zweite Übung ist eine Zen-Übung: Sitzen. Man setzt sich bei dieser Übung schweigend zwanzig Minuten aufrecht sitzend hin und tut dabei nichts. Man kann die Augen entweder auf einen Punkt an der gegenüberliegenden Wand, auf die Füße oder auf irgendeinen anderen Punkt im Raum richten. Wir geben uns aber auch keine Mühe, bewußt nichts zu tun. Wir stellen uns den

Wecker und konzentrieren uns zwanzig Minuten auf einen Punkt, lassen alle aufkommenden Gedanken zu, reagieren aber nicht darauf. Im Laufe der Zeit benötigen wir den Wecker nicht mehr, um uns zwanzig Minuten »festzuhalten«. Wir entwickeln ein inneres Zeitgefühl.

■ Gehen

Die dritte Übung ist auch eine Zen-Übung: Gehen. Wir gehen zwanzig Minuten im Raum im Kreis herum. Wir tun dabei nichts anderes, als auf unsere eigenen Schritte zu achten, sie zu beobachten und wahrzunehmen. Wir stellen uns zu Beginn wieder einen Wecker, damit wir die Zeit auch wirklich einhalten und nicht alle paar Minuten auf die Uhr zu schauen brauchen. Das unterbricht jedesmal die Meditation. Wie bereits erwähnt, benötigen wir den Wecker nach einer Weile nicht mehr.
Alle drei sind ausgezeichnete, sehr effektive Übungen, um die Konzentrationsfähigkeit zu fördern.

»Meine Übungen sind besser als Deine, mein Lehrer ist besser als Deiner...«

Wir finden in New-Age- und spirituellen Kreisen immer wieder Menschen, die behaupten oder sich so verhalten, als ob sie es besser machten als die anderen: Sie kommen tiefer in die Meditation, haben die besseren Lehrer oder die richtigere Methode, bekommen bessere oder schnellere Antworten, es geht einfach alles leichter. Diese »spirituellen Wunderkinder«, wie ich sie nenne, haben die richtigen Lehrer sofort gefunden und verfügen aber auch über Zugang zu den richtigen Antworten, und wir Leute vom armen Fußvolk kämpfen uns sozusagen durch den Sumpf. Bei diesen Menschen, bei denen alles entsprechend ihren Lebensvorstellungen läuft, handelt es sich in der Regel um diejenigen mit den größten und tiefsten Widerständen gegen die Meditation. Sie leben in der Projektion ihres Besserseinwollens. Manche Menschen tun einfach alles für ihre eigene Entwicklung - nur an sich selbst arbeiten sie nicht. Sie gehen von Kurs zu Kurs, sehen die wunderschönsten Dinge in Meditation und Heilübungen, gehen von einem Retreat zum anderen, von einer berühmten Person zur nächsten und schwelgen in den höchsten Tönen über die wunderbaren Energien dieser und jener Person. Für diese Menschen ist das, was sie Meditation beziehungsweise Heilübungen nennen, eine Modeerscheinung, die auch wieder nachläßt. In den Heilübungen arbeitet man an sich und stellt sich nicht höher als andere.

Auf der tiefsten Ebene sind wir alle gleich. Es ist spirituell niemand mehr oder weniger wert als der andere, völlig unabhängig vom äußeren Erscheinungsbild. Manche machen in einigen Bereichen schnellere Fortschritte nach vorne und bleiben dann aber plötzlich an einem ihrer inneren Hindernisse für Jahre oder Jahrzehnte oder für immer stehen. Andere haben große Anfangsschwierigkeiten und rasen dann plötzlich vor. Wir sehen immer nur einen kleinen Teil der Person, der wir begegnen und wissen nichts über ihren tieferen Lebensplan. Jede Form von Beurteilung muß daneben treffen, da wir einfach ein viel zu geringes Wissen haben. Wir wissen ja nur ganz wenig über uns selbst, wie können wir uns da über andere ein Urteil erlauben? Wir können Beobachtungen und Probleme benennen, aber nicht beurteilen. Diejenigen, die ständig über andere urteilen und sich damit indirekt erhöhen, haben es im wahrsten Sinn des Wortes nötig. Die Beurteilung anderer und die damit indirekte Erhöhung seiner selbst sind direkte Auswirkungen der eigenen Minderwertigkeitsgefühle.

Heilübungen, um diesen Hindernissen entgegenzuarbeiten, sind zunächst einmal die Atemübungen, an zweiter Stelle das Zen-Sitzen sowie Zen-Gehen und dann die Übung mit dem Kreis. Der Kreis wird allerdings nicht nach vorne bewegt und auch nicht erweitert, sondern die Person hat in dem Kreis meditierend zu bleiben. Die Farben des Kreises können Rosa und Grün sein (Herz-Chakra) oder Gold. Gold steht für die universelle Liebe. Als Edelsteinmeditation empfiehlt sich die Übung mit dem Rosenquarz. Hier wird das Herz-Chakra geöffnet und damit eine tiefe Liebe zu sich selbst. Man kann nur andere lieben und anerkennen, wenn man sich selbst liebt und anerkennt. Jede Form von Erhöhung ist gleichzeitig auch eine Erniedrigung. Die Kreisübung hat hier die symbolische Bedeutung des sich im eigenen Kreis Befindens, Bleibens und der Annahme des eigenen Kreises.

Anwendung und Umwandlung eigener Energien

Negative Gefühle wie Zorn, Ärger, Neid, Unzufriedenheit, Enttäuschung und Habgier greifen tief in unser Energiegleichgewicht ein. Positive Gefühle wie Freude, Glück, Liebe und Verständnis öffnen uns auf allen Ebenen, auch auf der körperlichen. Die Sauerstoffversorgung zwischen den Zellen läuft besser, alle biochemischen Funktionen im Körper verlaufen leichter und besser, während sich bei negativen Gefühlen die Zellen als Folge des Gemüts- und Geisteszustandes zusammenziehen und die biochemischen Abläufe im Körper gebremst werden. Auf der feinstofflichen energetischen Ebene sieht das noch viel dramatischer aus. Die Aura verdunkelt sich, und die Farben der Aura werden unklar. Diese energetische Veränderung wirkt auch auf die Körperprozesse, aber darüber hinaus auf alle anderen Prozesse. Ein Kreislauf hat eingesetzt, aus dem wir so einfach nicht wieder herauskommen.
Wenn wir mit den Heilübungen beginnen, werden viele dieser negativen Eigenschaften, die wir unterdrückt haben, wieder ans Tageslicht kommen. Wie kann nun mit diesen negativen Gefühlen positiv gearbeitet werden, so daß sie uns vorwärts bringen anstatt

sich körperlich negativ in Krankheit zu manifestieren? Wenn diese negativen Gefühle im Alltag auftauchen, versucht man, sich räumlich von dem Energieumfeld, das dieses Gefühl hervorbrachte, zu distanzieren; man macht am besten einen Spaziergang.

Wir konzentrieren uns dann auf diese Gefühle und fragen uns, warum wir mit Eifersucht, Angst, Wut oder Enttäuschung reagieren. In der Regel reagieren wir deshalb so, weil jemand uns nicht anerkannt hat, uns unser Wissen oder unsere Erfahrung oder unsere Position streitig gemacht hat, sich uns oder anderen gegenüber niederträchtig verhalten hat. Wir fühlen uns in unserer Urteilsfähigkeit angegriffen. Mit dieser Erkenntnis sind wir wieder bei einem schon besprochenen Punkt angelangt: die Abhängigkeit von der Anerkennung anderer. Wie läßt sich diese Situation nun meistern? Wir erinnern uns: das Meistern des Konfliktes und Problems ist das Ziel.

Wir haben nicht bei jedem Konflikt die Gelegenheit, einen Spaziergang zu machen und uns der Problematik bewußt zu werden. Darüber hinaus hilft das Bewußtwerden zunächst in der aktuellen Situation nichts. Was tun? Es gibt verschiedene Übungen, um mit diesen beschriebenen Situationen fertig zu werden. Die Übungen werden hier kurz aufgeführt, die genauere Beschreibung findet sich im Kapitel V: *Heilübungen*.

- Das Mantra: Diejenigen, die Zugang zu der Heilübung des Mantras haben, können in solchen Situationen für sich ihr Mantra wiederholen. Mit Erfahrung und dem inneren Zugang zum Mantra wird sie helfen, die Situation als das zu sehen, was sie ist.
- Sich durch ein visuelles Band an die Erdenergie, an die Lava der Erdmitte anschließen: Dies ist eine Grundierungsübung, durch die wir sofort Zugang zu diesen Erdenergien haben, die uns ruhiger, sicher und stark machen. Die negativen Gefühle werden ruhigeren weichen, man fühlt sich stark und sicher.
- Wir visualisieren uns als Baum, stark, mit kräftigem Stamm, aber trotzdem beweglich und flexibel. Wir fühlen Käfer an uns nagen,

aber wir sind stark und kräftig genug, daß sie uns keinen Schaden zufügen können. Wir werden sehr schnell innerlich über die Situation lachen und sie positiv verändern können.
- Das innere Lächeln: In einer solchen Konfliktsituation zieht sich unser Herz-Chakra zusammen. Das innere Lächeln zum Herz öffnet es wieder und gibt uns Sicherheit und innere Freude.
- Rosenquarz: Wir führen die Rosenquarz-Heilübung durch, visualisieren uns im Rosenquarz und erleben die Erfahrungen, die wir dort gemacht haben, noch einmal. Das öffnet das Herz-Chakra wieder, gibt uns die Balance zurück, und wir können der Situation anders gegenübertreten.
- Farbmeditationen: Wir visualisieren uns in Grün oder Rosa, beides die Farben des Herz-Chakras. Beide Farben, Grün und Rosa, sind Beruhigungsfarben. Bestrahlungen mit Grün sind das sicherste Mittel bei Schlafstörungen.

Alle diese Methoden helfen sicher - allerdings nur dann, wenn wir mit ihnen grundsätzlich vertraut sind.

Wenn wir zu Mantra-Heilübungen keinen Zugang haben, wird uns besonders in Krisensituationen das Mantra nicht helfen. Es ist wesentlich schwieriger, in einem aufgeregten Zustand Zugang zu Heilübungen zu bekommen.

Gefahren der Heilübungen und ihre Vermeidung

Wenn wir mit den Heilübungen beginnen, wird sich unsere Wahrnehmung erweitern, unsere Sinne werden mehr aufnehmen als zuvor. Wir werden plötzlich Einsichten in Zusammenhänge haben, die wir vorher nicht hatten und die wir über das uns normalerweise zugängliche Wissen nicht erreicht haben können. Dieses Phänomene nennt man ESP, Extra Sensory Perception, zu deutsch »außergewöhnliche Wahrnehmung«. Darunter fallen Aktivitäten wie Wahrsagen, Telepathie und Präkognition (vorheriges

Wissen, Ahnung). Hier erlangen wir Wissen und Kenntnisse, indem wir sie direkt über die Sinne und über den Denkprozeß aufnehmen, indem wir die sinnlich aufgenommenen Informationen verarbeiten.

In dem veränderten Bewußtseinszustand, den wir durch die Heilübungen erreichen, setzt sich die Welt anders zusammen, als wir sie üblicherweise wahrnehmen.

Meditation und Parapsychologie

Die ESP-Erfahrungen bei den Heilübungen sind für den Anfänger von großem Interesse und sehr aufregend. Die große Gefahr dabei ist, daß man das Ziel der Heilübungen leicht aus den Augen verlieren kann. Sehr viele Anfänger bleiben in diesem Stadium stecken, sie interessieren sich dann mehr für diese parapsychologischen Erfahrungen als für die eigentlichen Heilübungen und ihre eigene Entwicklung. Dadurch bekommen die Heilübungen einen anderen Sinn, wobei es dann nicht um die persönliche Entwicklung, sondern um vorzeigbare und beeindruckende ESP-Erfahrungen geht. Immer wieder beginnen Anfänger dann, den Erfolg der Heilübungen sowie den eigenen Wert an diesen parapsychologischen Phänomenen zu messen.

Mit dem Zugang zu diesen parapsychologischen Phänomenen erhalten wir Informationen aus der übersinnlichen Dimension, nicht jedoch aus der spirituellen Dimension, die wesentlich tiefer und weiter ist. Durch die übersinnliche Dimension erhalten wir faszinierende Ergebnisse und fühlen uns gut, da wir etwas vorweisen können. Viele der New-Age-Lehrer arbeiten mit diesen Dimensionen und versprechen den Menschen im wahrsten Sinne des Wortes den »Himmel«. Das läßt sich zunächst auch einlösen, aber auf lange Sicht vollzieht sich keine weitere und tiefere Entwicklung. Die Menschen bleiben in dieser übersinnlichen Dimension stecken, es wird ihnen nach einer Weile langweilig, und sie wen-

den sich dann wieder anderen aufregenden Dingen zu. Dieser Prozeß ist eine Falle der westlichen Kultur: Wir holen uns über die äußere Welt die inneren Werte, und das führt zwangsläufig zur Enttäuschung. Erfahrene Meditationslehrer stellen sicher, daß ihre Studenten sich nicht zu sehr mit diesen parapsychologischen Phänomenen beschäftigen. Diese Phänomene sind sicherlich sehr interessant, aber es sollte ihnen nicht zu viel Bedeutung beigemessen werden. Viele Menschen, die der New-Age-Bewegung anhängen, gehen deshalb von einem Workshop zum anderen, von einem Lehrer zum anderen, von einer Methode zur anderen. Viele New-Age-Lehrer hören nach einigen Jahren auf, denn das Neue, die Aufregung, hat nachgelassen, es ist nicht mehr spannend genug.
Diese Menschen haben nicht die richtige Grundeinstellung zur Meditation, es geht ihnen vorrangig und vielleicht für sie selbst unbewußt nicht um eigene Selbsterkenntnis, sondern darum, Wege zu finden, wie man selbst am besten vorankommt, sich ständig gut fühlt, die Freunde findet, von denen man meint, sie zu brauchen und so weiter. Die tiefere innere Motivation ist hier Egoismus. Das Auftauchen parapsychologischer Phänomene läßt im Laufe der Zeit nach und wir stehen dann wieder da, wo wir uns zu Beginn befanden. Es ist leicht, in diese Falle hineintappen und wir müssen versuchen, dies zu vermeiden.

Mangelnde Erdung

Manche Menschen, die meditieren, stürzen sich voll in das neue »Geschehen« und meditieren »stundenlang«. Das bringt sehr viele Gefahren mit sich. Wir dürfen nicht vergessen, daß wir uns im Gleichgewicht befinden sollen zwischen den Kräften der Erde und des Kosmos. Wenn wir häufig für längere Zeiträume meditieren, besteht die Gefahr, daß wir unsere Balance mit der täglichen Realität verlieren. Es ist fast so, als ob wir uns auf einem Drogentrip befinden. Das sind dann die sogenannten Freaks, die über nichts anderes nachdenken und sprechen als über ihre Meditationserlebnisse. Oft stellen sie jede Auseinandersetzung mit täglichen Konflikten ein. Alles muß leicht sein, leicht zu einem kommen, jede Form von Streß wird als negatives Zeichen gewertet. Jedes Hindernis im Alltag wird als Zeichen dafür gewertet, daß man die Sache doch eigentlich nicht durchführen sollte. Hindernisse sind bei diesem Verständnis Zeichen »von oben« dafür, daß man besser die Finger davon läßt. Dies ist eine weitverbreitete Einstellung in der New-Age-Szene. Manche dieser Menschen stellen dann ihre Arbeit ein, arbeiten nur noch »spirituell« und wundern sich, wenn sie früher oder später auf den Bauch fallen, gescheitert an ihren eigenen Ansprüchen.

Diese Menschen befinden sich während dieser beschriebenen Phase nicht in der Balance, weder mit sich, noch mit der Umwelt und schon gar nicht mit dem Kosmos, was immer sie selbst dazu wahrnehmen und sagen mögen.

Die innere Motivation ist in jedem Fall der Dreh- und Angelpunkt. Flucht aus der alltäglichen Realität wird uns früher oder später mit Gewalt voll in diese Realität wieder hineinwerfen. Es geht nicht darum, allen Schwierigkeiten auszuweichen, sondern sie zu meistern. Das ist eine völlig andere Grundeinstellung.

Wenn jemand mit der oben beschriebenen, abgehobenen Einstellung zu meinen Meditationsklassen oder zu einem persönlichem Reading kommt, gebe ich fast ausschließlich Übungen zur Erdung mit. Das Visualisieren des Baumes ist eine dieser Übungen. In diesem Falle geht es darum, mit dem Baum eins zu werden und sich nur auf die Wurzeln zu konzentrieren, zu fühlen, wie sich die Wurzeln ausdehnen, wachsen und den Boden besser und tiefer kennenlernen.

Eine andere Übung ist die Lava-Übung. Man verbindet sich mit der Lava der Erdmitte, holt sich diese Energie in die Aura und handelt erst, nachdem man sich so geerdet hat. Eine weitere Mög-

lichkeit, sich zu erden, besteht darin, daß man möglichst viel barfuß läuft, bewußt barfuß läuft, das heißt spürt, wie man mit der Erde die Verbindung aufnimmt.
Eine andere Möglichkeit, sich zu erden, liegt immer in den Atemübungen.

Das Anziehen von ungewollten Wesenseinheiten

Die Meditation ist für die meisten Menschen von Vorteil, kann aber auch im negativen Sinne genutzt werden. Bei denjenigen, die aus egoistischen Motiven handeln, sich in psychotischen oder hysterischen Zuständen befinden, drogenabhängig sind, sich okkulte Kräfte aneignen oder mit Schwarzer Magie arbeiten wollen, kann die Meditation von Nachteil sein. Bei der Meditation öffnen wir unsere feinstofflichen Energien allen im Kosmos existierenden Kräften. Wenn wir zum Beispiel mit dem Hexenkult arbeiten, öffnen wir uns diesen Energien und ziehen dadurch sowohl positive als auch negative Eigenschaften, die diese Energien beinhalten, an. Wenn wir uns mit diesen Kräften nicht auskennen und nicht wissen, wie man damit umgeht, werden wir durch unsere Unkenntnis die willigen Opfer.
Öffnen wir uns gegenüber diesen Kräften, ziehen wir immer diejenigen an, auf deren Bewußtseinsstand wir uns befinden. Verfügen wir über eine klare Unterscheidung von Gut und Böse und haben Angst vor dem Bösen, wie wir dieses Böse auch immer bezeichnen, ziehen wir genau diese Kräfte an. Haben wir ein magisches Bewußtsein (Hexen, Elfen und so weiter), ziehen wir durch das Öffnen die magischen Kräfte an.
Menschen, die ein festes Weltbild über das haben, was richtig und falsch, gut und böse ist, werden sich im erweiterten Bewußtseinszustand genau denjenigen Kräften nähern, die sie im eingeengten Alltagsbewußtseinszustand ablehnen. Alle Kräfte sind an sich neutral. Gut und Böse, Schwarz und Weiß unterscheiden sich

nur dadurch, daß man jeweils eine Seite definiert. Im Alltagsbewußtsein haben wir bestimmte Formen des Lebens als richtig und falsch definiert. Das ist jedoch unsere Definition. In der Realität existiert alles gleichzeitig nebeneinander beziehungsweise miteinander. Wenn wir unser Bewußtsein öffnen, lernen wir dadurch auch die andere Seite der von uns bis jetzt ausgeklammerten Realität kennen.

Wenn unsere innere Motivation stimmt, wenn wir geerdet sind und diese Übungen nicht aus Machtgründen durchführen, werden wir in der Lage sein, mit diesen für uns neuen Dimensionen auf der ganzen Linie umzugehen. Stimmen jedoch die Grundvoraussetzungen nicht, werden wir ungleichgewichtig genau das anziehen, was wir um jeden Preis vermeiden wollen. Diejenigen, die meditieren wollen, um mit Schwarzer Magie zu arbeiten, sollen sich nicht wundern, wenn sie dann tatsächlich vom »Teufel« kontrolliert werden.

Der Teufel und alle dunklen Mächte sind eine Realität für diejenigen, die daran glauben. Deshalb helfen auch Teufelsaustreibungen. Hexen und Elfen sind eine Realität für diejenigen, die daran glauben. Sie können dann mit Hexen, Elfen und Zwergen Kontakt aufnehmen. Dasselbe System trifft auch auf die Wissenschaft zu. In der Psychologie zum Beispiel gibt es viele verschiedene Schulen, deren Absolventen entsprechend ihrer Ausbildung mit Erfolg arbeiten. Mit der Erweiterung des eigenen psychologischen Bewußtseins müssen auch oft die Methoden verändert und erweitert werden. Dasselbe Prinzip gilt für alle anderen Wissenschaften und Lebensbereiche.

Bestimmte Menschen mit bestimmten Bewußtseinsstrukturen fühlen sich zu bestimmten Berufen und bestimmten Ausbildungsstätten hingezogen und nicht zu anderen. Wir haben eine Unmenge verschiedener Schulsysteme auf der Welt und für jedes Land hat das entsprechende Schulsystem für den jeweiligen Zeitpunkt seine Richtigkeit. Ändern sich die Bewußtseinsstrukturen,

ändern sich auch die Schul- und Ausbildungssysteme. Auf unserem Planeten haben sich im Laufe der Jahrhunderte mehrere hundert Sprachen entwickelt, in denen sich Menschen ausdrücken, jeder in seiner ihm vertrauten Weise. In bestimmten Sprachen können bestimmte Gefühle oder Situationen nicht ausgedrückt werden, sie müssen umschrieben werden. Die Menschen dieses Sprachsystems werden in der Regel diese Erfahrungen auch nicht machen, die sie nicht ausdrücken können oder sie werden eine völlig andere Form der Erklärung finden.
Die Realität ist nichts Absolutes, ihre Wahrnehmung entspricht immer dem Bewußtseinstand des jeweiligen Menschen.

Zusammenfassung

Wenige, die mit den Heilübungen beginnen, erreichen auch das angestrebte Ziel. Viele gehen in die oben beschriebenen Fallen, kommen alleine nicht mehr heraus und geben dann langfristig die Heilübungen auf. Es gibt auch Zeiten, in denen man mit den Heilübungen aufhören und sich auf die eigenen schwächeren Seiten konzentrieren muß. Wenn man dann gelernt hat, diese anzunehmen, kann man wieder mit Übungen beginnen.
Wenn die Übungen auf der Basis von Unwissenheit und mangelnder Selbstdisziplin ausgeführt werden, können die Ergebnisse leicht durch mystische Halluzinationen, Selbsttäuschungen und Pseudo-Intuitionen bestimmt werden.
Auch Meditationslehrer können diesen Selbsttäuschungen unterliegen. Der Anfänger wird das selten wahrnehmen können. Nicht zuletzt dadurch hat die Meditation im Laufe der Geschichte auch viele Fehleinschätzungen erfahren und wurde falsch weitergegeben.
Jeder Mensch hat Zugang zu den tiefen Wahrheiten seines eigenen Seins. In jedem Menschen bestehen aber auch negative Seiten.

Heilübungen helfen, diese negativen Seiten zu sehen und sie anzunehmen zu lernen. Jeder, der auf der tiefsten Schicht seinen eigenen negativen Seiten ausweicht, wird durch Heilübungen ein gestörtes Bild von sich erhalten.

Es besteht immer die Gefahr, daß sie dazu benutzt werden, sich selbst aufzuwerten. Diese tiefe innere Einstellung zu sich selbst, daß man sich nämlich nur über die eigene Aufwertung annehmen und anerkennen könne, wird ebenso das Ergebnis der Übungen beeinflussen.

Manchmal wird zu schnell zu viel freigesetzt, und der Betroffene hat Probleme, dies alles einzuordnen. Hier empfiehlt es sich, eine Pause einzulegen, bis man sich wieder gefangen hat, wieder Boden unter den Füßen hat, wieder geerdet ist.

Zusammenfassend läßt sich feststellen, daß die Heilübungen alleine nur sehr begrenzt helfen, sich kennenzulernen und sich zu verändern. Um dieses Ziel zu erreichen, sind Anstrengungen in allen Lebensbereichen notwendig: intellektuelle Anpassung an die neuen Erkenntnisse, psychologische Veränderungen im Verhalten und vieles mehr.

Jede gute Sache, die übertrieben wird, kann leicht zu einer schlechten Sache werden, da man aus der Balance kommt. Es ist besser regelmäßig wenig statt unregelmäßig für Stunden zu meditieren. Es ist besser, sich nicht allzu lange bei visuellen Phänomenen aufzuhalten und diese auszubauen, da es sich dabei auch wieder um nur eine Seite des Ganzen handelt und deshalb ein verzerrtes Bild entsteht.

Meditierende, für die der Auf- und Ausbau ihres Egos wichtiger als der Abbau ihres Egos ist, tappen gewöhnlich in eine der oben angegebenen Fallen.

Wenn Heilübungen von Menschen durchgeführt werden, die emotional unausgeglichen sind und sonstige schwerwiegende Probleme haben, können die Übungen zu einer Verstärkung der Probleme führen.

Es ist eine Tatsache, daß besonders instabile Menschen eine Neigung zum Mystizismus haben und die Heilübungen als eine Möglichkeit ansehen, ihre Probleme schnell zu lösen.
Selbst bei stabilen Menschen kann übertriebenes Meditieren zu Nervosität und Übersensibilität führen. Deswegen sollte in allen Fällen zu Anfang nicht mehr als höchstens zweimal pro Tag zwanzig Minuten meditiert werden.

IV. Die Durchführung der Heilübungen

Die richtigen Bedingungen

Es ist nicht einfach, die richtige Zeit für die täglichen Heilübungen zu finden. Das Wichtigste ist, daß die ausgewählte Zeit regelmäßig eingehalten werden kann.

Die richtige Zeit

Die Mittagszeit eignet sich nicht unbedingt für regelmäßige Heilübungen, da sie am besten vor der Mahlzeit und nicht mit vollem Bauch durchgeführt werden. Außerdem ist die Mittagszeit oft zu unruhig. Es dauert länger, bis man sich entspannt hat und mit den Heilübungen beginnen kann. Der günstigste Zeitpunkt ist morgens vor dem Frühstück und/oder abends, bevor man ins Bett geht. Wichtig ist, daß wir uns die Zeit für die Heilübungen regelmäßig nehmen. Sie müssen zum Alltag dazugehören wie zum Beispiel das Zähneputzen. Die Heilübungen sollen zu Anfang nicht länger als zwanzig Minuten dauern, eine längere Zeit kann schnell dazu führen, daß man aus der Balance gerät, den Boden unter den Füßen verliert. Da man - wenn sie richtig gehandhabt werden - in den Heilübungen sehr viel über sich erfahren kann, wird man manchmal nach den Übungen sehr mit sich beschäftigt sein. Das Frühstück nach den Heilübungen und der Weg zur Arbeit geben dann Zeit, einige der neuen Erkennt-

nisse aufzuarbeiten. Dasselbe gilt für die Zeit vor dem Schlafengehen: Die Erkenntnisse können mit in den Traum genommen werden, und die Träume können noch mehr Licht auf innere Zusammenhänge werfen.
Der Erfolg der Heilübungen wird erreicht durch innere und äußere Beständigkeit, nicht durch unsere Motivation, es besonders gut zu machen!

Der richtige Ort

Für die täglichen Heilübungen entscheiden wir uns am besten für einen Raum, in dem wir ungestört sind. Entweder begeben wir uns in unser Schlafzimmer oder an einen anderen Platz in der Wohnung, an den wir uns ungestört zwanzig Minuten zurückziehen können.
Kinder, Ehepartner und andere Personen, die die Wohnung mit uns teilen, können gebeten werden, uns für diesen Zeitraum dort völlig allein zu lassen. Im Sommer können wir draußen im Garten, auf der Wiese, selbst im Wald meditieren. Wir sollten aber einen festen Platz in unserer eigenen Wohnung haben, der uns bei Bedarf immer zur Verfügung steht. Am Anfang kann das Sitzen an dieser von uns ausgesuchten bestimmten Stelle schon den Wunsch nach Übungen auslösen.
Mit Erfahrung in den Übungen können wir später an jedem Ort meditieren. Mit der Meditation erzielen wir einen bestimmten Bewußtseinszustand, der mit entsprechender Übung und Erfahrung überall erreicht werden kann.
Wir können zur Unterstützung eine Kerze anzünden oder Räucherstäbchen verbrennen. Das kann die Konzentration fördern und uns in die entsprechende Stimmung versetzten. Wenn wir aber im Laufe der Zeit feststellen, daß wir von solchen äußeren Anreizen abhängig sind, dann wird es Zeit, diese fallenzulassen und ohne sie zu meditieren.

Die richtige Kleidung

Die Kleidung für die Heilübungen sollte locker sitzen, keine Gürtel, keine engen Röcke, Blusen oder Hosen. Wir sollten die Kleidung nicht am Körper fühlen. Jede Einengung des Körpers kann uns bei den Übungen stören. Je freier wir uns körperlich fühlen, desto leichter werden sie uns fallen. Wenn wir die Übungen abends durchführen, ist es gut, sich vorher zu waschen, damit man sich frisch fühlt. Außerdem entspannt eine Wäsche auch und hilft, uns leichter in die Heilübungen einzustimmen.

Die richtige Haltung

Es gibt keine allgemein richtige Haltung, verschiedene Positionen sind möglich. Wichtig ist, daß wir uns in der jeweiligen Position völlig entspannen und der Körper ruhig bleiben kann. Wenn sich der Körper ständig unruhig bewegt, stört das die Heilübungen. Je weniger man sich um den Körper während der Übungen kümmern muß, desto einfacher werden sie. Körperliche Ruhe ist eine wichtige Voraussetzung für erfolgreiche Übungen. Anfänger beginnen oft mit der liegenden Position. Aus eigener Erfahrung kann ich sagen, daß man sich im Laufe der Entwicklung automatisch in die Lotosposition setzt. Es ist sicherlich für viele am bequemsten, sich für die Übungen auf den Boden zu setzen anstatt auf einen Stuhl. Andere bevorzugen jedoch die Sitzposition auf dem Stuhl. Im alten Ägypten wurde auf dem Stuhl sitzend meditiert. Wenn wir allerdings unbequem sitzen, wird damit jeder Versuch einer Heilübung nichtig, da wir uns ständig unwohl fühlen und dauernd gezwungen werden, an die Sitzposition zu denken und daran, wie diese verändert werden kann. Es mag zu Anfang helfen, wenn man sich in die richtige Position einschaukelt, das heißt sich bequem hinsetzt und den Körper so lange schaukelnd bewegt, bis er die richtige Position für sich gefunden hat. Falls Sie sitzen, achten Sie darauf, daß die Wirbelsäule auf-

Abb. 4: *verschiedene Meditationshaltungen, gezeichnet von Juan Manuel Vâsquez*

gerichtet ist und daß Sie aufrecht sitzen, um auch die Rückenmuskeln entspannen zu können. Der Körper hat sich vor jeder Übung zu entspannen, danach entspannen wir die Emotionen und den Verstand.

Es ist immer ungünstig, direkt nach einem anstrengenden Tag oder einer aufregenden Situation zu meditieren. Körper, Emotionen und Verstand müssen zuerst beruhigt werden, bevor wir mit den Heilübungen beginnen. Die unten beschriebene Atemmeditation ist ein ausgezeichnetes Mittel, um zunächst den Körper und dann Emotionen und Verstand zu beruhigen und zu entspannen.

Eins der Ziele der Heilübungen ist, daß wir uns der Dinge bewußt werden, die uns im Alltagsleben nicht auffallen. Dazu gehört zum Beispiel auch, daß wir oft plötzlich eine innere körperliche Unruhe spüren, die wir vorher nicht wahrgenommen haben. Wir spüren, daß wir unruhig in den Füßen oder Händen sind, unsere Augenlider zucken und so weiter. Diese Symptome werden durch die Übungen ans Tageslicht gebracht. Deshalb ist es von großer Wichtigkeit, daß wir eine bequeme Position haben.

Voraussetzungen

Wir beginnen mit den Heilübungen, nachdem wir uns für die richtige Zeit, die richtige Umgebung, die richtige Kleidung und, wenn möglich, schon für die richtige Haltung entschieden haben. Vielleicht werden wir unsere Haltung während der Übungen ändern müssen. Wir beginnen aber mit der Haltung, die uns zunächst am bequemsten erscheint.

Nachdem wir mit den Heilübungen angefangen haben, werden wir sehr schnell mit einer Reihe von Beschwerden konfrontiert werden:

Auf der körperlichen Ebene wird es uns zu kalt oder zu warm sein, es wird von irgendwoher ziehen und so weiter. Auf der emotionalen Ebene fällt uns ein, daß wir noch so viel zu erledigen haben, zum Beispiel daß die Wäsche nicht gewaschen ist und so weiter. Auf der geistigen Ebene werden wir feststellen, daß wir uns nicht oder nur sehr schlecht konzentrieren können. Alle diese Faktoren werden uns darin hindern, zur spirituellen Ebene vorzudringen. Hier gibt es nur eine Möglichkeit der Reaktion: die Geduld und das Durchhalten. Wer hier aufgibt, hat verloren. Wir meditieren trotz der Hindernisse einfach jeden Morgen und wenn möglich jeden Abend weiter. Die Widerstände werden langsam nachlassen und verschwinden, aber nur, wenn wir weiterhin zu unserer festgesetzten Zeit meditieren. Wenn wir innerlich in unserem Vorsatz zu meditieren wankend werden, werden wir auch bald aufgeben.

Die Reaktionen des Körpers werden nicht plötzlich verschwinden, sondern im Laufe der Zeit werden wir sie weniger wahrnehmen, und sie werden uns nicht störend beeinflussen, da wir unsere Prioritäten gesteckt haben: Die Meditation hat jetzt die erste Priorität, und der Körper tritt nun an die zweite Stelle. Später können wir uns dann meditativ mit dem Körper beschäftigen und versuchen herauszufinden, wo diese Störungen herkommen. Wenn wir uns unsere Priorität morgendlich setzen und auch fest davon überzeugt sind, daß wir es durchhalten wollen, werden wir auch bald in der Lage sein, zu meditieren. Entscheidend sind der innere Wille und das innere Durchsetzungsvermögen. Es besteht eine Verbindung zwischen dem Körper, den Emotionen und dem Geist. Wenn wir den Körper, den grobstofflichsten Teil unseres Selbst, ruhig stellen können, hat dies direkten Einfluß auf alle anderen Bereiche. Ein unruhiger Körper ist eines der größten Hindernisse für erfolgreiche Heilübungen.

Sobald wir mit den Übungen beginnen, schließen wir unsere Augen, konzentrieren uns und vergessen die Umwelt. Wir befinden uns dann plötzlich in einem Dschungel von »inneren Hindernissen«. Die emotionalen Hindernisse, die auftauchen, sind völlig natürlich. Wir nehmen uns nun Zeit für uns selbst, ohne den ständigen Druck, noch dies und jenes erledigen zu müssen, zuzulassen. Aber dieser ständige innere Druck, unter dem wir stehen, wird natürlich das größte emotionale Hindernis. Wenn wir dies akzeptieren, annehmen und trotzdem weitermeditieren, wird sich auch das Bild bald verändern. Wir haben dann unsere Priorität gesetzt und die Weichen für das Fortfahren gestellt. Unser Unbewußtes wird es annehmen und sich darauf einstellen. Wichtig ist, daß wir uns nicht zur Entspannung vorher einen Drink genehmigen. Alkohol vernebelt unsere Sinne und beeinflußt die Heilübungen negativ.

Wenn uns Musik bei der Entspannung hilft, können wir leise eine Musik-Kassette laufen lassen. Sollten wir zu Anfang nicht von der äußeren Welt loslassen können, ist es auch möglich, daß wir mit einer Musik-Meditation beginnen und für eine Weile nur mit Musik meditieren (siehe Kapitel VI).

Unterstützend zur Entspannung sind neben passender Musik auch Räucherstäbchen und Duftlampen. Finden Sie für sich selbst heraus, welche Gerüche beruhigend und welche aktivierend auf Sie wirken. Es ist praktisch unmöglich, allgemeine Regeln aufzustellen, die für jeden gelten. Der eine schwört auf Sandelholz und der andere läuft davor weg. Einige Hinweise möchte ich hier jedoch dennoch geben:

Beruhigend wirken in der Regel: Bergamott, Jasmin, Kamille, Lavendel, Myrrhe, Nelken, Neroli, Pfefferminz, Rose, Sandelholz, Weihrauch, Ylang-Ylang, Zedernholz.

Anregend wirken in der Regel: Basilikum, Eukalyptus, Fenchel, Fichtennadeln, Geranie, Koriander, Opium, Orange, Rosmarin, Thymian, Wacholder, Zitrone, Zypresse.

Ich habe bereits erwähnt, daß man sich zu Anfang einen Wecker stellen kann. Diese Methode hat Vor- und Nachteile. Sie zwingt uns, die geplanten zwanzig Minuten auch wirklich einzuhalten und stillzusitzen, um das anzunehmen, was kommt. Der Nachteil liegt darin, daß wir uns programmieren, auf die Uhr zu hören, und die zwanzig Minuten werden in unser inneres System eingebaut. Wenn wir mit dem Wecker beginnen, sollte er sobald wie möglich wieder abgestellt werden und wirklich nur für die Anfangszeit als Hilfsmittel eingesetzt werden.

Je mehr innere Überzeugung und Liebe wir für die Meditation mitbringen, desto leichter wird uns die Durchführung fallen.

Das größte geistige Hindernis bei den Heilübungen ist die mangelnde Konzentrationsfähigkeit. Die Fähigkeit, sich zu konzentrieren, ist die Voraussetzung fast aller Handlungen: das Bestehen von Prüfungen, adäquates Lösen von Aufgaben und so weiter. Alles Unwichtige können wir zur Seite schieben, damit das Problem angemessen gelöst werden kann. Konzentration heißt, daß wir alle unsere Aufmerksamkeit auf einen Punkt, eine Aufgabe oder ein Projekt richten können. Gründe der mangelnden Konzentrationsfähigkeit sind oft ungelöste und unbewußte emotionale Konflikte.
Wir befinden uns dadurch in einem Teufelskreis: Eine der wesentlichen Voraussetzungen für die Heilübungen ist die Konzentrationsfähigkeit, die wir benötigen, um uns selbst und unsere inneren Probleme kennenzulernen. Andrerseits können wir die Konzentration gerade aufgrund dieser Schwierigkeiten nicht aufbringen, um die heilenden Übungen durchzuführen. Schon aus diesem Grunde ist es von großer Wichtigkeit, daß wir nach den ersten Versuchen nicht aufgeben, sondern durchhalten.

Wir lernen bei den Heilübungen:

1. Konzentration,
2. wie sich Konzentration auswirkt,
3. die Effekte der Übungen leichter zu erfahren,
4. die Welt mit anderen Augen zu sehen,
5. neue Fähigkeiten und Kräfte zu entwickeln, von deren Möglichkeiten wir vorher nichts ahnten.

Die spirituelle Voraussetzung ist die Liebe, die Liebe zu sich selbst und der innere Wille, sich selbst anzunehmen sowie auftretende Hindernisse überwinden zu wollen.
Die folgende Entspannungsübung kann uns helfen, uns vor den Heilübungen richtig einzustellen.

■ **Übung:** Entspannung

Wir setzen uns in die für uns richtige Position, atmen mehrere Male tief durch, konzentrieren uns dann auf unseren Atem und führen die folgende Übung durch:

Ich entspanne die Muskeln meines Kopfes.
Ich entspanne die Muskeln meines Gesichtes.
Ich entspanne die Muskeln meines Nackens.
Mein ganzer Körper fängt an, sich zu entspannen.
Ich entspanne die Muskeln meiner Schultern.
Ich fühle mich schon entspannt und gelöster.
Ich entspanne die Muskeln meines Rückens.
Ich entspanne die Muskeln meines Oberkörpers.
Ich entspanne die Muskeln meines Bauches.
Ich werde entspannter und gelöster und kann dies schon im ganzen Körper fühlen.
Ich entspanne die Muskeln meiner Arme und Beine.
Ich werde ständig ruhiger und entspannter.
Ich bin ganz ruhig und entspannt.
Mein Körper ist gelöst. Ich bin ganz ruhig. Ich bin mit mir selbst in Frieden.

Diese Übung sollte man zu sich selbst langsam sagen und sich dabei auch wirklich auf die Entspannung der Muskeln konzentrieren. Sie kann auf Kassette aufgenommen werden, damit es leichter wird. Wenn diese Entspannungsübung regelmäßig ausgeführt wird, wird sich die Wirkung intensivieren und beschleunigen. Wann immer wir dann dringend eine Entspannung benötigen, hilft oft schon der bloße Gedanke daran, sich zu entspannen.

Visualisation, Heilübungen und Meditation

Die Begriffe und Techniken sind sich ähnlich und doch grundverschieden. In der Literatur und in der Anwendung wird zwischen ihnen oft nicht unterschieden. Die Visualisation ist eine Technik, bei der wir uns bestimmte Dinge vorstellen, unsere Phantasie benutzen. Wir stellen uns zum Beispiel eine Rose vor, das Aufblühen der Rose, ihr Verwelken und so weiter; oder wir denken uns einen Baum, die Größe des Baumes, die Tiefe der Wurzeln, die Weite der Krone und so weiter. Affirmationen gehören in diesen Bereich, wir stellen uns wirklich vor, wie sich unerwartete Türen für uns öffnen, wir stellen uns vor, wie wir uns entspannen. Alle Übungen, die mit den Vorstellungskräften arbeiten, gehören in den Bereich der Visualisationen. In einem großen Teil der westlichen Welt haben die Visualisationen den Platz der Meditation eingenommen oder besser gesagt, die meisten westlichen Menschen verstehen unter Meditation Visualisation. Viele der angebotenen Meditationen geben Anweisungen für Visualisationen, sind aber im eigentlichen Sinne keine Meditationen. Das Erlernen von Visualisationen ist eine ausgezeichnete Methode, sich auf Heilübungen und damit auf Meditation vorzubereiten. Die Übergänge sind später fließend.
Bei der Meditation stellen wir uns nichts vor, wir sind es, wir erleben es, wir sind eins mit dem Gegenstand unserer Meditation. Das ist aber etwas völlig anderes, als sich bestimmte Dinge vorzustellen. Vielen Menschen fällt es schwer, bestimmte Dinge, die bei den Visualisationen, Heilübungen oder Meditationen hochkommen, anzunehmen. Sie beschönigen das, was sie gesehen haben, ein wenig. Der Himmel war klarer, das Licht war leuchtender, der Baum war wunderschön und so weiter. Beschönigung nutzt niemandem etwas, am allerwenigsten dem Betroffenen selbst. Wenn man mit Visualisationen beginnt und den Schülern ihre Selbstlügen aufzeigt, werden sie langsam deren Unsinnigkeit er-

kennen und lernen, das anzunehmen, was wirklich kommt. Dann, und nur dann, kann langsam mit den richtigen Übungen begonnen werden. Die Übergänge von der Visualisation zur Meditation sind dann fließend.

Inspirationen für Heilübungen

Viele Anfänger haben schnell Probleme damit, daß sie nicht genügend Meditationsobjekte finden können und dadurch die Übungen vernachlässigen. Deshalb werden im folgenden einige Bereiche besprochen, aus denen man sich Objekte suchen kann.

Die Natur

Die Natur ist die Quelle der Inspiration für unzählige Künstler, Poeten, Maler und Musiker, die versuchen, die Schönheit der Natur in ihrer Kunst wiederzugeben und zu interpretieren. Sie bietet uns die vielfältigsten Möglichkeiten für Heilübungen. Wir können über jede Pflanze, Blume, jeden Strauch und Baum meditieren, über Flüsse und Landschaften, über den Himmel, die Wolken und die Erde, über die Tiere, Muscheln und Steine.
Wir haben alle eine Beziehung zu Äußerlichkeiten. Die Art, wie wir uns anziehen, welche Materialien der Kleidung, welche Farben wir wählen, welche Art der Nahrung wir aufnehmen, drückt unser Verhältnis zur Natur und zu uns selbst aus. Untersuchungen zeigen, daß Menschen, die vorwiegend nur weiche Nahrung zu sich nehmen, die Tendenz haben, den Schwierigkeiten des Lebens aus dem Weg zu gehen. Menschen hingegen, die bevorzugt harte Nahrung zu sich nehmen, wie zum Beispiel Rohkost oder Nüsse, alles, was gründlich gekaut werden muß, beißen sich im wahrsten Sinn des Wortes durch das Leben. Sie packen Situationen an und wollen diese lösen, während die anderen schwie-

Abb. 5: Eine Wiese als Meditationsmöglichkeit aus der Natur

rigen Situationen lieber ausweichen. Dieser Vergleich läßt sich auch auf das Verhältnis zur Natur übertragen: Menschen, die Kleidung aus natürlichen Fasern bevorzugen, haben in der Regel ein bewußteres und reflektierteres Verhältnis zur Natur als Menschen, die unkritisch alle Arten von Kunstfasern tragen.
Bei den Übungen über die Natur können wir Informationen über die inneren Zusammenhänge der Natur und unser Verhältnis zur Natur erhalten. Wir sind alle miteinander auf der tiefsten Ebene verbunden. So, wie es hier steht, handelt es sich um eine intellektuelle Aussage, die aber in den Übungen erfahren, das heißt gelebt werden kann. Die östlichen und westlichen esoterischen Traditionen gehen davon aus, daß auch anorganische Materie

Bewußtsein hat. In der modernen Biologie spricht der Biologe Rupert Sheldrake von den morphogenetischen Feldern, und er und sein Kollege Lyall Watson weisen darauf hin, daß nicht nur Bäume, sondern auch Steine miteinander kommunizieren. In der modernen Physik steht der ganze Begriff »Materie« durch die Quanten-Physik zur Diskussion. Wir stehen vor einem enormen Wandel in unserer Auffassung von Wissenschaft, und es scheint, als ob sich Wissenschaft und Mystizismus immer mehr angleichen. Viele moderne Wissenschaftler setzen sich mit dem sich wandelnden Verständnis auf allen Ebenen auseinander. Wir werden bei den Heilübungen über die Natur viele neue Erkenntnisse gewinnen, die wiederum unser Verhältnis zu ihr vertiefen.

Die Musik

Musik beeinflußt fast jeden Menschen. Sie hat einen stimulierenden Einfluß auf uns, sie kann Freude geben, aber auch Trauer auslösen. Viele Jugendliche unterliegen der Suggestionskraft der Musik. Sie »ziehen sie sich rein«, das heißt, sie peitschen sich mit Musik auf. In den alten Kulturen hat die Musik sowohl einen symbolischen Charakter - zum Beispiel diente sie zur Götterbeschwörung -, als auch einen meditativen Charakter, ganz besonders in der indischen Musik. Die Trommeln werden nicht nur als Informationsinstrument verwendet, sondern auch als Auftakt und zur Meditation. Musik und Tanz sind eng miteinander verbunden; bei den Sufis ist eine Form der Meditation der Tanz der Derwische. Tanz ist eine Methode, sich von Gefühlen freizutanzen und den Körper anders und tiefer zu erfahren. Viele Menschen benutzen den Tanz bewußt oder unbewußt dazu. Militärmusik beispielsweise kann die militärische Gruppe zusammenhalten. In den letzten beiden Weltkriegen wurden immer dann militärische Lieder gesungen, wenn es darum ging, die Moral der Gruppe aufzubauen oder zu unterstützen.

Wenn Musik verwendet wird, kann dies einen sehr kraftvollen, freisetzenden Effekt haben. Klassische und indische Sitar-Musik bietet viele Möglichkeiten, und es ist ein weites Spektrum von New-Age-Meditationsmusik auf dem Markt. Wir haben die Musik für uns zu finden, die uns liegt. Bei jedem neuen Anhören werden wir neue Zusammenhänge und neue Interpretationen finden.

Gedichte

Gedichte können für viele Menschen eine Basis für Heilübungen sein. Hier werden menschliche Situationen, Stärken und Schwächen beschrieben. Wir können daraus viel über unsere Umwelt lernen. Die Worte vermitteln die wirkliche Bedeutung der tieferliegenden Gefühle und Erfahrungen der Menschen. In Gedichten werden alle Freuden der Menschen, aber auch Haß, Enttäuschung, Neid und das Unglücklichsein ausgedrückt. Wenn wir uns ein Gedicht aussuchen, werden wir bei jeder neuen Übung tiefere Informationen über die menschlichen Bedingungen erhalten. Derjenige, der Zugang zu Gedichten hat, tut gut daran, sich Gedichte als eine Form der Meditation auszusuchen. Wir erfahren dann oft während der Übung, daß wir uns auf der tiefsten Ebene mit den beschriebenen Gefühlen identifizieren können und fangen an, darüber nachzudenken. Viele uns bis dahin unbewußten Gefühle können so zu Tage kommen.

Malen

Malen ist nicht nur eine Kunst, in der sich begabte Menschen ausdrücken können, sondern es hat auch eine therapeutische Funktion. Darüber hinaus ist das Malen wunderbares Mittel für Heilübungen. Träume können gemalt werden. Stimmungen können durch Malen ausgedrückt und dadurch auch aufgelöst wer-

Abb. 6: Meditationsbild von Juan Manuel Vâsquez

den. Ruhe und Ausgeglichenheit können durch Malen wieder erreicht werden. Durch Malen kommt man auch an tiefere innere Bilder, die einem im Alltagsbewußtsein verschlossen sind. Malen Sie Ihre Stimmungen, drücken Sie diese in Farben und Formen aus. Jedes Bild bringt Sie ein bißchen näher an sich selbst und an Ihre tieferen inneren Schichten heran.

Besonders für kopflastige Menschen, die ihr Leben fast ausschließlich verstandesmäßig steuern, ist Malen eine Möglichkeit, die Verstandeskontrolle langsam loszulassen und ihre eigene Emotionalität kennen und annehmen zu lernen. In spirituellen Readings, bei denen ich mich in die gesamten Schwingungen einer Person einstimme und diese erkläre, ist es häufig notwendig, »Hausaufgaben« zu geben. Diese Aufgaben sind oft nötig, damit man leichter Zugang zu den eigenen inneren Widersprüchen findet. Das Malen ist dafür eine besonders effektive Methode. Hierbei werden die Widersprüche durch die Verwendung von Form und Farbe in einer neuen Dimension klarer dargestellt, da sie aus dem unbewußten, diffusen Zustand herausgeholt werden. Jedesmal wenn Gedanken oder Gefühle aus der Diffusität heraustreten, werden innere Blockaden frei. Damit öffnet sich immer eine Tür zu neuen Möglichkeiten. Wir haben darüberhinaus auch mehr Energie zur Verfügung, da die bisher zur Aufrechterhaltung der Blockaden benötigte Energie wegfällt. Malen ist ein sehr gutes Mittel, um Heilübungen zu unterstützen. Malen Sie die Erfahrungen aus Ihren Übungen, setzen Sie diese in Form und Farbe um. Damit unterstützen Sie den inneren Entwicklungsprozeß und die tiefe Integration.

Symbole

Symbole stehen für bestimmte Inhalte und Wahrheiten, die ganz unterschiedlich sein können. Wir kennen alle die Symbole des Alltags, die uns international begleiten: das Flugzeug für den Flughafen, Mann und Frau für die Toilette, Bus für die Busstation, Zug für den Bahnhof und so weiter. Diese Alltagssymbole nennt man Piktogramme, und sie werden allgemein verstanden. Es hat sich weltweit schon fast eine Kultur herausgebildet.
Wir reden hier aber von Symbolen, die eine tiefere Bedeutung haben. Die Sonne steht zum Beispiel für das Geben von Leben, Freude und das Herz, während der Mond die unbewußten und versteckten Strömungen in uns symbolisiert. In diesen beiden Beispielen kommt die Bedeutung der Symbole von der Funktion, die diese beiden Planeten direkt haben: die Sonne gibt der Erde Leben und der Mond scheint nachts, wenn es dunkel ist, er ist im gewissen Sinne in der Dunkelheit versteckt.
Symbole haben eine innere Sprache, und jede Lebenseinheit hat ein bestimmtes Symbol. Wir haben alle unser eigenes Symbol. Der Holländer und Gründer der mystischen Kirche Christi in

Australien, Reverend Mario Schoenmaker, kann in seinen spirituellen Readings die persönlichen Symbole der Menschen sehen und deuten.

Darüber hinaus steht für jede bestimmte Phase unseres Leben ein Symbol. Wenn wir in der Meditation so weit sind, daß wir das für die jeweilige Zeit entsprechende Symbol finden können, können uns Meditationen mit dem Symbol wesentlich dabei helfen, die Aufgaben zu bewältigen, die in dieser Zeit anstehen.

Die Welt der Symbole ist ungeheuer vielfältig und unbegrenzt. Das Lamm steht für das Opfer, der Löwe für die Freiheit, die Rose für die Schönheit und so weiter. Diese Symbole existieren seit Jahrtausenden, sie haben ihre innere Kraft und Bedeutung durch die Veränderung der Sprachen erhalten. Die innere Sprache der Symbole lebt weiter, während die gesprochenen Sprachen aussterben und sich neue entwickeln.

Das Kreuz steht zum Beispiel als das Symbol für das Christentum, aber auch dafür, daß jemand ein Kreuz zu tragen hat. Der Davidstern steht für das Judentum, der Kreis für das Individuum, aber auch für die Unendlichkeit, das Dreieck für unendlich viele Beispiele (siehe Kapitel VI). Die Zahlen sind Symbole in der Kabbala, und die Geburtsdaten spiegeln den Lebensweg des einzelnen wider. Die Zahlen haben eine Verbindung zu den Farben sowie zu den Buchstaben und man kann mit den Zahlenkombinationen des Vornamens wiederum Schlußfolgerungen über den Lebensweg ziehen.

Die Edelsteine stehen symbolisch für bestimmte Eigenschaften, die Farben der Blumen haben im Alltag eine symbolische Bedeutung. Die Liste ist unendlich.

Symbolische Heilübungen öffnen uns den Weg zu einer weiteren Dimension: der inneren Sprache. Ein Symbol dient uns als Schlüssel oder Codewort für eine bestimmte Sache oder Information. Wenn wir es wissen, können wir mit dem Schlüssel-Symbol Türen öffnen und haben Einsicht in die innere Wahrheit. Bestimmte

Abb. 7: Gebet, Gemälde von Juan Manuel Vâsquez

Traditionen wie zum Beispiel Reiki haben bestimmte Symbole, in denen die Kraft der Heilung enthalten ist. Das Wissen darum befähigt uns, mit dieser Kraft zu arbeiten. Die Symbole dieser alten Traditionen werden aber geheimgehalten, damit kein Mißbrauch damit betrieben werden kann.

Gebete und Mantras

Eine andere Möglichkeit, Inspirationen zu erlangen, sind Gebete und Mantras. Sie werden hier zusammen genannt, da sie beide einen religiösen Ursprung haben und ähnlich wirken. Wir sprechen hier nicht von Gebeten im kindlichen Sinne, in dem zum gütigen, weißhaarigen Vater gebetet wird. Gebet wird hier verstanden im Sinne des Vertrauens an die eigene Urkraft. Wenn wir Zugang zu unserer eigenen Kraft nur über eine Gottfigur haben, ist das auch ein Weg. Wir sollten uns aber über unsere Gottvorstellung Gedanken machen, bevor wir mit Gebeten meditieren.

Gute Beispiele für das Gebet als Übung sind das Vaterunser und das Herzgebet.

Ein Mantra besteht in der Regel aus nur einem Satz, den man von seinem Meditationslehrer erhält und den man als Leitsatz für die augenblickliche Zeit in seinem Leben oder für das ganze weitere Leben nimmt.

Gefühle

Es gibt Heilübungen, in denen das Loslassen von negativen Gefühlen praktiziert wird. Hier lernt man, eigene Gefühle wie Ärger, Enttäuschung, Angst, Bitterkeit, Haß, Eifersucht, Neid und so weiter zunächst zu erkennen, anzunehmen und dann loszulassen. Das Ziel ist die tiefere Erkenntnis, daß man sich dabei von einer anderen Person kontrollieren läßt. Man erlaubt der anderen Person, diese negativen Gefühle in einem zu wecken, und während man sie zuläßt, erlaubt man dem anderen die energetische Kontrolle. Man kann aber diese Gefühle nur loslassen, wenn man die innere Einsicht hat. Ohne die innere Einsicht bleibt alles nur eine intellektuelle Übung, in die die Gefühle nicht mit eingeschlossen sind. Deshalb kommt man immer wieder an das alte Problem. Der entscheidende Punkt ist wieder zunächst die eigene Erkenntnis darüber, wieviel man von diesen Gefühlen in sich hat.

Selbstbestimmung

Visualisation, Heilübungen und Meditation bieten auch die Möglichkeit, den zukünftigen Lebensweg aktiver zu gestalten. Wir können mit Hilfe dieser Techniken zunächst herausfinden, was wir eigentlich wollen und wohin unser Weg gehen soll. Wenn wir uns darüber klar sind, können wir innerlich diesen Weg vorbereiten und ihn gestalten, damit er sich auf der äußeren Ebene einlösen kann. Je klarer wir sind, desto klarer werden auch die Ergebnisse. Dabei sollte äußere Klarheit nicht mit innerer Klarheit verwechselt werden.

Wir können niemals eine vollständige Klarheit über andere erreichen, vollständige Klarheit erreichen wir nur über uns selbst. Diese vollständige Klarheit setzt sich dann um in unsere Wunschvorstellungen über unser eigenes Leben sowie in unser eigenes Verhalten. Wir wissen dann zum Beispiel, daß wir nicht all die Fähigkeiten haben, um unseren Wunschvorstellungen zu genügen, und versuchen, uns diese Fähigkeiten zunächst anzueignen, bevor wir unsere Vorstellungen realisieren. Wir kennen unsere eigenen Schwächen und können bewußt und offen mit ihnen umgehen. Diese Fähigkeit erspart uns viel Enttäuschung im Leben und dieses kann in den Heilübungen gelernt werden.

Gewalten, Planeten, Sterne, Universum, Licht

Diese Objekte werden zum Schluß aufgeführt, weil hier der Mißbrauch am gefährlichsten ist. Sie sollten nur von erfahrenen und stabilen Meditierenden als Objekte gewählt werden. Meditation führt hier am ehesten zu parapsychologischen Fehleinschätzungen, übersinnlichen Sensationen und Halluzinationen. Ich habe selbst in Klassen mit fortgeschrittenen Meditierenden die Erfahrung gemacht, daß eine Meditation über das Blau des Himmels bei jemandem Christusvisionen auslösen kann. Christus kam dabei mit seiner Kraft vom Himmel und befreite die Betreffenden mit einem Laserstrahl aus ihren irdischen Ketten. Wenn dann eine solche übersinnliche Wunschvorstellung als Projektion von jemandem kommt, der nicht genug geerdet ist, kann das katastrophale Folgen haben: zum Beispiel Arbeitsunfähigkeit, da es ja jetzt nicht mehr nötig ist zu arbeiten, weil man ja von Christus

befreit wurde; selbst das Abdriften in eine Psychose oder ein Aufblähen des Egos sowie eine totale Verwirrung können die Folgen sein. Vorsicht!
Mit der Meditation setzen wir ungeheure Kräfte frei. Je mehr wir geerdet sind, je dichter wir am Boden bleiben, desto besser. Unreflektierte New-Age-Ideen bergen große Gefahren in sich, die in östlichen Kulturen weniger auftreten, da dort die Meditation seit Jahrtausenden praktiziert wird und von den Meditationslehrern sehr auf die moralischen Werte der Meditierenden geachtet wird. Im Westen mit seiner Philosophie des freiheitlichen Individualismus drohen ganz andere Hindernisse und Gefahren.

Die Wahl der Objekte

Die Wahl der Objekte hat, wie wir im letzten Kapitel gesehen haben, mit allergrößter Vorsicht vorgenommen zu werden. Die Auswahl ist selbst fast eine Heilübung. Bei Anfängern empfehle ich immer, zunächst mit Motiven aus der Natur oder mit Gedichten, Gebeten oder Mantras zu beginnen.
Wenn jemand mit Depressionen in den Heilübungen über sein miserables Dasein brütet, wird es ihm hierdurch eher schlechter als besser gehen. In diesem Falle wird man nicht mit einer Übung über negative Gefühle beginnen, sondern das erst tun, wenn die Person schon ein gewisses Vertrauen in die eigenen Kräfte und Erkenntnisse hat. Es geht nicht darum, falsche Einstellungen und negative Gefühle beiseite zu schieben und durch neue Einstellungen und Gefühle zu ersetzen, sondern darum, daß man an die Wurzeln geht und bei den tiefen Ursachen anpackt, das heißt das Problem zunächst verstehen lernt, um dann loszulassen.
Die allgemeine naive Einstellung zu Gott ist zum Beispiel nicht die richtige Grundlage für tiefere Meditationen, und diese Einstellung muß bearbeitet und verändert werden. Das Ziel der Me-

ditation ist es nicht, Mystizismus zu entwickeln, sondern im Gegenteil, sich darüber hinaus zu entwickeln. Die Erkenntnisse in der Meditation sind weit klarer und weitreichender als es der Mystizismus anbieten kann. Das ausgesuchte Objekt soll unser Leben tiefer erfüllen, uns nicht vom Leben wegführen. Es geht nicht darum, sich vom Alltag zu lösen, sondern ganz im Gegenteil, der Alltag ist von allergrößter Wichtigkeit, er ist unser tägliches Leben.

Der beste Weg für Anfänger besteht darin, mit der Atemmeditation und den Entspannungsübungen zu beginnen, bis man damit vertraut ist und sich auch wirklich auf der ganzen Linie gut entspannen kann. Danach kann man sich das Meditationsobjekt aussuchen und damit meditieren.

Die Grundregeln für die Heilübungen

- Man belügt nur sich selbst, niemals einen anderen.
- Beständigkeit bringt den Erfolg, nicht Perfektionismus.
- Qualität vor Quantität.
- Finden des persönlichen Weges.
- Finden der eigenen inneren Klarheit.
- Geduld und Selbstvertrauen.
- Weitermachen trotz innerer und äußerer Widerstände.
- Alles, was hochkommt, annehmen.
- Vom Vorstellen zum Spüren, Leben!
- Reflexion nach den Heilübungen, den Bewußtseinszustand noch eine Weile halten.

Vor den Heilübungen sollte
- nicht gegessen werden,
- kein Alkohol zu sich genommen werden,
- man sich gut entspannt haben,
- man die richtige Haltung eingenommen haben.

V. Heilübungen

Die verschiedenen Basistypen

Die Anzahl der möglichen Objekte für die Heilübungen sind unbegrenzt, wie wir im vorherigen Kapitel gesehen haben. Wir haben auch über die Schwierigkeit gesprochen, das richtige Meditationsobjekt zu finden. Es ist aber darüber hinaus wichtig zu wissen, daß es vier verschiedene Grundwege gibt, auf denen man sich in seiner Entwicklung zur Meditation bewegen kann. Diese Wege verlaufen:
- über den Verstand,
- durch die Emotionen,
- durch den Körper,
- durch die Handlung.

Wir beginnen mit dem Weg, der uns am meisten entspricht, erkunden ihn und wechseln dann zu einem der anderen über, oder wir kombinieren verschiedene Wege. Kein Weg hat einen Vorteil gegenüber den anderen. Wichtig ist, dort anzufangen, wo man im Augenblick steht. Jeder dieser Wege ist schwer, keiner ist leichter als der andere. Das Ziel ist nicht, nur einen Weg zu verfolgen, sondern schließlich Meister aller Wege zu werden. Es ist schwierig genug, die Meditation zu erlernen, daher sollten wir nicht mit unserem schwächsten Punkt beginnen. Es ist wichtig, daß wir nach jeder Meditation nicht sofort aufspringen und mit der täglichen Arbeit beginnen, sondern noch für einige Minuten sitzen bleiben und versuchen zu spüren, wie wir uns fühlen. Wir sollten uns einheitlicher fühlen als vorher. Unser unbewußtes, inneres Programm wird sich darauf einstellen, und wir werden nach einer Weile von innen heraus meditieren wollen, um dieses Gefühl der Ganzheit und Einheitlichkeit wieder zu erlangen. Je öfter wir dieses Gefühl erfahren, desto ganzheitlicher werden wir.

Der Weg über den Verstand

Insbesondere Wissenschaftler und Forscher, die aufgrund ihrer Forschungsarbeit zu dem Ergebnis kommen, daß die Dinge anders sind, als sie sich nach ihren bisherigen Erfahrungen darstellen, finden über den Verstand Zugang zu neuen Wegen und Dimensionen der Erkenntnis. In der neueren Zeit trifft das auf einige der modernen Physiker wie zum Beispiel Einstein, Heisenberg, Bohr und Bohm zu.

Hier erreicht der Forscher zwar ein intellektuelles Verständnis der gegebenen Situation, welches jedoch in seinen Augen eine nur unzureichende Erklärung für das Vorgefundene gibt. Neue Wege des Verständnisses und neue Lösungswege müssen gefunden werden. Viele derjenigen, die neue Instrumente entwickelt haben, das heißt neue Lösungen für alte Probleme finden mußten, standen vor diesem Problem.

Ein Bekannter von mir, ein Elektroingenieur und Verkehrsspezialist, der Computerlösungen für schwierige, oft unlösbar scheinende Verkehrssituationen in London zu finden hatte, handelte dementsprechend. Er nahm sich in solchen Fällen einen Vormittag Zeit, stellte sich an die problematische Kreuzung, beobachtete den Verlauf des Verkehrs, »stimmte sich ein«, wie er es selbst nannte, und fand dann oft völlig überraschende neue Lösungen - Lösungen, an die niemand vorher gedacht hatte. Auf diese Art und Weise wurde er in England als Verkehrsspezialist bekannt. Seine

Methode ist eine Form der Meditation. Ihm war das allerdings nicht bewußt, und er erkannte es erst, als er darauf aufmerksam gemacht wurde.

Eine Studie des englischen Fernsehens über die Firma *Apple*, die eine neue Computergeneration auf den Markt brachte, kam zu folgenden Ergebnissen: circa neunzig der Computerspezialisten von *Apple* - viele davon ausgebildete Mathematiker - waren Linkshänder. Diese Tatsache wurde dann weiter untersucht. Es ist bekannt, daß Linkshänder einen besseren Zugang zu ihrer intuitiven Seite des Gehirns haben, da sie von der rechten Gehirnseite gesteuert werden. Die rechte Seite des Gehirns kontrolliert die linke Körperseite und umgekehrt. Die linke Gehirnhälfte ist die rationale, intellektuelle, analytische Seite des Gehirns, während die rechte die intuitive Seite des Gehirn darstellt. *Apple* hatte also zufällig einen großen Anteil von Beschäftigten eingestellt, die sowohl analytisch und intellektuell sehr geschult waren, darüber hinaus aber auch guten Zugang zu der rechten, intuitiven Seite des Gehirn hatten. Für diese Menschen ist es leichter, Probleme nicht nur rein verstandesmäßig, sondern auch intuitiv zu lösen.

Personen, die zunächst den Verstandesweg gehen, um zu tieferen neuen Erkenntnissen zu kommen, stärken bei der dazu nötigen Disziplin zusätzlich ihren Charakter. Sie befinden sich während des Prozesses des Findens neuer Lösungen in einer Art strukturierter Meditation.

In den alten traditionellen Schulen wurde dieser Weg von Krishna gelehrt. In den neueren esoterischen Schulen wurde er vor allem von Krishnamurti gelehrt und gelebt.

Für viele Westler mag dies eine Möglichkeit sein, ihren Zugang zur Meditation zu finden. Sie sind mit der Verstandesmethode vertraut. Wichtig ist, daß man alle anderen Wege auch erkundet und sich nicht nur auf einen verläßt. Das wäre eine einseitige Form der Schulung, und sie führt auf Dauer zu einseitigen Ergebnissen.

Der Weg durch die Emotionen

Wenn wir den deutschen Sprachgebrauch betrachten, werden wir uns deutlicher Unterschiede bewußt. Es heißt: der Weg über den Verstand, aber der Weg durch die Emotionen. Der Sprachgebrauch spiegelt die Unterschiede in der Erfahrung wieder.
Der meditative Weg durch die Emotionen ist der am häufigsten gegangene und wird von fast allen meditativen Schulen gelehrt. Er basiert auf der Auffassung, daß der Mensch, der möglichst frei ist, wenig tiefe Probleme hat und so vollständig wie möglich ist, sich selbst und dadurch auch die anderen liebt und akzeptiert. Je mehr Probleme wir haben, desto schwieriger nehmen wir das Leben insgesamt wahr, die Umwelt, die Mitmenschen und uns selbst. Das Ziel dieses Weges ist es, tiefsitzende unbewußte und störende Emotionen freizusetzen und dadurch die Fähigkeit des einzelnen zu fördern, sich selbst zu stärken, Beziehungen zu seiner Familie und seiner Umwelt besser verstehen zu können und dementsprechend adäquater handeln zu können.
Manche der Schulen konzentrieren sich auf die Liebe zu sich selbst, andere auf die zu den Mitmenschen. Das Ergebnis ist am Ende dasselbe. Wo immer wir den Schwerpunkt setzen, es besteht letztlich kein Unterschied zwischen uns, der Umwelt und Gott. Das, was als Gott bezeichnet wird, ist in uns wie überall in der Schöpfung. Wenn wir uns entwickeln, entwickelt sich auch unsere Umwelt und damit das Ganze, was wir als Gott bezeichnen. Das Ziel ist, die Liebe zu lernen.

Der Weg durch den Körper

Dieser Weg war den Westlern bisher nur wenig vertraut. Für die unterschiedlichen Yoga-Schulen ist dies ein Weg zur Meditation, genauso wie die Tänze der Derwische bei den Sufis. Dazu gehören auch Tai Chi, Qi Gong (das innere Lächeln), und neuerdings arbeiten im Westen auch einige der Massageschulen vorrangig mit dem Körper und über den Körper mit den Emotionen. Bei diesen Methoden stimmt man sich meditativ auf den Körper ein und arbeitet mit ihm. Der Klient lernt, seinen eigenen Körper anzunehmen (mit dem Ziel, ihn zu lieben) und mit den zugrundeliegenden Gefühlen, die bestimmte Körperreaktionen behindern oder zerstören, zu arbeiten. Einige der modernen Krebskliniken arbeiten mit dieser Methode. Hier lernt der Kranke, sein Verhältnis zu sich, seinem Körper und der Umwelt neu zu bestimmen. Zu diesen neueren Methoden gehören auch die Alexander-Technik, die Feldenkrais-Methode sowie die Alta-Major-Methode. Eine wesentliche Hilfe dabei ist das Erlernen von Heilübungen und der Meditation.

Das Ziel liegt darin, eins mit dem eigenen Körper zu werden. Durch diesen Prozeß haben wir dann die Möglichkeit, eins mit uns selbst zu werden, und damit werden wir gleichzeitig eins mit dem, was wir das Göttliche nennen.

Wie alle anderen stärkt auch dieser Weg die Persönlichkeit und das Selbstvertrauen der Klienten, und er hat wiederum als Ziel, daß wir uns anders und neu auf uns selbst, die Mitmenschen und unsere Umwelt beziehen.

Der Weg durch die Handlung

Dieser Weg verlangt vom Klienten, darauf zu achten, wie er sich verhält und wie er seine spezielle Arbeit verrichtet. In den alten östlichen Traditionen ist dies eine weitverbreitete Form: Es wird beispielsweise meditiert beim Herstellen von Blumenarrangements für bestimmte Festlichkeiten. Das Herstellen der Thangkas in Tibet ist eine meditative Arbeit, die Buddhisten fertigen Mandalas an, die aus geriebenen Edelsteinen hergestellt werden, und lernen dabei zu meditieren. In der Zen-Tradition sind Aikido, Karate und Bogenschießen Wege, um Disziplin, Konzentration und Meditation zu lernen. In der christlichen Tradition werden

Singen und Beten als Handlungswege zur Meditation angewendet. Das Ziel dieses Weges ist es, daß man die Tätigkeiten des Alltags mit Konzentration und Liebe ausführt. Durch die tägliche Übung ändert sich langsam die innere Einstellung zu den auszuführenden Arbeiten und damit zu sich und der Umwelt.

Wie bei allen anderen Wegen wird sich der Effekt, der durch das Ausführen dieses Wege erzielt wird, langsam auf den gesamten Lebensbereich auswirken. Wir werden wesentlich bewußter und reflektierter mit uns und unserer Umwelt umzugehen lernen. Das wirkliche Ziel ist nicht, ein noch besserer Yoga- oder Karate-Lehrer zu werden, sondern innerlich zu wachsen und als Mensch vollständiger zu werden.

Keine dieser Methoden ist der anderen vorzuziehen. Sie sind alle gleichwertig. Jeder einzelne hat den für sich richtigen Weg zu finden. Es ist am besten, wenn man mit dem Weg, der einem zunächst am meisten liegt, anfängt. Das Ziel sollte sein, im Laufe der Zeit alle Wege auszukundschaften und zu erfahren. Aber für denjenigen, der ernsthaft meditieren und die Heilübungen ausführen will, kommt das in der Regel von ganz alleine.

Die im folgenden beschriebenen Heilübungen werden in drei Hauptgruppen unterteilt:
- Atemübungen,
- visuelle Heilübungen,
- akustische Heilübungen.

Die Ausführung dieser Heilübungen ist unabhängig von den oben aufgeführten unterschiedlichen Wegen. Sie können immer durchgeführt werden und helfen, diese Wege zu unterstützen und den Erfolg zu beschleunigen und zu vertiefen.

Atemübungen

Atemübungen sind die Grundlage aller östlichen Techniken: der Zen-Meditation, der buddhistischen und chinesischen Meditationen.

■ Atemübung 1: Zählen des Atems

Bei dieser Übung brauchen keine bestimmte Atemtechniken ausgeführt zu werden. Atmen Sie normal wie immer. Sie konzentrieren sich nur auf Ihre Atmung und verfolgen, wie weit Ihr Atem geht. Halten Sie Ihre Augen geschlossen und spüren Sie, wie Sie den Atem durch die Nasenflügel hereinholen und aus dem Mund wieder ausatmen. Zählen Sie beim Einatmen in Gedanken mit, bis Sie auf zwanzig Einatmungen gekommen sind.

■ Atemübung 2: Das Anhalten des Atems

Atmen Sie wie immer, verfolgen Sie den Atem soweit, wie es geht, und bei jedem neuen Einatmen versuchen Sie den Atem tiefer und tiefer in den Bauchraum zu holen. Wenn Sie ihn bis ganz nach unten holen können, halten Sie ihn dort fest und zählen zunächst langsam bis zwei.
Nachdem das ohne Schwierigkeiten klappt, halten Sie den Atem ganz unten im Bauch und zählen bis drei und wenn das wieder ganz einfach wird, zählen Sie bis vier und so weiter. Achten Sie darauf, daß diese Übungen leicht und ohne Anstrengung vorsichgehen, und Sie dabei ganz entspannt bleiben.

■ Atemübung 3: Körperbetrachtung

Beobachten Sie ihren Atem zu Beginn wieder so lange, bis Sie ganz entspannt sind. Dann konzentrieren Sie sich zunächst auf das Einatmen und verfolgen den Prozeß des Einatmens mit dem Gedanken: »Ich will beim Atmen meinen Körper erfahren«. Wiederholen Sie diese Übung immer wieder. Der Körper wird Ihre Gedanken und Ihren Wunsch annehmen, und Sie werden bald in der Lage sein, Ihren Körper besser und klarer zu erfahren. Je öfter Sie diese Übung ausführen, desto besser und klarer werden die Informationen, die Ihr Körper Ihnen gibt.

■ **Atemübung 4: Bewußtseinsbetrachtung**
Beobachten Sie Ihren Atem zu Beginn wieder so lange, bis Sie ganz entspannt sind. Dann konzentrieren Sie sich auf das Einatmen und verfolgen diesen Prozeß mit dem Gedanken: »Ich will beim Atmen mein Bewußtsein erfahren«. Wiederholen Sie diese Übung immer wieder. Das Bewußtsein wird Ihre Gedanken und Ihren Wunsch annehmen, und Sie werden bald in der Lage sein, Ihr Bewußtsein besser und klarer zu erfahren. Je öfter Sie diese Übung ausführen, desto besser und klarer werden die Informationen, die Ihnen Ihr Bewußtsein vermittelt.
Die Form der Atemübungen können mit jedem Objekt ausgeführt werden. Wichtig sind hier Geduld und Beständigkeit.

■ **Atemübung 5: Farbatmen**
Beobachten Sie Ihren Atem zu Beginn wieder so lange, bis Sie ganz entspannt sind. Dann konzentrieren Sie sich auf eine Farbe des Regenbogens. Visualisieren Sie, wie Sie diese Farbe beim Einatmen mit in den Körper hineinnehmen und mit dem Ausatmen wieder herauslassen.
Beginnen Sie mit einer Farbe, die Ihnen spontan einfällt. Auch hier gilt wieder, um jeder Einseitigkeit vorzubeugen: Die Übung soll nach und nach mit allen Farben des Regenbogens durchgeführt werden.

Bei dieser Übung lernen Sie die unterschiedlichen Qualitäten und Eigenschaften der Farben kennen. Die Farben, mit denen Ihnen die Übung am schwersten fällt, sind die Farben, die Ihnen fehlen. Zur Balance benötigen wir aber alle Farben, deshalb ist es ganz wichtig, daß wir die Übung mit allen Farben durchführen.

■ Atemübung 6: Farbatmen und Reinigung
Beobachten Sie Ihren Atem zu Beginn wieder so lange, bis Sie ganz entspannt sind und konzentrieren sich dann auf eine Farbe des Regenbogens. Visualisieren Sie, wie Sie diese Farbe beim Einatmen mit in den Körper hineinnehmen und wieder beim Ausatmen herauslassen. Beginnen Sie mit einer Farbe, die Ihnen spontan einfällt. Wir atmen die klare Farbe ein, spüren, wie sie in den ganzen Körper eindringt. Beim Ausatmen stellen wir uns vor, daß sie alle Giftstoffe aus dem Körper mit herausnimmt und dadurch den Körper reinigt. Auch hier gilt es wieder, die Übung mit allen Regenbogenfarben durchzuführen.
Diese Übung kann nach einiger Erfahrung erweitert werden, indem wir spüren, wie die Farben nicht nur direkt in den Bauchraum geatmet werden, sondern sich im ganzen Körper ausbreiten. Beim Ausatmen werden dann die Giftstoffe aus allen anderen Körperbereichen mitherausgenommen.

■ Atemübung 7: Verfolgen der Gedanken
Wenn wir mit den Atemübungen vertraut sind, können wir diese Übungen automatisch ausführen. Wir konzentrieren uns dann auf unsere Gedanken und werden feststellen, wie diese hin und her laufen, von einer Ecke zur anderen springen. Wir atmen gleichmäßig weiter, und wenn die Gedanken anfangen, sich zu beruhigen, versuchen wir Raum zwischen den Gedanken zu schaffen, das heißt, wir schieben den nächsten neuen Gedanken einfach ein

bißchen weiter hinaus, sodaß wir für einen Bruchteil von Sekunden ein Nichts in unserem Kopf haben. Diese Übung ist äußerst schwierig und man muß dafür besonders viel Geduld und Ausdauer haben. Das Ziel der Übung ist, langfristig die absolute Stille zu erfahren. Diese Bruchteile von Sekunden von Nichts, die wir zu Anfang mit dieser Übung erreichen, können dann langsam auf einige Sekunden ausgedehnt werden. Diese Übung ist die Grundübung, um später wirklich in der Lage zu sein, die unendliche Stille zu erfahren.

■ **Atemübung 8: Einswerden mit dem Objekt**
Bevor wir mit der Atemübung beginnen, entscheiden wir uns für ein Objekt, dann führen wir wieder unsere Atementspannungsübung durch und konzentrieren uns nur auf das Objekt. Wir betrachten das Objekt von allen Seiten (geistig) und versuchen, mit dem Objekt eins zu werden. Wenn wir die verschiedenen Atemübungen praktiziert haben und schon Erfahrungen mit unserem eigenen Körper und dem eigenen Bewußtsein gemacht haben, fällt uns diese Übung leichter. Es gilt hier wieder, nicht die Geduld zu verlieren, dabei zu bleiben und Ausdauer zu zeigen. Diese Übung wurde im alten Ägypten von den Hohen Priesterinnen verlangt, bevor sie die endgültige Prüfung ablegen mußten.

■ **Atemübung 9: Vergangenheit, Gegenwart, Zukunft**
Atmen Sie langsam ein. Halten Sie den Atem für einen Augenblick fest, bevor Sie langsam wieder ausatmen. Wenn Sie Ihren Rhythmus gefunden haben, atmen Sie beim Einatmen die Zukunft ein. Die Gegenwart erfahren und erleben Sie, wenn Sie den Atem anhalten; atmen Sie Ihre Vergangenheit aus.
Wiederholen Sie diese Übung mehrfach und bleiben Sie eine Weile bei dem Erfahrenen, bevor Sie mit weiteren Übungen beginnen.

Mantras

Mantra: die Kraft des Wortes, so kann man diese Form der Heilübungen und Meditation beschreiben. Bei dem Mantra kann es sich um ein einziges Wort oder um einen Satz handeln. In den Religionen wird als Mantra oft einfach der jeweilige Name des Gottes benutzt. Ein amerikanischer Arzt wählte die Zahl »Eins« als Mantra, um von dem religiösen Inhalt bei Mantren wegzukommen.
Nun hat natürlich auch die Zahl Eins eine symbolische Bedeutung. Sie steht für den Anfang und das Ende gleichzeitig. Es ist völlig unwichtig, welches Mantra wir uns aussuchen. Wichtig ist, daß wir es immer anwenden. Man beginnt damit am besten sofort nach dem Aufstehen und sagt sich das Mantra, um damit den Tag schon vorzubestimmen. In allen schwierigen Situationen wird das Wort dann zu sich selbst gesprochen, und zwar bevor man handelt oder sich äußert. Wenn diese Übung regelmäßig durchgeführt wird, gewinnt man Vertrauen zu dem Mantra, und man weiß, daß es den unterstützenden und heilenden Effekt hat, den man in bestimmten Situationen benötigt.
Das Mantra muß mit großer Sorgfalt ausgesucht werden. Man sollte sich nur ein solches Mantra wählen, dessen Schwingungen zu einem passen. Viele verwenden das Jesusgebet, welches von russischen Wanderpilgern benutzt wird, als Mantra: *Herr Jesus Christus, Sohn Gottes, erbarme Dich unser.* Wenn jemand Verehrer der Mutter Maria ist, kann er sich dieses Wort als Mantra aussuchen und wird sich dann bei ständigem Gebrauch immer mehr den Schwingungen, die in dem Mantra enthalten sind, annähern. Andere wählen das Wort *Jesus* oder *Braman* oder das *Aum* oder *Om*, den Urlaut der Welt. Mit diesem Wort schwingen wir uns auf den kosmischen Klang ein und stellen damit zumindest teilweise eine Verbundenheit beziehungsweise Einheit mit dem tiefen Inhalt dieses Wortes her.

Es gibt keinerlei Begrenzungen bei der Auswahl der Mantras. Transzendentale Meditation ist eine weitverbreitete Form der Meditation, die mit Mantras arbeitet.

Symbole

Wenn in den alten Meditationstraditionen die Schüler Linien und Punkte zu zeichnen hatten, aus denen dann Dreiecke, Pentagramme oder Hexagramme wurden, benutzten sie mit den Symbolen die Sprache der universellen Wissenschaft. Jedes Symbol steht für eine bestimmte Sache (Toiletten oder Busbahnhof zum Beispiel), für eine bestimmte Theorie oder Philosophie. Wir verständigen uns manchmal durch symbolische Handzeichen, wenn wir anders nicht miteinander kommunizieren können. Taube sprechen eine symbolische Handsprache. Die Sprache der Chinesen und Japaner ist auf Symbolen aufgebaut. Maler malen Bilder, die symbolische Bedeutung haben. Politiker und Herrscher lassen Gebäude als Symbol ihrer Macht bauen. Kirchen werden als Symbole für Gott gebaut. Diese Liste ist unendlich. Symbole spielen sowohl im Alltagsleben als auch in Wissenschaft und Forschung und in der Esoterik eine entscheidende Rolle.
Symbole sind wie Samen. Wenn wir uns mit ihnen beschäftigen, gehen sie genau wie Samen »auf« und wachsen. Wenn wir meditieren, erhalten wir die Antwort oft in Form von Bildern und Symbolen. Aber der umgekehrte Weg trifft ebenfalls zu. Wir erhalten in Heilübungen und Meditation durch die Symbole Zugang zu anderen Dimensionen und neuen Erfahrungen. Wenn wir uns auf ein Symbol konzentrieren und darüber meditieren, beginnt sich unser Bewußtseinszustand zu verändern und nimmt Bezug zu den Inhalten des Symbols, das wir betrachten.
Heilübungen mit Symbolen haben einen tiefen Einfluß auf unser Unbewußtes, da wir uns dadurch mit der inneren Sprache, die

das Symbol repräsentiert, vertraut machen und uns dadurch den Zugang zu einer neuen inneren Welt, einer anderen Dimension, eröffnen.

Die wichtigsten geometrischen Symbole sind:

- der Kreis
- das Dreieck
- das Quadrat
- das Kreuz
- das Pentagramm
- das Hexagramm
- die Pyramide
- die Siebenheit

Es besteht ein Zusammenhang zwischen den geometrischen Formen und den Zahlen: Die Zahl Eins symbolisiert den Punkt oder die Linie, die Zwei den Winkel, die Drei das Dreieck, die Vier das Quadrat und das Kreuz, die Fünf das Pentagramm, die Sechs das Hexagramm und die Sieben die Pyramide.
Die folgenden geometrischen Symbole können auch auf farbigem Hintergrund gesetzt werden, und dann kann mit der jeweiligen Farbe und dem Symbol meditiert werden.

Abb. 8: Der Kreis als Symbol für uns selbst

Der Kreis

Der Kreis steht als Symbol für uns selbst, damit aber auch gleichzeitig für die Unendlichkeit. Wenn wir uns selbst völlig verstanden haben, haben wir auch die Unendlichkeit verstanden. Je mehr Zugang wir zu unseren eigenen tiefen Schichten haben, desto mehr Zugang haben wir zum Verständnis des Unendlichen.

■ **Übung: Der Kreis**
Wir nehmen unsere Meditationshaltung ein, entspannen uns, machen ein paar Atemübungen und visualisieren einen Kreis vor uns. Wir stellen fest, aus welchem Material er ist, ob er auch rund ist oder nicht, ob es sich nur um einen Ring handelt oder um eine Kugel, welche Farbe er hat. Wir beobachten den Kreis lange und

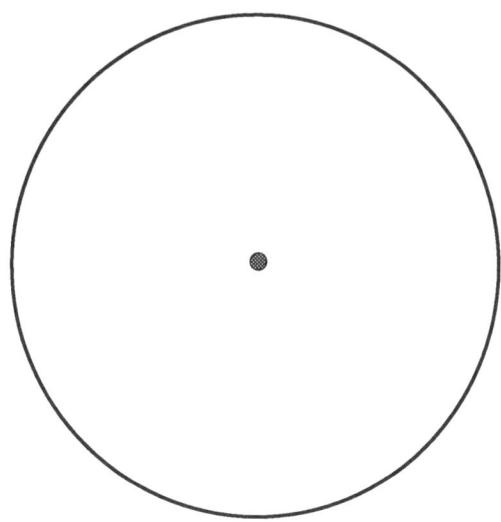

Abb. 9: Das Kreissymbol mit Punkt symbolisiert eine manifestierte Idee

gründlich und versuchen dann, in ihn hineinzugehen. Wir setzen uns in den Kreis, ruhen uns aus und schauen uns den Kreis von innen an. Dann stellen wir uns in die Mitte des Kreises und dehnen den Kreis so weit aus, wie wir können.
Die Beschaffenheit des Kreises gibt uns Auskunft über uns selbst, wie sieht unser innerer Schutz aus, sind wir von einer Mauer umgeben, und spiegelt der Kreis dunkle Farben wider? Kommen wir in den Kreis hinein oder geht das nicht? Was immer wir bei diesen Heilübungen erleben, sollte nicht mit dem Verstand künstlich verändert werden. Das ist Mogelei und schadet nur uns selbst. Indem wir mogeln, lehnen wir uns selbst ab und behindern damit den Prozeß und Erfolg. Der Kreis wird sich bei jeder Heilübung anders darstellen, da er jedesmal die jeweilige Situation widerspiegelt, in der wir uns befinden. Außerdem repräsentiert der Kreis auch die Seele und das Herz. Bei jeder Heilübung kann der

Kreis sich auf das ganze Individuum, nur auf das Herz oder die Seele beziehen. Wir werden aber im Laufe unserer Erfahrung herausfinden und genau wissen, worauf sich der Kreis jeweils bezieht. Wenn wir in unserem Kreis zu Hause sind, ihn zu unserer eigenen Entwicklung vergrößern oder zum Schutze verkleinern können, werden wir plötzlich und unerwartet von unserem Kreis aus Einblick in die Unendlichkeit haben. Diese Erfahrung wird zunächst nur einen Bruchteil von Sekunden dauern. Obwohl sie aber nur so kurz ist, haben wir das Gefühl der Unendlichkeit und das Gefühl eines ungeheuren Reichtums, welches uns nie wieder genommen werden kann. Nach jeder Heilübung bedanken wir uns für das Erfahrene.

Abbildung 9 zeigt einen Kreis mit einem Punkt in der Mitte. Der Punkt symbolisiert eine manifestierte Idee.

Das Dreieck

Bei dem Dreieck handelt es sich um das Symbol des Urgesetzes des Universums: These-Antithese-Synthese oder Kraft-Gegenkraft-Gleichgewicht. Das Symbol ist eine Widerspiegelung der grundsätzlichen Bedingungen des Lebens.

Das Dreieck symbolisiert das Weibliche und das Männliche, aus deren Verbindung das Neue, das Kind, geboren werden kann. Die folgenden Graphiken zeigen, wo die Kräfte des Dreiecks überall wirken können und wo sich das Symbol des Dreiecks überall anwenden läßt. Die abgebildeten Beispiele sind nur wenige aus den unendlichen Möglichkeiten. Wir selbst manifestieren uns als Wesen, die denken, fühlen und handeln. Das Ideal des Verstandes ist die Weisheit, das Ideal des Herzens ist die Liebe, und das Ideal des Willens als Basis des Handelns ist die Kraft. Jede der aufgeführten Graphiken gibt uns die Möglichkeit zur Heilübung und dadurch zur tieferen Erkenntnis der zugrundeliegenden Inhalte. Alles stellt sich durch zwei Seiten dar, alles hat seine Polaritäten,

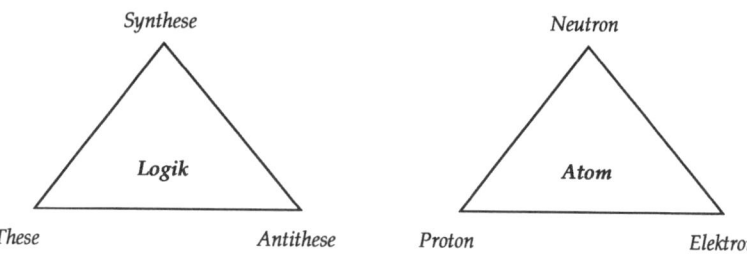
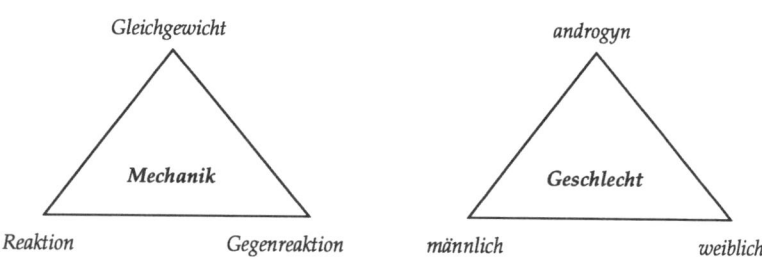
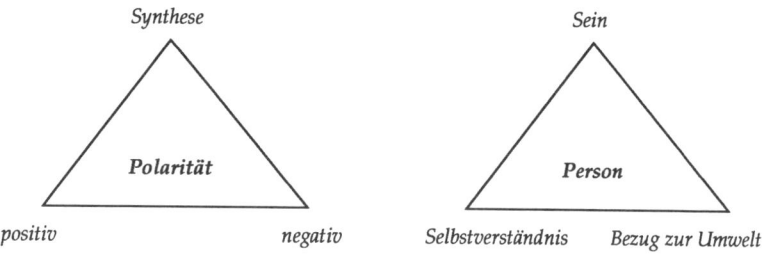

Abb. 10: Polaritäten und ihre Auflösungen im Symbol des Dreiecks

seine positiven und negativen Seiten, seine »guten« und »bösen« Seiten. Es geht darum, die Polaritäten zu verstehen, zu leben und dann aufzulösen, das heißt, überflüssig zu machen, um dadurch zum kosmischen Bewußtsein gelangen zu können.

■ Übung: Das Dreieck

Wir nehmen unsere Meditationshaltung ein, entspannen uns, machen ein paar Atemübungen und visualisieren ein Dreieck vor uns. Wir stellen fest, aus welchem Material es besteht, ob wir nur die Umrisse oder das Dreieck im ganzen Block sehen und welche Farbe es hat. Wir betrachten das Dreieck gründlich und versuchen dann hineinzugehen. Wir setzen uns in das Dreieck, ruhen uns aus und schauen es uns von innen an. Wenn möglich, setzen wir uns in die Mitte, sodaß wir, wenn wir aufschauen, genau in die Spitze gucken können. Nach einigen Übungen werden wir dort Antworten finden.

Wenn wir ein Problem haben, das wir mit den uns bekannten Mitteln nicht lösen können, oder über das wir nur mehr wissen wollen, arbeiten wir mit dem Dreieck. Wenn wir im Dreieck sitzen, setzen wir unsere Seite des Problems in eine der unteren Ecken. Am besten ist es, wenn wir für unsere Sichtweise des Problems ein Symbol finden und es in die Ecke setzen. Von dort aus schauen wir in die andere Ecke und bitten, daß wir die andere Seite des Problems sehen dürfen, sodaß wir Einsicht und Verständnis für beide Seiten haben. Wenn es uns möglich ist - und das ist zu Anfang der Heilübungen sehr schwierig - versuchen wir zur anderen Seite hinüberzugehen und uns die andere Seite gründlich anzuschauen. Die »andere Seite« das ist die Seite, die unserer eigenen Sichtweise des Problems entgegensteht! Wenn wir ein inneres Verständnis für diese andere Seite haben, gehen wir zur Mitte des Dreiecks, setzen uns unter die Spitze und betrachten

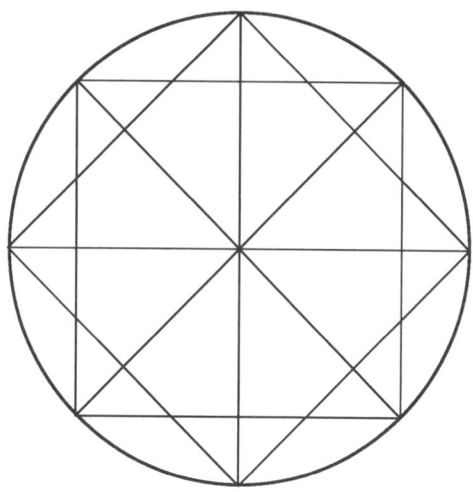

*Abb. 11: Meditationsmandala über die vier Elemente
von Isolde Nist, auszumalen in dunkelblau (Wasser),
rot (Feuer), gelb (Erde) und hellblau (Luft)*

sie. Wir werden dann dort die Antwort beziehungsweise die Lösung des Problems finden. Zum Schluß bedanken wir uns wieder für die gemachte Erfahrung.

Auch hier gilt wie immer: Mogelei schadet nur uns selbst, der Reinheit und Wahrheit unserer Erkenntnisse, niemandem sonst.

Das Quadrat

Das Quadrat symbolisiert die Zahl Vier und die vier Elemente Wasser, Feuer, Luft und Erde. Wasser ist wiederum das Symbol für das Unbewußte, Feuer das Symbol für das Handeln und die Tatkraft. Luft ist das Symbol für die Denkfähigkeit und Vorstellungskraft. Erde ist das Symbol für unsere Beziehung zur Natur und dafür, ob wir mit beiden Beinen auf dem Boden stehen.

Abb. 12: Das Quadrat

Heilübungen mit dem Quadrat geben uns Antworten und Einsichten über unser direktes Verhältnis zu diesen Elementen aber auch zu den von diesen Elementen symbolisierten Fähigkeiten. Diese Aufgabe habe ich in einem Reading gegeben.

■ Übung: Das Quadrat

Wir nehmen unsere Meditationshaltung ein, entspannen uns, machen ein paar Atemübungen und visualisieren ein Quadrat vor uns. Wir stellen fest, aus welchem Material es besteht, ob wir nur die Umrisse oder das Quadrat im ganzen Block sehen, und welche Farbe es hat. Wir versuchen dann, in jede Ecke des Quadrates eines der Elemente zu setzen. Wir geben diesem Prozeß keine

Regeln, daß heißt, die Elemente gehen dorthin, wo sie hinwollen: in das Quadrat, aber auch darüber oder darunter. Wir lassen diesen Prozeß einfach geschehen. Wir betrachten, was passiert und versuchen dann, in das Quadrat hineinzugehen. Wir setzen uns in das Quadrat und finden heraus, wie es uns ergeht.

Wenn wir hier von Betrachten sprechen, ist das nur die Form des Beginnens. Später, wenn wir mit den Heilübungen vertraut sind, spüren oder fühlen wir den Ablauf. Wir stellen ihn uns nicht mehr vor. Das Vorstellen ist ein geistiger Prozeß, Fühlen ist ein emotionaler Prozeß. Wenn wir den meditativen Ablauf fühlen können, dann ist der nächste Entwicklungsschritt, daß wir mit dem Ablauf eins sind, daß keine Spaltung zwischen Gefühl und Verstand mehr vorhanden ist. Wenn wir gelernt haben, mit dem meditativen Geschehen eins zu werden, dann können wir auch mit weiteren meditativen Objekten eins werden. Damit haben wir Zugang zu allen inneren Quellen.

Wir können bei dieser Übung feststellen, ob wir mit den Elementen im Gleichgewicht sind oder ob uns etwas fehlt. Ob uns die Erde fehlt, die Luft, das Feuer oder das Wasser. Wir können dann weitere Heilübungen mit den entsprechenden Elementen durchführen, um das Ungleichgewicht besser zu verstehen und anschließend den Mangel ausgleichen zu können.

Das Kreuz

Die frühen Christen haben das Kreuz als ihr Symbol gewählt. Wenn jemand ein Kreuz trägt, wissen wir sofort, daß es sich um einen Christen handelt. Das Kreuz symbolisiert aber auch die Harmonie zwischen Wasser und Feuer. Wasser fließt und breitet sich horizontal aus. Das Feuer beginnt unten und wächst nach oben. Wenn diese beiden Elemente sich nicht im Gleichgewicht befinden, löscht das Wasser das Feuer, und das führt in einem persönlichen Leben zu großen Problemen. Umgekehrt, wenn man Feuer ins Wasser gibt, verdampft das Wasser, und wir haben dieselbe Situation. Wasser und Feuer stehen auch für das Weibliche und das Männliche sowie das Positive und das Negative, für alle Grundpolaritäten, die im Universum existieren. Die Aktivität dieser Grundprinzipien, die sich im Kreuz symbolisch widerspiegeln, basiert auf dem Schnittpunkt in der Mitte.

Die folgende Abbildung zeigt verschiedene Darstellungsformen des Kreuzes in der Geschichte der Menschheit. Die Abbildung wurde dem *Lexikon des Geheimwissens* von H.E. Miers entnommen.

■ Übung: Das Kreuz

Wir nehmen unsere Meditationshaltung ein, entspannen uns, machen ein paar Atemübungen und visualisieren ein Kreuz vor uns. Wir stellen fest, aus welchem Material es ist, und welche Farbe es hat. Wir versuchen dann, dem Kreuz einen Körper zu geben, es auszudehnen, sodaß wir Platz haben, um hineinzugehen. Wir geben diesem Geschehen keine Regeln, wir lassen diesem Prozeß einfach seinen Verlauf und beobachten beziehungsweise spüren, was geschieht.

Dann versuchen wir, in den Kreuzpunkt der beiden Arme des Kreuzes, in das Zentrum zu gehen, setzten uns dort hin und schauen, beobachten und fühlen, was passiert. Danach betrachten wir die horizontale und vertikale Linie des Kreuzes und schauen, fühlen wieder, welche Informationen und Einsichten wir dabei erhalten.

Diese Meditation gibt uns Einsichten in unsere eigene Balance zwischen Wasser und Feuer, der Verbindung zwischen unserem Unbewußten und unserer Tatkraft, zwischen unserer weiblichen und männlichen Seite.

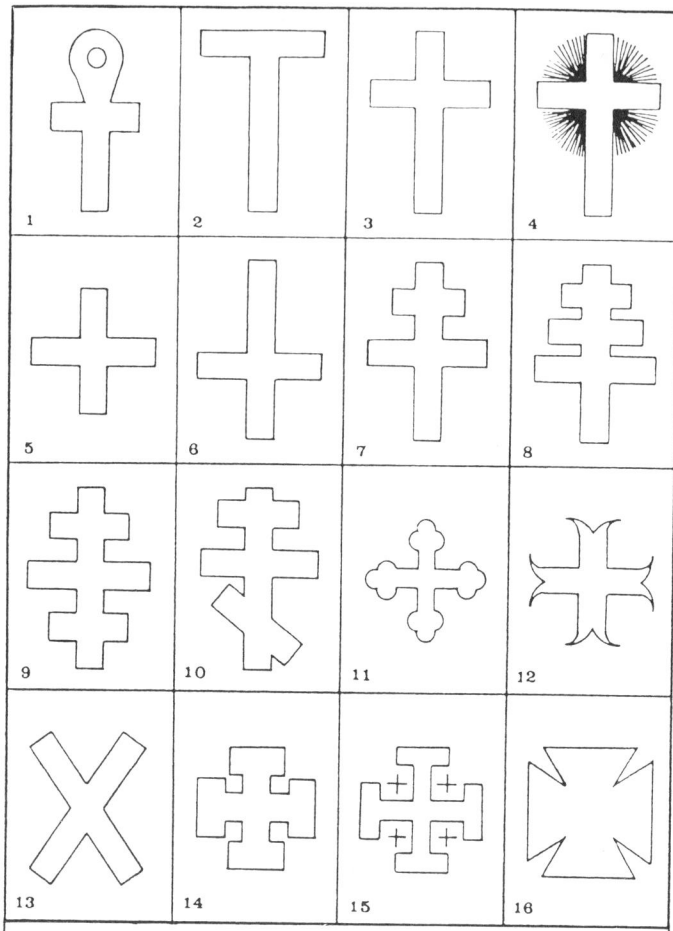

Grundformen verschiedener Kreuze: 1. Ägyptisches Henkelkreuz, 2. Galgenkreuz, T-Kreuz oder Tau-Kreuz, 3. Römisches Kreuz, 4. Passionskreuz, 5. Griechisches Kreuz, 6. Sankt-Peter Kreuz, 7. Lothringer-Kreuz oder Patriarchenkreuz, 8. Dreifaches Kreuz, 9. Päpstliches Kreuz oder Kreuz von Salem, 10. Russisches Kreuz, 11. Klee-Kreuz, 12. Ankerkreuz, 13. Sankt-Andreas-Kreuz (zuweilen auch mit rechten Winkeln), 14. Teutonisches Kreuz oder Vierfaches Galgenkreuz, 15. Jerusalemer Kreuz, 16. Templer-Kreuz

Abb. 13: Verschiedene Kreuzformen

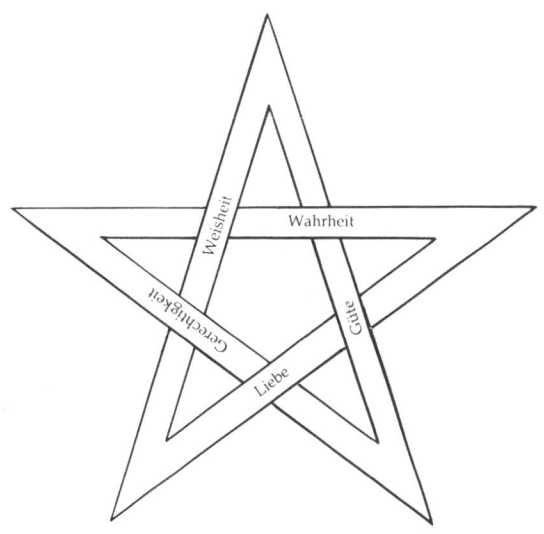

Abb. 14: Die fünf menschlichen Tugenden im Pentagramm symbolisiert

Das Pentagramm

Die Zahl des Pentagramms ist die Fünf. Das Pentagramm steht als Symbol für einen Stern und für die Verbindung zum Kosmos und Universum.

Das Pentagramm steht außerdem als Symbol für den vollkommenen Menschen, der durch seine Vollkommenheit Zugang zu allen anderen Dimensionen hat. Wenn wir uns das Pentagramm anschauen, sehen wir die obere Zacke als den Kopf, die beiden »Arme« sind ausgestreckt, und mit den gespreizten Beinen steht es fest auf dem Boden. Die fünf Leisten des Pentagramms stehen für die fünf menschlichen Tugenden: Liebe, Weisheit, Wahrheit, Gerechtigkeit und Güte. Diese fünf Tugenden können - wie in Abbildung 14 - auf den »Armen« des Pentagramms dargestellt werden.

Abb. 15: Symbol der Vollkommenheit des Kosmos

Das Symbol in der Abbildung, welches ein Pentagramm im Zentrum eines weiteren Pentagramms zeigt, stellt die Vollkommenheit des Kosmos dar.
Für das Pentagramm gibt es zwei verschiedene Übungen.

■ **Übung: Das Pentagramm - die fünf Tugenden**
Wir nehmen unsere Meditationshaltung ein, entspannen uns, machen ein paar Atemübungen und visualisieren ein Pentagramm vor uns. Wir stellen fest, aus welchem Material es besteht, und welche Farbe es hat. Wir versuchen dann, dem Pentagramm einen Körper zu geben, es auszudehnen, sodaß wir Platz haben, um hineinzugehen. Wir geben diesem Geschehen keine Regeln, sondern lassen diesem Prozeß einfach seinen Verlauf und beobachten und spüren, was geschieht.

Wir visualisieren dann die fünf Tugenden in den Zacken des Pentagramms, sie können sich zuordnen, wie sie wollen. Wir können uns dann einfach von der Übung selbst führen lassen, sehen, wohin sie uns führt. Eine andere Möglichkeit besteht darin, uns eine der Tugenden - oder alle nacheinander - genauer anzugucken und darum zu bitten, daß wir die Information erhalten, wo und wie wir uns weiterentwickeln können.

■ **Übung: Das Pentagramm - die Ernährung**
Bei der zweiten Übung geht es im weitesten Sinne um Ernährung: unsere körperliche, emotionale, geistige und spirituelle Ernährung. Es geht darum, was uns fehlt, und wie wir diese Lücke füllen können.
Wir nehmen unsere Meditationshaltung ein, entspannen uns, machen ein paar Atemübungen und visualisieren ein Pentagramm vor uns. Wir stellen fest, aus welchem Material es besteht, und welche Farbe es hat. Dann gehen wir in das erste Dreieck - es ist egal welches wir zuerst wählen - und besetzen dieses mit der körperlichen Ernährung. Wir schauen uns an, ob diese ausgeglichen ist und was uns fehlt.
Das zweite Dreieck besetzen wir mit der emotionalen Ernährung. Ist diese ausgeglichen, was fehlt uns da?
Das dritte Dreieck besetzen wir mit der geistigen Ernährung. Ist in diesem Bereich alles ausgeglichen, was fehlt uns?
Das vierte Dreieck besetzten wir mit der spirituellen Ernährung und stellen wieder die Frage, ob dort alles ausgeglichen ist bzw. was uns hier fehlt.
Das fünfte Dreieck ist frei. Wir schauen, ob es sich von selbst mit einer anderen Qualität füllt, die uns fehlt, oder ob sich dort eine der anderen Ernährungsbereiche wiederholt.
Dann gehen wir in die Mitte des Pentagramms, wo wir eine Liste finden. Die drei wichtigsten Bereiche, an denen wir am meisten

zu arbeiten haben, stehen hier vor uns. Wir betrachten uns die erste Priorität und bitten um Antwort, wie wir diesen Mangel am besten ausgleichen können. Dasselbe führen wir dann mit den anderen beiden Bereichen durch.

Wenn wir die Heilübung beendet haben, verbleiben wir noch einige Augenblicke in diesem veränderten Bewußtseinszustand und spüren, wie wir uns fühlen, halten fest, was wir gelernt haben, und wir wissen, daß wir die uns selbst gestellten Aufgaben auch lösen können und werden.

Das Hexagramm

Das Hexagramm oder der Davidstern ist das Symbol des Judentums und steht für die Zahl Sechs. Es besteht aus zwei Dreiecken. Das Dreieck, das nach unten zeigt, repräsentiert das Männliche, und das nach oben zeigende Dreieck repräsentiert das Weibliche. Das weibliche Prinzip zeigt zum Himmel, zur Spiritualität; während das männliche Prinzip nach unten zur Erde zeigt. Im Hexagramm verbunden stehen das männliche Prinzip für die Anbindung an die Erde und das weibliche für die Anbindung an die Spiritualität.

Das männliche Prinzip ist gekennzeichnet durch Aktivität, Energie, Willen und Kraft, während das weibliche Prinzip durch Sanftheit, Intuition, Charme, Sensibilität und Aufnahme gekennzeichnet ist. Das weibliche Prinzip ist das gebende und das männliche das nehmende. Beide Prinzipien haben starke und schwache Seiten. Unsere Geschlechtsorgane und Hormone bestimmen, ob wir weiblich oder männlich sind. Wir haben alle auch eine gegengeschlechtliche Seite in uns, niemand ist ein hunderprozentiges Abbild des weiblichen oder männlichen Prinzips. Solange wir beide Prinzipien nicht zu gleichen Teilen in uns vereinigt haben - das heißt noch nicht androgyn sind -, benötigen wir den gegengeschlechtlichen Partner, um uns auszufüllen, damit wir uns voll-

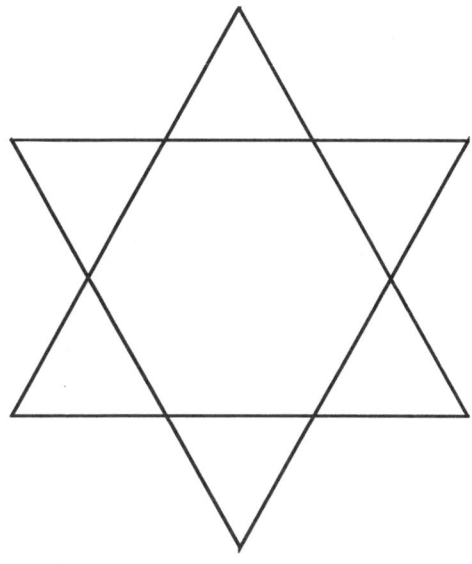

Abb. 16: Das Hexagramm

ständig fühlen können. Diese Konstellation führt zu vielen Problemen in menschlichen Beziehungen. Frauen suchen unbewußt Männer, um einen in ihnen selbst fehlenden Teil auszugleichen und umgekehrt. Wir sind dann enttäuscht, wenn wir in Beziehungen feststellen, daß der Partner uns das nicht geben kann, was wir uns von ihm wünschen. Wenn wir beide Teile in uns selbst ausgeglichen haben, werden wir Partner aus anderen Motiven suchen und finden. Die Motive sind dann klarer und deutlicher. Der Davidstern steht als Symbol für das Androgyne, für das Gleichgewicht zwischen dem männlichen und dem weiblichen Prinzip.

■ Übung: Das Hexagramm

Wir nehmen unsere Meditationshaltung ein, entspannen uns, machen ein paar Atemübungen und visualisieren ein Hexagramm. Wir stellen fest, aus welchem Material es besteht, und welche Farbe es hat. Wir geben dem Hexagramm dann einen Körper, dehnen es aus, sodaß wir in ihm Platz haben. Wir geben diesem Geschehen keine Regeln, sondern lassen diesem Prozeß einfach seinen Verlauf und beobachten und spüren, was geschieht.
Haben wir direkt Zugang zu dem ganzen Hexagramm? Wenn wir in das Hexagramm hineingehen, wo befinden wir uns dann? Werden wir zuerst zu den einzelnen Dreiecken geführt, wenn ja, zu welchem zuerst? Wir bitten das Hexagramm um Informationen, die uns weiterführen. Was haben wir zu zun, um die beiden Prinzipien miteinander zu vereinigen?
Nach Beendigung der Heilübung verbleiben wir noch für einige Zeit in dem Bewußtseinszustand, in dem wir uns jetzt befinden und versuchen, die gemachten Erfahrungen auf uns wirken zu lassen.

Die Pyramide

Die Pyramide steht als Symbol für die Weisheit und die Integration aller Dreiecke. Sie symbolisiert außerdem die Zahl Sieben: sieben Farben hat der Regenbogen, sieben Tage hat die Woche, aus sieben Tönen besteht die Tonleiter, es gibt sieben Erzengel, die vor dem Thron Gottes stehen und so weiter. Wenn wir in der Lage sind, die Spitze der Pyramide zu erreichen, haben wir einen erhöhten Ausblick auf das, was wir als Realität bezeichnen und dadurch auch einen Überblick. Wir können von dort die Realität in einer völlig veränderten Form wahrnehmen.
Über Bedeutung und Funktion der Pyramide sind viele Bücher geschrieben worden. Der Pyramide werden viele Eigenschaften zugewiesen. Fleisch, das unter einer Pyramidenform liegt, ver-

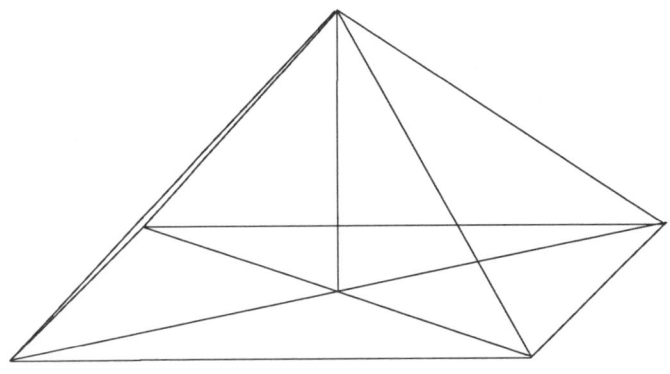

Abb. 17: Die Pyramide

dirbt weniger schnell. Blumen wachsen schneller, wenn sie unter einer Pyramidenform stehen (natürlich müssen Licht und Sonne herankommen können), Früchte werden größer, wenn sie unter einer Pyramide wachsen, und so weiter. Diese Hypothesen wurden wissenschaftlich geprüft und bestätigt.
Bei der Heilübung kann die Pyramide besondere Energie abgeben. Sie beschleunigt jede Entwicklung und Erkenntnis.

■ Übung: Die Pyramide
Wir nehmen unsere Meditationshaltung ein, entspannen uns, machen ein paar Atemübungen und visualisieren eine Pyramide. Wir stellen fest, aus welchem Material sie besteht, und welche Farbe sie hat. Wir geben dem Geschehen keine Regeln vor, sondern

lassen diese Prozeß einfach seinen Verlauf und beobachten und spüren, was geschieht. Wir gehen dann um die Pyramide herum, schauen uns an, wo sie sich befindet. Steht sie am Strand oder im Wasser, in der Wüste, in einer Stadt, im Dschungel?
Dann finden wir eine Öffnung und gehen in die Pyramide hinein. Wir schauen uns dort gründlich um. Finden wir nur einen großen Raum oder viele kleine Räume und eventuell mehrere Etagen? Wir schauen uns jeden Raum an, fühlen die Wände. Wenn wir uns in unserer Pyramide auskennen, finden wir einen Platz, an dem wir uns sehr wohlfühlen. Dort setzen wir uns hin und entspannen uns.
Wir bitten um eine Frage, richten diese Frage dann an die Energien der Pyramide und warten auf eine Antwort. Die Antwort benötigt keine bestimmte Form. Sie kann als Symbol kommen, als ein Bild oder auch als ein Satz. Wir bleiben dann noch eine Weile ruhig sitzen und nehmen die Antwort mit unserem ganzen Wesen auf. Dann stehen wir auf und stellen uns genau in die Mitte der Pyramide, unterhalb der Spitze. Wir schauen nach oben, stellen eine energetische Verbindung mit der Spitze her und lassen dann die Energien der Pyramide auf uns wirken, nehmen sie in uns auf, baden uns in ihnen.
Es gilt auch hier wieder, nicht sofort aufzustehen, sondern diese Erfahrung solange wie möglich auf uns wirken zu lassen, damit sie möglichst tief einsinken kann.

Die Siebenheit

Das Hexagramm ist nicht nur ein Zeichen für die Sechsheit, sondern auch für die Siebenheit: In diesem Fall hat es in der Mitte einen Punkt. In der Alchemie steht dieses Zeichen als Symbol für die Sonne oder das Gold - der Punkt in der Mitte - und die Zacken des Sternes stehen symbolisch für die sechs Metalle oder die Planeten.

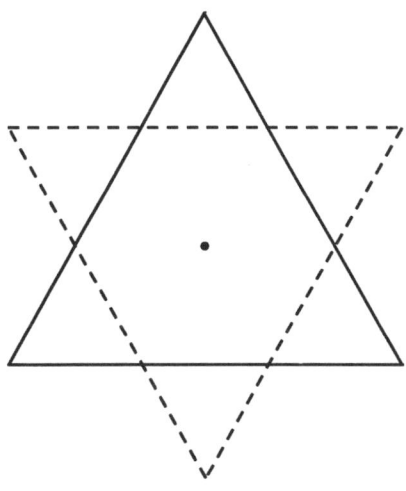

Abb. 18: *Die Siebenheit*

In den Zauberkreisen der Geisterbeschwörer und Schatzgräber finden wir dieses Symbol als Zeichen für den »schützenden Ring«. Er wurde auf den Erdboden gezeichnet, der Sechsstern befindet sich in einem Kreis, der Schutz symbolisiert. Anstelle des Sonnenzeichens in der Mitte wurde die Silbe *Om* gezeichnet, die als Symbol für die Urkraft Gottes steht.
Die Unterschiedlichkeit der Deutungen desselben Symbols macht klar, wie alles entsprechend dem eigenen Bewußtseinszustand wahrgenommen, verstanden und interpretiert wird.
Das Symbol der Siebenheit umfaßt die Bedeutung der Symbole des Dreiecks, des Kreises und des Hexagramms. Heilübungen mit der Siebenheit geben uns Auskunft über uns selbst, über unsere tiefsten Wahrheiten in der Gesamtbeziehung zur Umwelt und zum Kosmos. Es handelt sich um eine sehr kraftvolle Meditation mit tiefen Wirkungen.

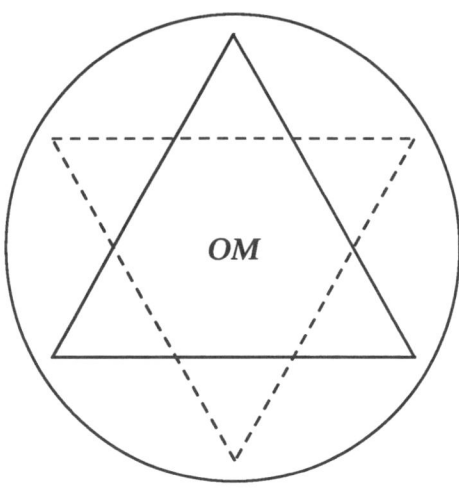

Abb. 19: *Der «schützende» Ring*

■ Übung: Die Siebenheit
Wir entspannen uns und nehmen unsere Meditationshaltung ein. Dann visualisieren wir die Siebenheit vor uns und lassen sie für einige Zeit auf uns wirken, bevor wir in sie hineingehen. Wir erkunden die einzelnen Bereiche, die Unterschiede der beiden Dreiecke, den äußeren Kreis oder den Punkt in der Mitte.
Nehmen Sie sich sehr viel Zeit für die Meditation, die inneren Bilder oder Erfahrungen kommen bei diesem Symbol in der Regel nicht sofort. Wenn Sie dann hochkommen, sind sie von großer Intensität. Diese Heilübung ist besonders dann geeignet, wenn sich längerfristig innere Veränderungen angebahnt haben, die sich noch nicht auf allen unseren Ebenen haben durchsetzen können. Bleiben Sie nach der Heilübung noch für eine Weile in Ihrem Bewußtseinszustand und bedanken Sie sich für die gemachten Erfahrungen.

Nicht-geometrische Symbole

Bei allen anderen Symbolen wie Pflanzen (Rose, Sonnenblume, Lotosblume, Baum etc.), Tieren (Schlange, Löwe, Spinne etc.), Umgebung (Landschaften, Häuser, Täler, Flüsse, Berge etc.) handelt es sich um nicht-geometrische Symbole. Seit Sigmund Freud arbeiten viele Psychotherapeuten der verschiedenen Schulen mit Symbolen für die Traumdeutung. Sie repräsentieren abhängig vom Zusammenhang bestimmte Erfahrungen und stehen für bestimmte Inhalte. Manche Traumdeuter lesen aus Traumsymbolen die Zukunft.

Die Anzahl der nicht geometrischen Symbole ist so riesig, daß ich nur auf einige wenige eingehen will. Diese können auch nicht verallgemeinert werden. Jedes Symbol muß in seinem Zusammenhang betrachtet werden.

Ein Berg zum Beispiel kann als Hindernis und größeres Problem betrachtet werden, bei dem es darum geht, meditativ zu erfahren, worin dieses Hindernis wirklich besteht und wie man damit umgehen kann. Er kann aber auch für den Beginn einer persönlichen großen Leistung stehen, bei der wir den Berg in Eilschritten stürmen und den Gipfel nehmen. Er kann aber auch bedeuten, daß es augenblicklich nicht der richtige Zeitpunkt ist, sich mit diesem Hindernis zu beschäftigen, oder daß wir um den Berg herumgehen und die Landschaft dahinter finden sollen. Alle diese Symbole können die genau gegensätzliche Bedeutung haben. Das muß jeweils herausgefunden werden.

Yin-Yang

In der chinesischen Medizin und Philosophie wird zwischen Yin und Yang unterschieden, dem Positiven und dem Negativen, dem Weiblichen und dem Männlichen, Gesundheit und Krankheit, die sich miteinander im Gleichgewicht befinden sollen.

Abb. 20: Das Yin-Yang-Symbol aus: H. Cousto, M. Pauschel, Orpheus, Berlin, 1992

Yin symbolisiert Schwarz, Negativität, Weiblichkeit, Körperlichkeit, Erde, Seele, Mond, Macht, Dunkelheit, Wasser, Kontraktion sowie die Tendenz, nach oben zu fließen.

Yang symbolisiert Weiß, Positivität, Männlichkeit, Verstand, Geist, Sonne, Tag, Feuer, Hitze, Ausdehnung, sowie die Tendenz, nach unten zu fließen.

Wenn wir mit dem Yin-Yang-Symbol meditieren, konzentrieren wir uns auf einen der oben angeführten Gegensätze, zum Beispiel auf Schwarz und Weiß, Negativität und Positivität, Weiblichkeit und Männlichkeit, Körper und Verstand, Erde und Geist, Tag und Nacht, Dunkelheit und Licht, Feuer und Wasser.

■ **Übung: Yin und Yang**
Wir entspannen uns und nehmen unsere Meditationshaltung ein. Dann visualisieren wir das Yin-Yang-Symbol. Wir lassen es lange auf uns wirken, bevor wir versuchen, in das Symbol hineinzugehen und mit ihm eins zu werden.
Während dieser Heilübung werden wir uns über die Gegensätze, die wir uns ausgesucht haben, klarer.
Jedes tiefere Verständnis von Situationen oder Gegebenheiten löst bestehende Unsicherheiten beziehungsweise Ängste auf. Das heißt konkret, daß dadurch Blockaden beseitigt werden, was wiederum Energie freisetzt.
Bleiben Sie lange in dieser Übung, und vielleicht erfahren Sie am Ende, daß Sie nicht mehr denken müssen, sondern wirklich die Dinge von innen erleben. Nach dem Abschluß der Heilübung bleiben Sie noch für eine Weile in Ihrer Bewußtseinshaltung, bevor Sie zu Ihrem Alltagsbewußtsein zurückkehren.

Die Sonne

Die Sonne steht als Symbol für das Leben an sich, für Feuer, für Freude und Glück, für das Herz.

■ **Übung: Die Sonne**
Wir nehmen wieder unsere Meditationshaltung ein und entspannen uns. Dann visualisieren wir die Sonne vor uns und betrachten sie gründlich.
Wir versuchen dann, Kontakt mit den Sonnenenergien aufzunehmen und ihr so nahe wie möglich zu kommen. Wenn möglich, bemühen wir uns, die Sonnenenergien in unser Herz fließen zu lassen. Wir können mit den Sonnenenergien »sprechen«, fragen, was uns fehlt und was wir benötigen.

Abb. 21: Afrikanische Maske, Sonnendarstellung, Museum für Völkerkunde, Berlin

Nach der Heilübung bleiben wir wie immer noch für eine Weile in diesem Bewußtseinszustand und lassen die Auswirkungen ganzheitlich auf uns wirken.

Diese Heilübung ist ein ungeheurer Kraftspender und Energiegeber. Sie ist eine wunderbare Art, den Tag zu beginnen.

Der Regenbogen

Der Regenbogen ist ein Symbol sowohl der Reinigung als auch der Verbindung zwischen Himmel und Erde. Er erscheint am Himmel, wenn die Sonne scheint und es zur gleichen Zeit regnet. Der Regenbogen macht die sieben Grundfarben des Lichtes sichtbar.

■ **Übung: Regenbogenfarben**
Sie nehmen Ihre Meditationshaltung ein, entspannen sich und visualisieren einen Regenbogen. Stellen Sie Kontakt zu den einzelnen Farben des Regenbogens her, bewegen Sie sich visuell zunächst auf die einzelnen Farben des Regenbogens zu und nehmen Sie danach Kontakt zu allen Farben des Regenbogens in ihrer Gesamtheit auf. Nehmen Sie die Farben in sich auf, werden Sie eins mit den Farben und mit dem Regenbogen als Gesamtheit.
Mit dieser Übung stellen Sie Kontakt zu allen Grundfarben und zum Licht als solchem her. Diese Übung beruhigt, entspannt, gibt Energie und öffnet den Weg zu feinstofflichen Energien.

■ **Übung: Regenbogen - Spaziergang**
Beginnen Sie wie in der vorherigen Übung. Das heißt, nehmen Sie zunächst zu den einzelnen Regenbogenfarben Kontakt auf und dann alle Farben gleichzeitig in sich auf. Gehen Sie daraufhin visuell zu dem Ende des Regenbogens, wo er sich mit der Erde verbindet, und begeben Sie sich nun in den Regenbogen hinein. Wandern Sie anschließend den »Regenbogen hinauf«, soweit Sie können.
Beobachten Sie, wie Sie den Regenbogen hinaufgehen. Wechseln Sie die Farben. Gehen Sie auf allen Farben gleichzeitig den Regenbogen hinauf? Laufen Sie, springen Sie, haben Sie es schwer? Fallen Sie auch mal durch die feinen Energien durch?

Diese Übung bereitet in Ihnen die Verbindung zwischen Himmel und Erde vor. Sie hilft Ihnen, sich leichter mit beiden Energien zu verbinden und diese Energien von innen zu verstehen. Sie lernen dabei außerdem, sich diese Energien zu holen, wenn Sie sie im Alltagsleben benötigen.

Die Rose

Bei Heilübungen mit Blumen versuchen wir, die persönlichen Schwingungen der jeweiligen Blume wahrzunehmen und uns darauf einzustellen. Jede Blume hat ihre bestimmte Persönlichkeit. Unter welchen Bedingungen gedeiht sie am besten? Können Sie ihre Schwingungen wahrnehmen? Können Sie diese Schwingungen mit Musik in Verbindung bringen? Können Sie die Farbe der Blume in Verbindung mit musikalischen Schwingungen wahrnehmen? Können Sie zu der Blume literarische Verbindungen herstellen?
Da gibt es Richard Strauss' Rosenkavalier, in Charles Dickens' *Oliver Twist* die Rose *Maylie* und in *David Copperfield* die Rose *Dartle*.
Die Rose steht als das Symbol für unendliche Schönheit und Liebe. Ihr kommt in der westlichen Tradition die gleiche Bedeutung zu wie der Lotosblume im Osten.
In der christlichen Kirchengeschichte wird die Jungfrau Maria oft mit Rosen dargestellt, oft sogar im Rosengarten. Die Gebetfolge wird im Rosenkranz festgehalten. Die Rose war auch das Symbol der ägyptischen Göttin Isis, dann der griechischen Göttin Aphrodite und später der römischen Göttin Venus.
Das Rosenkranzgebet ist ähnlich monoton wie das Herzensgebet der orthodoxen Katholiken oder sogar vergleichbar mit den Gebetsmühlen der Tibeter. Alle diese sich ständig wiederholenden, monotonen Gebete haben das Ziel, durch Ermüdung den Verstand auszuschalten, um sich so Gott von innen nähern zu können.

Die Rose steht als Zeichen der Liebe. Liebende schenken ihren Liebsten Rosen als Zeichen ihrer Verehrung und Liebe. Das göttliche Kennzeichen ist eine unbegrenzte Liebe zu dem gesamten Kosmos.
Bei den Alchimisten steht die Rose als Blume der Wissenden. Wir finden in fast allen Kirchen Rosettenfenster. Meditationen mit der Rose haben deshalb einen heilenden und therapeutischen Charakter. Sie ist deshalb so geschätzt, weil sie als universelles Symbol für die sich entwickelnde Schönheit der göttlichen und damit auch der eigenen Seele steht.

■ Übung: Die Rose

Wir nehmen unsere Meditationshaltung ein und entspannen uns. Dann visualisieren wir eine Rose vor uns und schauen sie uns genau an.
Wir sehen, ob es sich um eine Knospe, um eine vollaufgeblühte oder um eine verblühende Rose handelt. Wir nehmen Kontakt mit den Schwingungen der Rose auf, fassen sie an, spüren, wie sie sich anfühlt, und bitten sie, ob wir mit ihr eins werden können. Dann gehen wir in die Rose hinein und fühlen sie von innen. Wir fühlen ihren Stiel, die Wurzeln, die Äste, Dornen, die Knospe oder Blüte.
Wir werden dann diese Knospe beziehungsweise Blüte und fühlen, wie sie sich öffnet, wie wir uns öffnen.
Wie immer gilt auch hier, daß wir nach der Meditation noch für eine Weile in diesem Zustand bleiben, bevor wir zu unserem allgemeinen Wachzustand zurückkehren.
Das Aufblühen der Rose symbolisiert unser inneres Wachstum, unseren inneren Reichtum. Wenn wir diese Heilübung durchführen, teilen wir unserem Unbewußten mit, daß wir unsere Energien auf diese Entwicklung richten wollen.

Abb. 22: Eine Rose mit Knospe

■ **Übung: Der Rosengarten**
Wir nehmen unsere Meditationshaltung ein und entspannen uns. Dann visualisieren wir einen Rosengarten vor uns, in den wir hineingehen. Es ist unser Rosengarten der Seele. Wir nehmen uns ausreichend Zeit, diesen Rosengarten zu erforschen und zu erleben.
Von diesem Rosengarten führt eine Tür zu einem weiteren Garten. Wenn wir diese Tür öffnen, gelangen wir wieder in einen Rosengarten. Diesmal symbolisiert der Garten unser Herz. Wir nehmen uns wieder ausreichend Zeit, um diesen Rosengarten zu erforschen und zu erleben.
Eine Tür am Ende dieses Rosengarten führt uns zu einem weiteren Garten, in den Rosengarten unserer Spiritualität. Wir nehmen uns wieder ausreichend Zeit, um auch diesen Rosengarten zu erforschen und zu erleben.
Eine Tür am Ende dieses Rosengartens führt uns zu einem weiteren Rosengarten, den Rosengarten des Wesens, unseres Seins. Auch hier nehmen wir uns genügend Zeit, um diesen Rosengarten zu erforschen, zu erkunden und zu erleben.
Wir können auch mit jedem Rosengarten einzeln meditieren. Wichtig ist, daß wir nach der Heilübung noch für eine Weile in dem erweiterten Bewußtseinszustand bleiben, und daß wir uns abschließend für das Erlebte und Erfahrene bedanken.

■ **Übung: Die Rosenknospe**
Entspannen Sie sich und nehmen Sie wieder Ihre Meditationshaltung ein. Dann visualisieren Sie eine Rosenknospe vor sich. Betrachten Sie sie ganz genau. Fühlen Sie die Farbe, riechen Sie den Duft und erfahren Sie die Struktur der Knospe. Wir werden nun den Prozeß des Aufblühens der Rose erfahren. Sie können dann entweder den Prozeß von außen erleben oder in die Knospe hineingehen und ihn von innen miterleben bzw. erfahren.

Lassen Sie sich bei diesem Prozeß Zeit. Das Aufblühen der Rose symbolisiert das innere Aufblühen und Wachsen Ihrer Seele und Ihres ganzen Seins.
Bleiben Sie nach der Heilübung noch in diesem Bewußtseinszustand, bevor Sie wieder in Ihr Alltagsbewußtsein zurückgehen und bedanken Sie sich bei der Rose dafür, daß Sie an diesem Prozeß teilnehmen durften.

Die Sonnenblume

Die Sonnenblume steht als Symbol für Gesundheit und Lebenskraft. Die Abbildung zeigt eine voll erblühte Sonnenblume als Objekt für die Heilübungen.

■ **Übung: Die Sonnenblume**
Wir nehmen unsere Meditationshaltung ein und entspannen uns. Dann visualisieren wir eine Sonnenblume und betrachten uns, wo sie steht: auf der Wiese, alleine im Feld, mit vielen anderen, am Wasser und so weiter. Wir gehen dann auf die Sonnenblume zu und begrüßen sie. Ist sie gut genug gewässert? Sind ihre Blätter grün und nicht braun? Wir fragen sie dann, ob wir in sie hineingehen dürfen. Wenn wir das Einverständnis der Sonnenblume haben, gehen wir in sie hinein und fühlen den Stamm, die Wurzeln, die Blüten und so weiter. Wir schauen, wo sich unsere Arme in der Sonnenblume befinden, wo beispielsweise unsere Beine oder unser Gesicht sind. Dann spüren wir, wie sich die Sonnenblume anfühlt und fragen sie, ob sie alles hat oder ob ihr etwas fehlt und ob wir ihr etwas geben können. Wir horchen genau auf die Antwort, und wenn die Sonnenblume einen Wunsch hat, werden wir ihr den erfüllen.
Wir bleiben noch eine Weile in der Sonnenblume, dann danken wir ihr dafür, daß wir sie besuchen durften, und verlassen sie.

Abb. 23: Eine voll erblühte Sonnenblume

Wie immer verharren wir noch eine Weile in dem Bewußtseinszustand, bis wir dann langsam in den Alltagszustand zurückkehren.

Der Berg

Auf die verschiedenen Symbolbedeutungen des Berges habe ich schon früher hingewiesen. Hier steht der Berg auch für unsere Gesundheit.

■ **Übung: Der Berg**
Wir begeben uns entspannt in unsere Meditationshaltung und visualisieren einen Berg vor uns. Wir sitzen oben auf dem Gipfel des Berges und beobachten seine Umgebung ganz genau.
Dann spazieren wir auf dem Gipfel umher und suchen einen Eingang in den Berg. Wenn wir diesen Eingang gefunden haben, gehen wir in ihn hinein. Wir gelangen immer tiefer und tiefer in den Berg und beobachten dabei genau, was um uns herum passiert. Steigen wir Treppen herunter, rutschen wir herunter, ist der Weg nach unten weit oder eng, hell oder dunkel und so weiter? Langsam gelangen wir in die Tiefen und spüren, daß sich der Weg nach unten öffnet. Wir sehen dann einen Vorraum und eine Tür, auf der zu lesen ist: »Höheres Selbst unseres Körpers«. Wir öffnen sie und betrachten den Raum ganz genau, seine Farbe, was an den Wänden ist etc. Nun spüren wir die Anwesenheit eines anderen Wesens außer uns. Wir sehen das höhere Selbst unseres Körpers. Wir betrachten genau, wie es aussieht oder wie es sich darstellt. Dann fragen wir es nach unserem Körper und worauf wir zu achten haben.
Das höhere Selbst wird uns eine Antwort geben, entweder in Symbolform, als ein Bild oder mit Worten. Wir bedanken uns bei dem Wesen und fragen, was wir ihm als Dankeschön anbieten können.
Dann verlassen wir den Raum und gehen langsam wieder auf die Bergspitze zurück, um das Erfahrene auf uns wirken zu lassen.
Wir müssen dem höchsten Wesen unseres Körpers unter allen Umständen das Dankeschön geben. Wenn wir dies nicht tun, teilen wir uns selbst mit, daß wir uns nicht ernst nehmen, was alle weiteren Übungen wesentlich erschweren wird.

Abb. 24: Die Eule als Symbol der Weisheit

Die Eule

Die Eule wird sowohl als Symbol der Weisheit, aber auch der Finsternis und des Todes angesehen. Bei den Indianern, Griechen und Römern war die Eule das Zeichen der Weisheit; bei den Ägyptern, den Christen, den Japanern und den Hinduisten steht sie für die Kälte, die Nacht und den Tod. Das bedeutet, sie ist das Symbol für Finsternis und Tod für diejenigen, für die Finsternis und Tod das Ende bedeuten. Für die jedoch, für die Finsternis und Tod ein Teil des Ganzen sind, ist die Eule das Symbol der tiefen Weisheit.

■ Übung: Die Eule beobachten
Nehmen Sie Ihre Meditationshaltung ein, entspannen Sie sich und visualisieren Sie eine Eule. Beobachten Sie, wie sie ruhig auf einem Ast sitzt, und beobachten Sie dann, wie sich die Eule erhebt und zum Flug ansetzt. Verfolgen Sie den Flug der Eule und beobachten Sie, was die Eule bei ihrem Nachtflug alles beobachtet und erlebt.

■ Übung: Mit der Eule fliegen
Nehmen Sie Ihre Meditationshaltung ein, entspannen Sie sich und beobachten Sie wieder eine sitzende Eule. Wenn die Eule sich dann zum Flug erhebt, versuchen Sie, mit der Eule eins zu werden und mit ihr zu fliegen, oder Sie werden selbst zur Eule und fliegen im Dunkeln.
Mit dieser Übung bereiten Sie vor, daß Sie die dunklen Seiten in sich annehmen wollen und erkunden wollen. Damit signalisieren Sie Ihrem Unbewußten, daß Sie sich ins Neue wagen wollen. Sie bereiten damit den Weg in neue Erkenntnisebenen der Weisheit vor. Die Eule hilft außerdem bei schwierigen Entscheidungen, sich die eigenen Schattenseiten anzuschauen und dadurch andere Lösungsmöglichkeiten zu finden. Sie gibt gleichzeitig Kraft und Ruhe, sich schwierigen Situationen zu stellen.
Dies sind nur einige wenige Beispiele aus den ungeheuren Möglichkeiten mit nicht-geometrischen Symbolen. Selbst wenn wir verschiedene Heilübungen wiederholen, das heißt, mit demselben Symbol wiederholt arbeiten, werden wir jedesmal eine andere

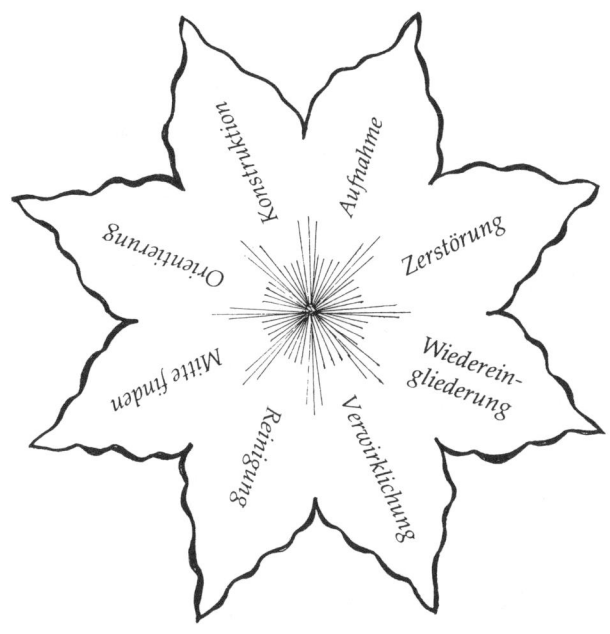

Abb. 25: Mandala mit persönlichen Stichworten zur Meditation

Information und Bedeutung kennenlernen, abhängig von der Situation, in der wir uns jeweils befinden. Erfahrungen in den Heilübungen wiederholen sich nur dann, wenn wir die uns angebotenen Erfahrungen nicht verstanden oder uns nicht an den uns gegebenen Rat gehalten haben.

Mandalas

Mandalas sind Bilder der indischen und tibetanischen Religionen, die zu Meditationen und Heilübungen verwendet werden. Häufig bildet ein vielfach akzentuierter Kreis die Grundstruktur. In der analytischen Psychologie wird das Mandala als archetypisches Bild gesehen, als Symbol des Selbst.

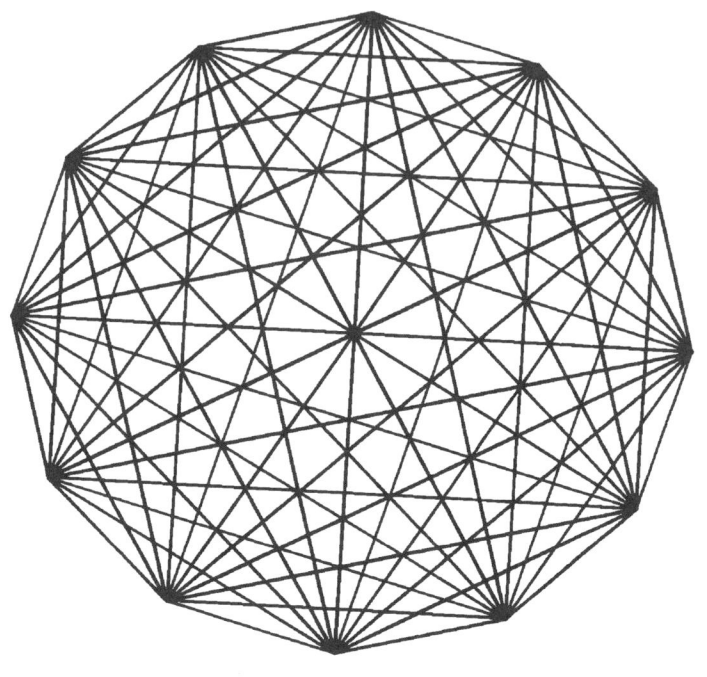

Abb. 26: Alle Verbindungen einer Zwölferteilung

In Carl Gustav Jungs Träumen tauchten immer wieder bestimmte Formen auf. Er begann, sich dafür zu interessieren, malte diese Formen am nächsten Morgen auf und behielt die Zeichnungen. Im Laufe seiner persönlichen Entwicklung stellte er fest, daß diese Formen in alten Kulturen, besonders im Buddhismus, schon existierten.

Die Mandalas, wie sie dort genannt werden, repräsentieren das Universum. Jung arbeitete weiterhin mit den ihm im Traum er-

Abb. 27: Tantrisches Mandala als Bild für Kosmos und Schöpfung

scheinenden Mandalas und er verstand, daß das eigene Selbst als Realisation beziehungsweise Reflexion des Göttlichen Ganzen (Gott, die Monade, das Eine, die Einheit etc.) arbeitet. Er entdeckte eine Verbindung zwischen Mikro- und Makrokosmos, eine alte Weisheit der hermetischen Philosophen, die diese Erkenntnis folgendermaßen ausdrücken: »Wie oben, so unten«.

Wir finden Mandalas zum Beispiel bei den Sandgemälden der Navajo-Indianer, in den Tanzformen der Derwische, in den gotischen Rosen von Kirchenfenstern. Bei bestimmten Nomadenvöl-

Abb. 28: Das Mandala als Symbol inneren und äußeren Wachstums

kern hat die Kreisform aus den Mandalas eine kraftvolle ausgleichende Wirkung. Bei den Mongolen, den Yurts, repräsentiert die Form und der Aufbau des Zeltes das Universum. Viele Mandalas sind sehr komplex, andere wieder ganz einfach. Die Abbildungen zeigen einige der unendlichen Möglichkeiten.

Abb. 29: Ein Gartentor - Mandalas lassen sich auch im Alltag finden.

■ **Übung: Das Mandala**
Lassen Sie sich bei der Wahl eines Mandalas davon leiten, was Ihnen spontan oder nach längerer Betrachtung gut gefällt. Die Vielfalt der möglichen Mandalas ist sehr groß. Bei den Abbildungen handelt es sich nur um einige Anregungen.

Abb. 30: Die vielen Kontraste ergeben eine Kreisbewegung.

Zum Meditieren hängen oder legen wir das Mandala so, daß dessen Mittelpunkt bei unserer Meditationshaltung in Augenhöhe ist. Unser Blick sollte das ganze Mandala auf einmal erfassen können. Beginnen Sie dann mit dem Mittelpunkt des Mandalas. Betrachten Sie es gründlich und dann vom Mittelpunkt ausgehend auch alle Seiten. Wenn Sie das Gefühl haben, die äußeren Formen

des Mandalas zu kennen, schließen Sie die Augen und konzentrieren sich nach innen. Visualisieren Sie das Mandala vor ihrem inneren Auge und lassen Sie es innerlich auf sich wirken.
Arbeiten Sie regelmäßig mit demselben Mandala, bevor Sie mit einem neuen beginnen. Nicht die Quantität ist das Ziel der Heilübungen, sondern die Qualität.

Die Elemente

Wie bereits erwähnt, sind die uns umgebenden Elemente Feuer, Wasser, Luft und Erde. Wir werden uns jetzt etwas intensiver mit der Symbolik der Elemente vertraut machen und bestimmte Meditationsübungen lernen.

Wasser

Wasser steht als Symbol für das Unbewußte und den Fluß des Lebens, es steht für den Ursprung und das Grab aller Dinge im Universum. In Indien wird die Asche der Verstorbenen im heiligen Fluß verstreut. Wasser ist das flüssige Gegenstück zu Licht. Es wird gleichgesetzt mit dem ständigen Fließen der manifesten Welt. Wasser steht symbolisch für die Große Mutter, die Fruchtbarkeit, die Gebärmutter, das Weibliche. Wasser ist ein Symbol für die Quelle des Lebens. In der christlichen Religion wird mit dem gesegneten Wasser getauft, das heißt, spirituell neu geboren. Wasser symbolisiert auch die Rückkehr zum ursprünglichen Zustand der Reinheit, das Absterben des alten Lebens und die Wiedergeburt eines neuen Lebens.
In das Wasser zu tauchen, bedeutet die Suche nach dem Geheimnis des Lebens.
Fließendes Wasser hat einen ausgleichenden, aber auch stimulierenden Effekt auf uns. Abbildung 31 zeigt fließendes Wasser, und

Abb. 31: Fließendes Wasser

das Bild spiegelt seinen stimulierenden Effekt wider. Abbildung 32 stellt den beruhigenden und therapeutischen Effekt des Wassers dar. Die Bilder können zur Meditation benutzt werden.

■ Übung: Schwimmen im Wasser
Nehmen Sie Ihre Meditationshaltung ein und entspannen Sie sich. Visualisieren Sie dann eine Quelle vor sich und verfolgen Sie den Verlauf der Quelle. Tauchen Sie, wenn möglich, in die Quelle ein und schwimmen Sie mit dem Wasser mit.
Beobachten Sie genau, was Ihnen auf dem Weg zur Mündung alles passiert und ob Sie bis dorthin kommen. Die Quelle symbolisiert ihr Leben und der aus der Quelle entstehende Fluß ihren Lebensweg. Je mehr Sie mit diesem Bild arbeiten, desto mehr

Abb. 32: Stilles Wasser

arbeiten Sie auf der tiefen Ebene daran, ihren Lebensweg nicht nur passiv zu verstehen und anzunehmen, sondern ihn auch aktiv zu gestalten.

■ **Übung: Fisch im Wasser**
Visualisieren Sie sich als Fisch im Wasser. Betrachten Sie die Größe dieses Fisches, seine Art sowie die Art des Wassers: fließend, stehend, hell, dunkel, schnell, langsam und so weiter. Stehen Sie als Fisch im Wasser? Sind Sie vorsichtig? Wo sind die Gefahren? Was für Gefahren sind dies? Wie verhalten Sie sich ihnen gegenüber? Verstecken Sie sich? Greifen Sie an? Erstarren Sie?
All diese Informationen geben Ihnen Auskunft über sich selbst, darüber, wie Sie sich wirklich fühlen, nicht darüber, wie Sie glauben, daß Sie sich fühlen!

Schreiben Sie nach der Meditation Ihre Erfahrungen kurz auf. Und versuchen Sie dann, sich als Fisch anders zu verhalten. Welche anderen Lösungsmöglichkeiten fallen Ihnen ein? Probieren Sie diese als Fisch im Wasser aus. Das Wasser gewährt Ihnen Schutz, und Erfahrungen können dort leichter gemacht werden. Wenn Sie sich als Fisch im Wasser wohlfühlen und dort gut mit Gefahren umgehen können, wird sich das auch auf Ihren Lebensweg übertragen.

■ **Übung: Auf den Grund des Wassers gehen**
Begeben Sie sich visuell in ein tiefes Wasser, in das Meer, und versuchen Sie dort, langsam auf den Grund zu kommen. Wie Sie das anstellen, ist völlig unwichtig. Wichtig ist, daß Sie - wenn auch erst nach vielen Übungen - auf den Grund gelangen.
Der Grund des Meeres ist die tiefste Tiefe Ihres Unbewußten. Bei dieser Übung arbeiten Sie mit Ihren inneren Widerständen und Ängsten, die Sie daran hindern, sich den tiefsten Grund Ihrer eigenen Seele anzuschauen.
Wie bei allen Meditationsübungen gilt auch hier: Bleiben Sie nach Abschluß der Übung noch für eine Weile bei der Erfahrung, bevor Sie wieder in Ihr normales Alltagsbewußtsein zurückkehren.
Ein Ritual kann Ihnen helfen, zum Wasser ein besseres Verhältnis zu bekommen. Denjenigen, die sich im Wasser sowieso zu Hause fühlen, hilft es, tiefer in die Symbolik und in den Gesundheitsaspekt des Wassers einzusteigen.
Trinken Sie jeden Abend, bevor Sie zu Bett gehen, ein Glas Wasser. Setzen Sie sich ruhig und entspannt hin und visualisieren Sie, während Sie das Wasser trinken, daß dieses Wasser Ihren Körper reinigt, Ihnen Energie, Vitalität und Gesundheit gibt. Dieses Wasser ist das Lebenselixier und die Quelle der ewigen Erneuerung.

Abb. 33: Die Kraft des Feuers (Photo von H. C. Flemming, aus: Ein Zettel an meiner Tür, Berlin, 1993)

Feuer

Das Feuer steht als Symbol für die Umwandlung, die lebensspendende und befruchtende Kraft der Sonne für die Erneuerung des Lebens, für Kraft, Macht und Energie, für Tatkraft. Es steht auch für Veränderung und den Übergang von einem Stadium zum nächsten. Das Feuer verkörpert sowohl das Göttliche als auch das Dämonische und repräsentiert von daher sowohl die Tat als auch die Zerstörung.

Die Feuertaufe stellt die ursprüngliche Reinheit wieder her, indem die alten Schlacken weggebrannt werden. Dies ist mit der Vorstellung verknüpft, daß man das Feuer passieren muß, um ins Paradies zu gelangen.

Das Symbol des Feuers ist das aufwärtszeigende Dreieck. Obwohl Wasser und Feuer als unvereinbar gelten, sind sie doch gemeinsam die Voraussetzung für alles Leben. Gemeinsam sind sie die beiden großen Prinzipien des Universums, der Himmelsvater und die Erdenmutter. Als Elemente in der Welt der Gegensätze liegen Sie im Streit miteinander, aber als Wärme und Feuchtigkeit sind sie notwendig für alles Leben und werden sich letztlich gegenseitig durchdringen und dadurch vereinigen. »Brennendes Wasser« bedeutet die Vereinigung der Gegensätze.

■ Übung: Das Feuer

Wir nehmen unsere Meditationshaltung ein und entspannen uns. Dann visualisieren wir ein Feuer vor uns. Wir betrachten die Umgebung des Feuers, seine Größe und so weiter. Nachdem wir mit dem Verbrennungsprozeß vertraut sind, versuchen wir Kontakt mit dem Feuer aufzunehmen. Wir sprechen mit ihm. Haben wir ein bestimmtes Problem oder eine bestimmte Frage, die während des Betrachtungsprozesses auftaucht, werden wir sie an das Feuer richten. Wir können auch fragen, wie wir die Antwort umsetzen können.

Nach der Meditation bedanken wir uns beim Feuer für seine Bereitschaft, mit uns zusammenzuarbeiten.
Es gilt hier wie immer, alle Antworten, die wir während einer Meditation erhalten, sehr ernst zu nehmen. Wir nähern uns durch diese Meditation den eigenen, inneren Wahrheiten. Ein Ignorieren dieser Wahrheiten bedeutet, daß wir uns selbst auf der tiefsten Ebene nicht ernst nehmen.

■ **Übung: Sich ausbreitendes Feuer**
Wir nehmen unsere Meditationshaltung ein und entspannen uns. Dann visualisieren wir ein Feuer vor uns und betrachten es wieder gründlich.
Wir sehen dann, wie das Feuer anfängt, sich auszubreiten. Wir reagieren darauf, wie immer wir uns fühlen. Wir rennen weg, löschen das Feuer, lassen das Feuer sich ausbreiten. Wie wir uns verhalten, ist nicht wichtig. Wichtig ist, daß wir das tun, was uns im Augenblick richtig erscheint. Wenn die Situation für uns wieder »unter Kontrolle« ist, das heißt, wenn das Feuer entweder gelöscht oder wieder klein genug ist, daß es uns nicht bedrohen kann, nehmen wir einen sicheren Platz in der Nähe des Feuers ein und fühlen und denken über die Situation nach. Warum sind wir weggelaufen, warum haben wir das Feuer gelöscht?
Wir bleiben wie immer nach der Heilübung noch für eine Weile in diesem Bewußtseinszustand, bevor wir in unseren normalen Bewußtseinszustand zurückkehren.
Ziel der Übung ist es, in der Lage zu sein, mit dem Feuer eins zu werden, um den vollständigen inneren Reinigungsprozeß zulassen zu können und uns voll mit diesem lebenserhaltenden Element zu vereinigen.

Abb. 34: Der Vogelflug, ein Gemälde von Christiane Mehlhorn

Luft

Die Luft steht als Symbol für das Denken und den Verstand, auch für die Freiheit, für die Möglichkeit, fliegen zu können. Außerdem ist die Luft die Verbindung zum Kosmos. Abbildung 34 und 35 spiegeln die Verbindung zwischen Wasser, Erde und Luft wider.

Abb. 35: »Phönix aus der Asche« von Christiane Mehlhorn

■ Übung: Vogelflug

Wir nehmen unsere Meditationshaltung ein, entspannen uns und visualisieren einen Vogel, der auf einem Berggipfel sitzt. Wir betrachten den Vogel und den Berg gründlich. Wir nähern uns dem

Vogel und nehmen Kontakt mit ihm auf. Wenn möglich, werden wir der Vogel, strecken unsere Flügel, verlassen den Berg. Wir fliegen über die Landschaft und schauen sie uns genau an. Wir beobachten sehr gründlich, was wir während des Fluges erleben. Wo sind unsere Ängste, wie frei können wir fliegen, wie sicher fühlen wir uns dabei? Was sehen wir unter uns?

Diese Übung gebe ich oft denjenigen in meinen Readings, die zu erdverbunden sind und zu tief in ihren eigenen Problemen stecken.

Sie hilft, die Probleme aus einer anderen Perspektive zu sehen, sich leichter zu fühlen und auch erste Erfahrungen mit einer inneren Unabhängigkeit zu machen. Wiederholt durchgeführt bedeutet diese Übung, daß man dem Unbewußten mitteilt, daß man seine Sichtweise der Probleme gründlich ändern will, und zwar dahingegehend, daß diese Probleme leichter werden, daß man unabhängiger, insgesamt freier werden will. Außerdem regt diese Übung mit der Luft (Himmel) die Förderung der geistigen Fähigkeiten an, den Willen, sich mit geistigen Dingen auseinanderzusetzen.

■ Übung: Der Wind

Wir nehmen unsere Meditationshaltung ein, entspannen uns und visualisieren uns draußen in der Natur sitzend. Wir sitzen entweder auf einem Berg, am Wasser, auf einer Wiese oder im Wald. Wir nehmen unsere Umwelt gründlich in uns auf und fühlen dann, wenn wir mit ihr vertraut sind, wie ein Wind aufkommt. Wir spüren den Wind und versuchen mit dem Wind zu gehen, mit ihm die Bäume zu streifen, spüren, wie er mit dem Wasser spielt, wie er Kontakt mit den Pflanzen aufnimmt, und wie diese sich ihm entgegensetzen oder ihm nachgeben, damit ihnen kein Schaden zugefügt wird. Wir spüren, wie der Wind zunimmt, und lassen dies soweit geschehen, wie wir die Stärke des Windes annehmen und vertragen können. Wenn uns die Stärke des Windes gefährlich erscheint, bitten wir ihn, schwächer zu werden oder uns zu verlassen.

Diese Übung kann öfter wiederholt werden, und die Stärke des Windes kann jedesmal zunehmen. Wir gehen durch diese Übung eine Beziehung mit der Luft und dem konträren Element der Luft, der Erde, ein. Der Wind reinigt und klärt die Luft, er reinigt und vertreibt Gewitter, ein »frischer Wind« läßt uns das Leben oder bestimmte Situationen anders sehen. Wenn wir mit der Übung vertraut sind, können wir uns den Wind in bestimmten Situationen zur Hilfe holen, um sie zu reinigen und um uns eine neue Sichtweise zu ermöglichen.

Erde

Die Erde gilt als Symbol der großen Mutter: Mutter Erde. Sie ist die universelle Erzeugerin, die Ernährerin. Die Mutter Erde ist das universelle Urbild für Fruchtbarkeit, unerschöpfliche Kreativität und Nahrung. Die Erde und der Himmel, das sind Materie und Geist.

Manchen Anhängern der »Schönen Künste«, die in ihren Luftschlössern leben, oder denjenigen, die alle Probleme mit dem reinen Verstand lösen wollen, empfehle ich oft Erdmeditationen, um an die intuitive Kreativität, die eigene Erdverbundenheit heranzukommen.

■ **Übung: Die Erde**

Wir nehmen unsere Meditationshaltung ein und entspannen uns. Dann finden wir ein Meditationsobjekt, welches mit der Erde verbunden ist, einen Baum, eine Pflanze oder ein Tier, welches in der Erde lebt. Wir betrachten unser Meditationsobjekt genau und ausdauernd und schlüpfen dann einfach hinein. Beim Baum, einer

Pflanze etc. beschäftigen wir uns ausschließlich mit den Wurzeln. Wir spüren sie, spüren den Kontakt mit der Erde und lassen die Wurzeln wachsen.

Sollte es sich um ein Tier handeln, spüren wir, wie es sich durch die Erde durcharbeitet, seine Nahrung sucht, dort schläft und so weiter. Wichtig bei dieser Übung ist der Kontakt mit der Erde, damit wir spüren, wie sich die Erde anfühlt.

Auch hier bleiben wir nach der Übung noch für eine Weile in unserem Bewußtseinszustand, bevor wir wieder in unser Alltagsbewußtsein zurückkehren.

■ **Übung: Mit der Erde verbinden**

Wir setzen uns, wenn möglich, auf die Erde, den Rasen oder in den Wald oder im Winter auf einen Baumstamm, der auf der Erde liegt, und konzentrieren unsere ganze Aufmerksamkeit auf das Stück Erde, das wir vor uns sehen. Wir beobachten alles, was dort passiert und versuchen auch hier wieder, Kontakt mit dem Geschehen aufzunehmen, uns in das Geschehen einzubeziehen, zum Beispiel mit den Ameisen zu reden, dem Käfer einen Weg zu bahnen oder ähnliches. Vergessen Sie nicht, daß selbst Pflanzen auf unsere Gedanken reagieren. Gute Bauern zeichnen sich dadurch aus, daß sie nicht nur mit den Tieren, sondern auch gedanklich ständig mit ihrem Grund und Boden verbunden sind. Durch diesen Prozeß verbinden wir uns mit der Erde und den Qualitäten der unendlichen Nahrung und Kreativität.

■ **Übung: Steine**

Wir nehmen unsere Meditationshaltung ein und visualisieren Steine vor uns. Dann betrachten wir genauer, wo die Steine liegen: im Wasser, auf dem Lande, auf der Wiese. Wir gehen dann auf die Steine zu und stellen fest, welche Struktur sie haben. Sind sie sehr fest oder haben sie eine lockere, poröse Struktur? Dann versuchen wir, in die Steine hineinzugehen, mit den inneren Energien der Steine Kontakt aufzunehmen und herauszufinden, was sie für uns bedeuten.

Steine symbolisieren in der Regel Hindernisse in unserem Leben und es ist immer von Vorteil, herauszufinden, was die tiefen Hindernisse sind, damit wir diese von innen auflösen können. Wenn wir diese Hindernisse beziehungsweise tiefen Blockaden herausfinden und erkennen können, ist die Auflösung immer möglich. Oft werden wir von den Steinen die Information erhalten, wie sich die Hindernisse auflösen lassen.

Thangkas

In der tibetischen Tradition werden von Meditierenden aus gemahlenen Edelsteinen Bilder auf Stoff gemalt, die dann als Meditationsvorlage dienen.

Die Bilder werden Thangkas genannt. Es kann sich dabei um die Darstellung alten Wissens wie beispielsweise um die Entwicklung des Fötus in der Schwangerschaft, um Wissen über die Zusammenhänge des Kosmos, Bilder über Sterne und Planeten, Bilder über die Götter oder um geistig-medizinische Zusammenhänge handeln.

Manchmal können die Thangkas auch im Westen in indischen Läden gekauft werden. Da immer mehr Westler nach Indien fahren, empfiehlt es sich, bei dieser Gelegenheit eines oder auch mehrere mitzubringen.

Lassen Sie sich bei der Wahl eines Thangkas davon leiten, was Sie spontan oder nach längerer Betrachtung besonders anspricht. Die Thangkas sind nicht billig, aber in wunderschönen Farben gmalt und von bleibender Qualität. Die Vielfalt der möglichen Thangkas ist sehr groß.

Abb. 36: Thangka aus Tibet (von Surendra B. Shahi)

Wir hängen das Thangka so auf, daß sich sein Mittelpunkt bei unserer Meditationshaltung in Augenhöhe befindet. Unser Blick sollte das ganze Thangka auf einmal erfassen können. Wir können es auch vor uns auf den Fußboden legen.
Beginnen Sie dann mit dem Mittelpunkt des Thangkas. Betrachten Sie es gründlich und - vom Mittelpunkt ausgehend - alle Seiten. Wenn Sie das Gefühl haben, die äußeren Formen des Thangkas zu kennen, schließen Sie die Augen und konzentrieren sich nach

innen, um die innere Bedeutung und Aussage erklären zu können.
Visualisieren Sie das Thangka vor dem inneren Auge und lassen
Sie es innerlich auf sich wirken.
Meditieren Sie regelmäßig mit demselben Thangka, bevor Sie mit
einem neuen beginnen.

Farben

Farben symbolisieren die verschiedenen Lebensbereiche und ihre
Formen. Sie symbolisieren Ideologien: Der Marxismus hat Rot als
Farbe, die Liberalen haben sich für Gelb entschieden. In England
haben die Konservativen die Farbe Blau als ihre Symbolfarbe gewählt.
Blau steht hier für Beständigkeit, aber auch Distanz, das Erhalten
des Alten, der Tradition. Mit Farbmeditationen eröffnen wir uns
die Inhalte und das Wissen des jeweiligen Farbtones, mit dem wir
meditieren.

Weiß

Weiß steht als Symbol der Reinheit, Klarheit, Unschuld, aber auch
für Naivität. Die Farbe symbolisiert Jugend und Frische. Sie wird
von manchen religiösen Gruppen getragen, wenn die Reinheit des
Herzens ausgedrückt werden soll. In buddhistischen und hinduistischen Ländern wird Weiß als Farbe der Trauer getragen. Die
Farbe ist aber gleichzeitig ein Zeichen der Freude, da der Verstorbene jetzt in ein neues, besseres Lebens hineingeboren wurde.

Rot

Rot symbolisiert Feuer, Stärke, Gesundheit, Vitalität und menschliche Liebe, aber auch Angriffslust und Aggressivität. Bei Farbmeditationen werden diejenigen Eigenschaften in uns, die durch diese Farbe symbolisiert werden, zum Vorschein kommen. Wir lernen uns dadurch noch besser und tiefer kennen.

Orange

Orange steht für Inspiration, Freude, Lebensfähigkeit, Stärke, Angstlosigkeit, aber auch für Neugierde und Unruhe. Die buddhistischen Mönche tragen Orange, ebenso die Mitglieder verschiedener religiöser Sekten.

Gelb

Gelb symbolisiert Intellekt, Glücklichsein, Freude und Weisheit. Gelb steht für die Suche nach Neuem, für Vorstellungskraft, für das Vorangehen.

Grün

Grün ist die Farbe des Ausgleichs, der Harmonie. Sie symbolisiert Hoffnung, Frieden, aber auch Erneuerung. Grün ist die Farbe der Natur, und sie ist auch eine sehr gute Farbe, um sich zu erden.

Blau

Blau ist eine beruhigende, kühlende Farbe. Es ist die Farbe, die Ozean und Himmel gemeinsam haben. Blau steht für Überlegung, Selbstbeobachtung, Innenschau.

Schwarz

Schwarz ist die Farbe des Geheimnisvollen, des Unerklärlichen, des Dunkels, aber auch des Schutzes, des sich Versteckens.

Violett

Violett steht als das Symbol für Spiritualität. Es ist eine Mischfarbe von Rot und Blau und vereint die beiden Qualitäten: Leben, Kraft, Feuer, Vorwärtsstreben einerseits, andererseits die Ruhe, Gelassenheit, Innenschau sowie das Stehenbleiben.

Gold

Gold ist die Farbe der universellen Liebe. Sie ist deshalb auch die Farbe des universellen Schutzes und deshalb ein wunderbares Mittel, um sich meditativ gegen ungünstige oder angreifende Einflüsse zu schützen.

Rosa

Rosa ist neben Grün die Farbe des Herz-Chakras. Rosa steht für das Öffnen des Herzens, das Sich-Ausdehnen. Rosa symbolisiert außerdem die Farbe der göttlichen Liebe. Rosa hat eine doppelte Wirkung, kurzfristig angewandt beruhigt es wie Grün, längerfristig angewandt ist es wegen seiner Verwandtschaft zu Rot anregend. In England gibt es in der Grafschaft Yorkshire Zellen, in denen die Wände mit Rosa gestrichen sind. Dorthin kommen tobende Gefangene, damit sie sich beruhigen.
Wenn wir nun mit den Farben meditativ arbeiten, geht es darum, mit dem ganzen Farbspektrum umzugehen. Idealerweise sollten wir alle Farben in uns integriert haben (dann wäre unsere Aura weiß wie das Licht). Das wäre aber nur dann möglich, wenn wir alle Vor- und Nachteile der einzelnen Polaritäten, die durch die Farben symbolisiert werden, in uns integriert hätten.
Bevor wir mit Farbmeditationen beginnen, haben wir uns für die richtige Farbe zu entscheiden. Beginnen Sie mit ihrer Lieblingsfarbe, damit Ihnen die Anfangsarbeit erleichtert wird. Arbeiten Sie dann aber mit allen anderen Farben, besonders mit denen, die

Sie nicht mögen. Es ist mit Sicherheit zu sagen, daß Ihnen gerade diese Farbe fehlt. In den Meditationen können Sie erkunden, warum Sie eine Farbe ablehnen und eine andere bevorzugen. Jede Farbmeditation bringt Sie der inneren Bedeutung dessen, was die Farben symbolisieren, näher.

■ Übung: Die Farbwolke

Wir nehmen in unsere Meditationshaltung ein und entspannen uns. Dann visualisieren wir die Farbe, für die wir uns entschieden haben, um uns herum. Wir sitzen in einer Farbwolke unserer ausgewählten Farbe.
Dann beobachten wir den Effekt der Farbe auf unseren Körper, stellen fest, welche Körperteile nicht von der Farbe bedeckt sind. Vielleicht haben wir ja den Rücken frei. Dann wissen wir, das dort die Farbe fehlt. Zwingen Sie die Farbe dann nicht zur Rückenpartie, sondern versuchen Sie sanft und geduldig, die Farbe dorthin zu bekommen. Sie können auch ruhig visuell einen Pinsel nehmen und sich den Rücken visuell anstreichen.
Wenn Sie das erreicht haben, versuchen Sie, Ihre Farbwolke auszudehnen, sodaß Sie Ihren Ausstrahlungsradius vergrößern.

■ Übung: Die Farbstraße

Entscheiden Sie sich für Ihre Farbe und nehmen Sie Ihre Meditationshaltung ein. Visualisieren Sie wieder die Farbe um sich herum. Sie sitzen in einer Farbwolke. Die Farbwolke öffnet sich nach vorne und wird zur Straße, die nun gerade vor Ihnen liegt. (Sollte die Straße krumm sein, verändern Sie sie nicht mit Gewalt.) Wenn Sie dann mit der Sie umgebenden Farbe ganz vertraut sind, stehen Sie auf und begeben sich auf die Farbstraße, die vor Ihnen liegt. Sie gehen auf der Straße entlang, immer weiter und weiter. Beobachten Sie, was Ihnen auf dieser Straße alles passiert. Wenn Sie

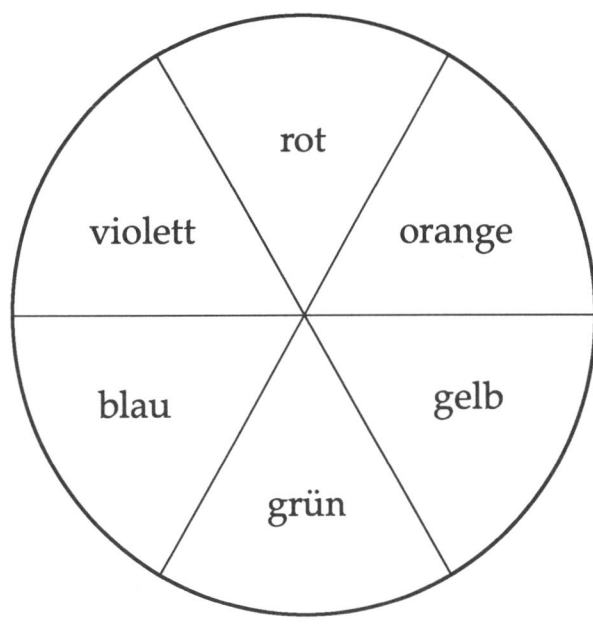

Abb. 37: Der Farbkreis

müde sind, setzten Sie sich hin und ruhen sich aus. Sie können dann nach einer Pause entweder weitergehen oder die Meditation beenden.
Bleiben Sie dann noch eine Weile in dem meditativen Bewußtseinstand und lassen Sie die gemachten Erfahrungen tief in sich eindringen.

■ Übung: Der Farbkreis
Wir entspannen uns und nehmen unsere Meditationshaltung ein. Dann visualisieren wir einen Farbkreis, wie den in Abbildung 37 wiedergegeben. Visualisieren Sie zunächst den Kreis als Ganzes und konzentrieren Sie sich dann auf die einzelnen Farbsegmente des Kreises. Gehen Sie in die Segmente hinein und werden Sie

eins mit der jeweiligen Farbe. Sie spazieren buchstäblich in den Farbschwingungen und erfahren, was Ihnen auf Ihrem Spaziergang passiert.
Zum Abschluß konzentrieren Sie sich wieder auf den gesamten Kreis, bevor Sie die Meditation beenden.
Bleiben Sie noch für einen Augenblick in dem Bewußtseinszustand, bevor Sie wieder in Ihr Alltagsbewußtsein zurückkehren.

Heilübungen über das Selbst und unsere Gefühle

Die Heilübungen über das Selbst können in vier Gruppen unterteilt werden:

- Übungen nach innen, um die eigenen, zum großen Teil unbewußten Gefühle kennen- und akzeptieren zu lernen;
- Übungen, um in aktuellen Situationen adäquat handeln zu können;
- Übungen, die den Weg nach vorne zeigen und ebnen;
- Übungen, die in schwierigen Situationen zu innerer Klarheit verhelfen.

Heilübungen über unsere Gefühle

Nur sehr, sehr wenige Menschen haben tiefere Erkenntnis über ihre gesamte innere Gefühlswelt. Wie hier schon mehrfach erwähnt, lebt der größte Teil der Menschen in der westlichen Welt auf der Oberfläche und ist nach außen orientiert. Die Intentionen richten sich auf das Erleben äußerer Werte, die in der Regel von anderen geschaffen wurden, und nicht auf das Erfahren und Umsetzen der eigenen inneren Lebensbedingungen. Mit der von Freud ausgehenden Psychotherapie hat sich inzwischen jedoch

die allgemeine Erkenntnis durchgesetzt, daß nicht verstandene und unterdrückte Emotionen nicht nur psychische Störungen, sondern auch Krankheiten verursachen können. Der Zusammenhang zwischen dem Immunsystem des Körpers und der bewußten und unbewußten emotionalen Verfassung des einzelnen ist schon seit einiger Zeit Forschungsobjekt der traditionellen und alternativen Medizin. In verschiedenen neueren Psychologierichtungen wird davon gesprochen, daß wir mehr als nur ein inneres Selbst haben. Nicht nur unser körperliches »Innenleben« setzt sich aus verschiedenen Organen zusammen, unser emotionales Innenleben setzt sich auch aus verschiedenen Einheiten zusammen, die prinzipiell alle miteinander arbeiten und harmonieren müssen. Wenn es darin Störungen gibt, kann auch das zur Krankheit führen. Je mehr Informationen und Wissen wir darüber erlangen, was uns zur Zeit noch unbewußt ist, desto leichter können wir Klarheit schaffen und ganzheitlich werden, das heißt, eine Integration zwischen Körper (den verschiedenen Organen im Körper), Emotionen (den verschiedenen Selbsten in uns), Geist (die verschiedenen Gedanken- und Theoriekonzepte) und unsere Spiritualität herbeiführen.
Die folgenden Heilübungen sind Beispiele aus einer großen Anzahl von Möglichkeiten.

■ Übung: Ärger
Wir nehmen unsere Meditationshaltung ein und entspannen uns. Wir wissen, daß wir uns unseren eigenen Ärger, den uns jemand eingebrockt hat, anschauen werden und bereiten uns innerlich darauf vor. Dann visualisieren wir uns in einer grünen Wolke und fühlen, wie uns die grünen Farbschwingungen beruhigen und noch mehr entspannen. Wir lassen dann all das von innen hochkommen, worüber wir uns im Laufe der Zeit geärgert haben und worüber wir noch immer mit Ärger erfüllt sind. Es kann sich

hierbei um Personen, aber auch um Umstände handeln. Wir erleben eine Situation nach der anderen, es tauchen nicht alle gleichzeitig auf einmal auf! Wir bleiben sicher und ruhig in unserer grünen Wolke, die Personen oder Umstände befinden sich während des ganzen Prozesses außerhalb dieses Schutzschildes.

Unter dem Schutz der grünen Wolke schauen wir uns die Situation, die uns Ärger bereitet hat, noch einmal an. Dann versuchen wir, ganz neutral die andere Position und die Umstände des anderen zu sehen. Wenn wir durch diese Übung eine tiefere Einsicht in die Handlungsweise der anderen Person nehmen können, löst sich der Ärger in der Regel schon von alleine auf.

Wenn wir aber herausfinden, daß die andere Person (oder Personen) aus reinem Eigennutz, oder um uns eins auszuwischen, gehandelt hat, wird sich unser Ärger in der Regel selbst in der Übung noch steigern.

Wir lassen unseren Ärger zu und versuchen, ihn zu ergründen. Warum ärgern wir uns so? Was steckt dahinter? Was sind unsere tieferliegenden Gefühle?

Wenn wir das erfahren haben, schauen wir uns die Situation etwas neutraler an und können dann sehen, daß wir durch den Ärger mit der anderen Person auf einer tiefen Ebene verbunden sind. Durch die Handlung (oder Worte etc.) der anderen Personen wurden Energien in unsere Richtung geschickt, und wir haben uns darüber so sehr geärgert, daß diese Energien immer noch in uns stecken. Das heißt im Klartext, daß die andere Person indirekt - eigentlich aber ganz direkt - eine Form von Kontrolle über uns ausübt. Wir erlauben es der Person, daß sie uns ärgern kann, erlauben ihr Macht über uns.

Wenn wir das erkannt haben, schneiden wir symbolisch diese uns verbindenden Energien ab und schicken sie von uns weg. Wir wollen diese Form von Energiekontrolle nicht mehr.

Wir schicken die Energien von uns weg, aber nicht zu der betroffenen Person zurück! Das ist sehr, sehr wichtig. Wenn wir sie zu

der Person zurückschicken, übernehmen wir energetisch die Verantwortung für diese Energien, die wir nicht mehr wollen. Diese Verantwortung wollen wir jedoch nicht übernehmen. Wir übernehmen nur die Verantwortung für uns selbst, das heißt, wir setzen uns von fremden Energien frei.
Nach der Übung verbleiben wir noch in unserem Bewußtseinszustand, vielleicht erhalten wir Informationen darüber, warum wir uns über bestimmte Sachen ärgern und was das mit uns selbst zu tun hat.

■ Übung: Enttäuschung

Wir nehmen wieder unsere Meditationshaltung ein und entspannen uns. Dann visualisieren wir uns in einer rosa Farbwolke, die uns schützt und das Herz-Chakra öffnet. Wir visualisieren uns dann am Strand. Die Sonne scheint, der Strand ist wunderschön, die Luft ist klar, wir können die Möwen hören. Wir wandern lange am Sandstrand entlang und nehmen diese Atmosphäre in uns auf. Dann setzen wir uns nieder und beobachten die Steine, die ein wenig weiter weg liegen und betrachten den Unterschied zwischen dem Sand und den Steinen, und wie das Meer über die Steine spült und immer wieder einige davon mitnimmt.
Wenn wir ganz entspannt sind, öffnen wir uns den Personen und Situationen in unserem Leben, die uns sehr enttäuscht haben, und von denen wir immer noch sehr beeinflußt sind. Auch hier gilt, wir befassen uns mit einer Person nach der anderen, nicht mit allen Personen und Situationen gleichzeitig. Alle diese Personen sind außerhalb unseres rosa Schutzschildes.
Wir versuchen zuerst die Handlungsweise der Person zu verstehen, bei einigen wird dies möglich sein, und unsere Enttäuschung wird dann sofort verschwinden. Wir sind sogar in der Lage, über unsere eigene Reaktion zu lachen. Bei anderen wird der Schmerz größer und tiefer werden. Wir halten den Schmerz aus, nehmen

ihn an, soweit wir können. Wir nehmen dann vom Strand einige Steine auf, die den Schmerz oder die Personen verkörpern, die uns die Enttäuschungen zugefügt haben. Die Steine stehen als Symbol für unsere versteinerten tiefen Gefühle, die mit der Enttäuschung zusammenhängen. Je mehr wir unseren eigenen Schmerz annehmen können, desto weicher und poröser werden die Steine. Wenn Tränen über die uns zugefügten Enttäuschungen hochkommen, lassen wir sie kommen. Und wir fühlen, wie mit jeder geweinten Träne die Steine in unserer Hand weicher werden. Wir legen dann die Steine auf den Strand zurück und verfolgen, wie sie von dem Wasser, nun da sie sehr viel weicher, leichter und durchlässiger sind, mitgenommen werden und auf den Wellen tanzen, bis sie langsam nach unten sinken.
Wir bleiben wieder für eine Weile in diesem Bewußtseinszustand und lassen die gemachten Erfahrungen auf uns wirken, bevor wir in unser Alltagsbewußtsein zurückkehren.
Alle Übungen sollten wiederholt werden. Will man ein Problem angehen, konzentriert man sich am besten auf eine Übung, nicht auf viele zur gleichen Zeit. Das verwässert die Erfahrung nur und führt außerdem zu einer Form von Erleben, anstatt die Inhalte zu erfahren. Qualität ist hier das Ziel, nicht Quantität.

■ Übung: Schuldgefühle
Schuldgefühle sind ein weitverbreites Phänomen in unserer Gesellschaft. Sie sind zum Großteil Überbleibsel der kirchlichen Institutionen, die die Verbreitung der christlichen Lehre mit Gut und Böse, Himmel und Hölle durchgesetzt haben. Wer Sünden begeht, wird dafür bestraft werden. Obwohl sich das Konzept in der modernen, oft atheistischen Gesellschaft aufgelöst hat, sind doch die Grundfesten des Sühne- und Strafgedankens bei uns allen und in der Gesellschaft hängengeblieben. Unser Strafsystem arbeitet damit. Wer gegen das Gesetz verstößt, wird mit Geldstra-

fen oder Gefängnis bestraft. Kinder werden von den Eltern und in der Schule bestraft. Ohne ein Strafsystem ist den meisten Menschen eine Gesellschaft nicht vorstellbar.

Schuldgefühle sind jedoch grundsätzlich reine Zeitverschwendung. Es geht darum, zu verstehen, warum wir etwas getan haben, das entweder Unrecht war oder anderen Schmerzen zugefügt hat. Wir müssen zugefügten Schaden auf jeden Fall wiedergutmachen. Wenn wir jedoch die tiefere Ursache unserer Handlung verstanden haben, haben wir auch die Möglichkeit, diese Art von Handlung in Zukunft zu vermeiden. Die folgende Übung soll dabei helfen.

Wir nehmen unsere Meditationshaltung ein und entspannen uns. Dann visualisieren wir uns in einer blauen Wolke. Blau ist die Farbe der Heiler, des Heilens. Wir wissen, daß wir uns mit unseren eigenen Schuldgefühlen beschäftigen, und bereiten uns innerlich darauf vor, dies anzunehmen.

Wir stehen vor einem Berg, der nicht zu hoch und zu steil ist, auf den wir mit Anstrengung, aber nicht zuviel Belastung steigen können. Wir befinden uns vor dem Berg in unserer Übungshaltung und wissen, daß wir dort hinaufgehen werden, wenn wir unser Problem der Schuldgefühle innerlich ausgeräumt haben. Wir entspannen uns und lassen ein Symbol für unsere Schuldgefühle hochkommen. Das Symbol setzen wir auf die Spitze des Berges. Wir wollen mit dem Symbol eins werden, es nicht mehr von uns separieren. Durch das Einswerden mit dem Symbol werden wir in der Lage sein, die Schuldgefühle loszulassen.

Bevor wir jedoch damit beginnen, den Berg hinaufzusteigen, lassen wir alle diejenigen, denen gegenüber wir uns schuldig fühlen, rechts und links vom Weg auftauchen. Dabei kann es sich um Menschen handeln, aber auch um Situationen, in denen wir uns schuldig fühlten, oder um eigene, uns schon bewußte oder noch unbewußte Gedanken oder Gefühle. Wir hören uns und jeder einzelnen Person genau zu, um zu erfahren, warum wir die

Schuldgefühle entwickelt haben. Wenn wir jemanden verletzt haben, entschuldigen wir uns und versprechen uns selbst, in Zukunft besser aufzupassen und fairer zu sein. Denjenigen, die bei uns Schuldgefühle verursachen, sagen wir, nachdem wir ihnen genau zugehört haben: »Ich habe Dir jetzt Zeit gegeben, habe genau zugehört, habe versucht, Dich zu verstehen, ich bin geduldig gewesen und wo ich Dir Schmerzen verursacht habe, bitte ich um Entschuldigung. Ich werde mein Bestes tun, mich in zukünftigen Situationen anders zu verhalten. Ich übernehme von jetzt an die Verantwortung für mein eigenes Handeln. Die Schuldgefühle binden mich nicht mehr an Dich, ich bin Dir trotzdem noch sehr verbunden, aber nicht mehr durch Schuldgefühle.«
Wenn Sie sich dann von den Schuldgefühlen freigemacht haben, beginnen Sie den Berg zu besteigen. Sie werden oben ankommen und mit dem Symbol eins werden.

■ Übung: Angst

Wir nehmen unsere Meditationshaltung ein und entspannen uns. Wenn wir ganz entspannt sind, visualisieren wir einen Garten vor uns. Es handelt sich um unseren eigenen Garten. Wir gehen in den Garten hinein und schauen uns um, wie der Garten befestigt ist. Liegt er ohne Begrenzung mitten in der Landschaft oder ist er eingezäunt? Wenn er begrenzt ist, wie sieht diese Begrenzung aus? Handelt es sich vielleicht um eine Mauer? Wie hoch ist dann die Mauer? Wie sind Sie überhaupt in den Garten hineingekommen? Wie sieht die Türe aus?
Betrachten Sie alles ganz genau. Wenn Sie in dem Garten sind, gehen Sie langsam immer tiefer hinein. Betrachten Sie Ihren Garten ganz genau. Welche Blumen mit welchen Farben gibt es da? Welche Bäume? Sie nehmen sich alle Zeit, die Sie benötigen, um sich den Garten genau anzuschauen. Sie finden dann Ihre Lieblingsblume oder Ihren Lieblingsbaum und setzen sich dane-

ben oder darunter. Hören Sie die Vögel singen, und nehmen Sie den Geruch des Gartens wahr? Sie fühlen sich hier zu Hause, beschützt und aufgehoben.

Sie wissen, daß das Thema jetzt Ihre eigene Angst ist. Sie haben aber in Ihrem eigenen Garten Ihr Zuhause gefunden und nichts kann Sie hier bedrohen.

Sie nehmen jetzt wahr, daß draußen vor dem Garten, außerhalb Ihres Schutzbereiches, gearbeitet wird. Wenn Sie von Ihrem Platz aus nichts sehen können, stehen Sie auf und stellen sich so hin, daß Sie wahrnehmen können, was da draußen passiert. Sie sehen, das dort eine Bühne aufgebaut wird. Wenn die Bühne fertig ist, wissen Sie, daß diese Bühne nun Ihnen zur Verfügung steht.

Sie rufen nun nacheinander Personen oder Situationen, vor denen Sie Angst haben, auf diese Bühne. Sie unterhalten sich mit der ersten Person oder Situation und teilen mit, warum Sie Angst haben. Hören Sie Ihrem Gegenüber zu, wie es von der anderen Seite wahrgenommen wird. Sie sind immer noch geschützt in Ihrem Garten, niemand kann sie dort belästigen. Die Gefahr kann nicht von außen in den Garten kommen, sie kann nur von innen hochkommen. Wenn das so ist, haben Sie mit der inneren Angst und nicht mit der äußeren Angst zu kämpfen. Dann steht die innere Angst symbolisch für eine bestimmte andere Erfahrung.

Zunächst beschäftigen wir uns mit der äußeren Angst außerhalb der Mauer. Wenn wir uns ausgesprochen und der Situation/Person draußen zugehört haben, verstehen wir entweder die Situation von innen und sie löst sich automatisch auf, oder wir müssen uns von der Situation bewußt lösen. Wir erklären dem äußeren Bild, daß wir von nun an unseren eigenen unabhängigen Weg gehen, daß wir die Angst nicht mehr benötigen, und daß wir sie deshalb gehen lassen. Wir bedanken uns für die Erfahrung, die wir durch sie machen durften und den damit zusammenhängenden Lernprozeß, geleiten die Person/Situation von der Bühne und sehen sie im Dunkeln verschwinden.

Wenn wir feststellen, daß die Ängste tiefsitzende, innere Ängste sind, lehnen wir uns an unseren Baum oder unsere Blume zur Unterstützung an, sodaß uns der Rücken gestärkt wird, und lassen die Angst soweit wie möglich zu. Wenn es uns zuviel wird, lassen wir die Angst los, beziehen uns wieder auf den Garten und stellen unser Gefühl von Ruhe und Geborgenheit wieder her.

Wir beenden die Übung nur dann, wenn wir das Gefühl von Geborgenheit in unserem Garten wieder erreicht haben. Wir bleiben danach noch für eine Weile in dem meditativen Bewußtseinszustand und nehmen das neu Erfahrene tief in uns auf, bevor wir zu unserem Alltagsbewußtseinszustand zurückkehren.

Die Übung sollte regelmäßig und öfter wiederholt werden, besonders dann, wenn wir wieder Situationen erleben, die in uns Angst auslösen.

■ **Übung: Blockaden/Begrenzungen**

Wir nehmen unsere Meditationshaltung ein und entspannen uns. Wir hüllen uns dann in eine Farbwolke nach eigenem Belieben.

Rote Farbwolken unterstützen die Auflösung von Blockaden im Bereich des Handelns, der Aktivität.

Orangene Farbwolken unterstützen die Auflösung von Blockaden im Stimmungsbereich mangelnde Lebensfreude, Niedergedrücktsein.

Gelbe Farbwolken unterstützen die Auflösung von intellektuellen Blockaden, von alten Denkkonzepten.

Grüne Farbwolken unterstützen Harmonie und Ausgeglichenheit, sie helfen bei der Beseitigung von Nervosität und Unruhe, bei mangelndem Vertrauen zu sich und seiner Umwelt.

Blaue Farbwolken unterstützen die Auflösung von festgefahrenen Verhaltensmustern und religiösen Blockaden.

Violette Farbwolken helfen bei der Auflösung von spirituellen Blockaden.

Die Farbe, bei der es uns am schwersten fällt, uns darin einzuhüllen, ist in der Regel die Farbe, bei der wir die meisten Blockaden und Hindernisse haben. Wenn wir aber eine Farbe völlig ablehnen, hat es wenig Sinn, mit dieser Farbe zu beginnen. Wenn möglich beginnen wir dann mit der jeweiligen Komplementärfarbe oder mit der Farbe, die der von uns abgelehnten Farbe am nächsten steht. Wenn wir kein Gelb mögen, beginnen wir entweder mit Orange oder Grün oder mit der Komplementärfarbe Violett; wenn wir kein Blau mögen, beginnen wir mit Grün oder Violett.

Wir hüllen uns nun in die uns gewünschte Farbwolke. Dann sehen wir einen Korridor vor uns, den wir entlanggehen. Auf diesem Korridor befinden sich rechts und links Türen. Jede Türe hat eine Aufschrift mit der Angabe, was sich hinter ihr befindet. Es handelt sich um alle möglichen Gefühle. Wir gehen den Korridor entlang und finden dann eine Tür mit der Aufschrift »Begrenzungen, Einschränkungen«. Wir öffnen die Tür und finden in dem dahinterliegenden Raum all die Menschen, von denen wir uns behindert beziehungsweise eingegrenzt fühlen oder gefühlt haben. Wir setzen uns mit jedem einzelnen auseinander und erklären den Personen, daß wir jetzt die Verantwortung für uns selbst übernehmen und uns nicht mehr von anderen eingrenzen lassen. Wir bedanken uns aber bei ihnen für all die positive Unterstützung, die sie uns gegeben haben.

Wir hören dann aus der Ferne einen Zug kommen, der jetzt in unseren Raum einfährt. Auf den setzen wir jede einzelne der Personen, aber erst nachdem wir mit ihnen gesprochen haben. Der Zug fährt dahin, wo jede einzelne dieser Personen hinfahren will. Er hält immer da, wo eine Person aussteigen will. Wir brauchen uns also um das Ziel der anderen keine Gedanken zu machen. Wenn sich alle Personen auf dem Zug befinden, pfeifen wir dem Lokomotivführer, daß er abfahren kann. Wir befinden uns dann alleine in dem Raum. Wir nehmen uns gründlich Zeit, uns um-

zuschauen. Dann beginnen wir, unseren Raum auszudehnen, nach oben, rechts und links. Wir strecken einfach die Arme aus und dehnen ihn aus. Er wird so groß, wie wir ihn haben wollen. Daraufhin dekorieren wir den Raum so, wie wir ihn haben wollen. Wir bleiben anschließend noch eine Weile in dem meditativen Bewußtseinsstand sitzen, bevor wir wieder in unser Alltagsbewußtsein zurückkehren.
Dieser Raum wird in Zukunft unser Zufluchtsort sein, und zwar immer dann, wenn wir von irgendwoher Begrenzungen erfahren. Wir können gedanklich immer zu diesem Raum zurückkehren, um dort »aufzutanken« und das Vertrauen zu unseren Fähigkeiten zu bestärken.

■ Übung: Ich akzeptiere
Die folgende Übung brachte ein Patient der Krebsklinik aus Bristol mit in meine Meditationsklassen. Sie wurde von allen Teilnehmern mit Begeisterung aufgenommen und immer wieder gewünscht.
Ich akzeptiere.
Ich akzeptiere ohne Vorbehalte
meinen Körper,
Zeit und Ort meiner Geburt,
meine Kindheit,
meine Rasse,
meine Hautfarbe,
mein Geschlecht,
mein Alter.
Ich akzeptiere ohne irgendeinen Widerstand
die Ganzheit meines Körpers:
die Haare, ihre Farbe,
die Augen, ihre Form,
die Form der Nase,

die Lippen,
das Kinn,
die Wangen.
Ich akzeptiere vollständig
meinen Körper mit all seinen Begrenzungen
bezüglich der Länge,
des Gesundheitszustandes und
seiner weiteren Schwächen und Stärken.
Ich akzeptiere
meine Sinne, wie sie sind,
meinen Verstand und
meine Gefühle mit all den Gefühlsschwankungen,
mein Wissen sowie meinen Mangel an Wissen.
Ich akzeptiere ohne Reue
meine Erinnerungen als Erinnerungen.
Ich sehe mich selbst als bewußtes Wesen
und akzeptiere meine gesamte Vergangenheit
sowie die Gegenwart
und meine Fähigkeit, die Zukunft zu formen.
Ich akzeptiere und schätze mich, so wie ich bin,
und unternehme alles, was ich kann,
mich zu ändern,
zu verbessern,
zu vervollständigen.
Weitere Vorschläge, um sich mit den eigenen, tiefen Gefühlen auseinanderzusetzen, sind die schon besprochenen Übungen mit dem Kreis, dem Dreieck, dem Quadrat und der Sonne.

Übungen für bestimmte Situationen

Aktuelle Übungen sind anzuwenden, wenn man in einer direkten Situation schnell »Hilfe« braucht beziehungsweise anders handeln will, als man normalerweise handelt. Jemand, der mit Heilübungen erfahren und geübt ist, braucht sich oft nur bestimmte Übungserfahrungen ins Bewußtsein zu rufen, um diese meditative Haltung wiederherzustellen, sodaß er seine Handlungsweise verändern kann. Das gelingt aber nicht immer und die unten aufgeführten Übungen helfen oft in schwierigen Situationen.

■ Übung: Wasserglas

Wir visualisieren ein mit Sprudel gefülltes Wasserglas vor uns und beobachten die Wasserblasen, wie sie auf der Oberfläche zerplatzen. Dann nehmen wir dieses Wasserglas in unser Herz-Chakra. Die Wasserblasen in dem Glas symbolisieren alle unsere Sorgen, Ängste und Unsicherheiten. Wir versuchen, jeder einzelnen Wasserblase, bevor sie an die Oberfläche kommt, einen Namen zu geben, das heißt, sie repräsentiert dabei eines unserer Probleme. Wenn sie nach oben kommt, zerplatzt die Wasserblase und damit zerplatzt auch unser Problem.

Wir lassen alle Wasserblasen, die sich in dem Glas befinden, nach oben schweben. Manche kommen schneller nach oben, bei anderen dauert es länger. Manche stecken unten im Wasserglas und wir benötigen viel Geduld und Vertrauen.

Diese Übung kann besonders in schwierigen Zeiten täglich morgens vor Arbeitsbeginn oder abends nach getaner Arbeit durchgeführt werden.

Je öfter wir diese Übung durchführen, desto vertrauter werden wir mit der Übung und mit ihrem Erfolg, sodaß wir dann eines Tages in der Lage sein werden, diese Übung direkt und unmittelbar in schwierigen Situationen anzuwenden.

■ **Übung: Kontakt mit der magnetischen Energie der Erde**
Wir nehmen unsere Meditationshaltung ein und entspannen uns. Dann visualisieren wir von unserem Nabel ausgehend eine Verbindung zur Erdmitte. Wir nehmen dann die magnetische Erdenergie durch diese Verbindung auf und bringen sie in unsere Aura. Lassen Sie diese Energien langsam hochkommen und beobachten Sie die Hindernisse. Zwingen Sie die Energie nicht über diese Hindernisse. Gehen Sie, so oft Sie wollen, zur Erdmitte zurück und holen Sie neue Energie, tanken Sie sich dort auf. Diese Übung erdet uns und gibt uns sowohl die Kraft, ruhig zu bleiben, als auch die Fähigkeit, in schwierigen Situationen ruhig und trotzdem aktiv zu handeln.

■ **Übung: Visuelle Farbenstraße**
Wir nehmen unsere Meditationshaltung ein und entspannen uns. Wir visualisieren uns in einer Farbwolke. Die Farbe entspricht der Situation, in der wir uns befinden und aus der wir uns fort- und herausbewegen wollen:

- Rot, wenn wir Schwierigkeiten haben zu handeln, aktiv auf ein Problem zu reagieren.
- Orange, wenn wir uns insgesamt kraftlos fühlen, erschöpft und lustlos und am liebsten alles stehen- und liegenlassen wollen.
- Gelb, wenn es sich um intellektuelle Blockaden handelt, wenn wir uns etwas geistig nicht zutrauen.
- Grün, wenn wir uns beruhigen müssen, wenn wir vor Aufregung völlig falsch reagieren. Grün unterstützt das Vertrauen, besonders Türkis gibt Selbstvertrauen und Schutz.
- Blau, wenn wir etwas in uns heilen, in uns integrieren wollen; aber auch, wenn wir kühl und distanziert bleiben müssen.
- Violett, wenn wir tiefe innere Blockaden überwinden müssen, wenn wir uns spirituellen Erkenntnissen öffnen wollen.

- Gold, wenn wir uns vor Angriffen anderer schützen und diesen aus dem Weg gehen wollen, aber auch, wenn wir unsere eigenen inneren Hindernisse annehmen und akzeptieren lernen wollen.
- Rosa, wenn wir uns öffnen und mit unserem Herz arbeiten wollen.

Wir entscheiden uns für die zutreffende Farbe und hüllen uns damit ein, umgeben uns mit dieser Farbwolke. Dann öffnen wir die Farbwolke nach vorne und visualisieren, wie wir auf ihr entlang geradeaus nach vorne gehen. Wir nehmen die Hindernisse rechts und links wahr, setzen uns aber nicht mit ihnen auseinander, sondern gehen geradeaus weiter nach vorne.
Diese Übung ist sehr hilfreich und direkt anzuwenden, wenn man sich in schwierigen Situationen befindet. Die einen brausen schnell auf und wählen deshalb Grün; die anderen verkriechen sich und wählen deshalb Orange; die anderen trauen sich nie etwas zu, sie wählen dann Rot, Orange oder Gelb. Rot wird genommen, wenn sich das mangelnde Selbstvertrauen auf die Handlungsebene beschränkt, Orange, wenn es sich um Gefühlsprobleme handelt, und Gelb, wenn man sich intellektuell für unfähig hält, auf die Situation zu reagieren.

■ **Übung: Unerwartete Türen**
Bei den folgenden Übungen handelt es sich um Affirmationen, die bei längerer Anwendung wie Mantras wirken. Sie sollten häufig wiederholt werden und sind besonders in schwierigen Situationen sehr hilfreich. Die aufgeführten Beispiele sind nur eine kleine Auswahl aus ungeheuren Möglichkeiten. Sie können ihre eigenen Affirmationen entwickeln. Achten Sie aber dabei auf den Zeitfaktor. Sagen Sie nie: »Ich werde ...« Damit verschieben Sie die Entwicklung in eine unbestimmte Zukunft. Bei jeder Formulierung muß es sich um das Hier und Jetzt handeln.

■ **Übung: Verschlossene Türen**
Verschlossene Türen öffnen sich, und unerwartete Wege zeigen sich, damit ich den für mich richtigen Weg finden und gehen kann.

■ **Übung: Alle Wege sind offen**
Alle Wege sind offen, alle Türen öffnen sich für mich, und ich habe Zugang zu allem Reichtum, den ich für meinen Lebensweg benötige.
Achtung: bei dem Begriff Reichtum handelt es sich hier um den inneren Reichtum. Wenn wir um den äußeren, materiellen Reichtum bitten, müssen wir auch bereit sein, die Konsequenzen zu tragen.
Eine Meditationsteilnehmerin visualisierte immer ihr neues, zukünftiges Haus. Schließlich fand sie genau das visualisierte Haus und kaufte es sehr schnell. Drei Monate später fiel die Treppe zusammen: Holzwürmer. Und nach sechs Monaten kam eine Decke herunter: Holzwürmer.
Wir können immer nur einen kleinen Teil des Ganzen sehen. Deshalb ist in dem Wunsch nach äußeren Reichtum immer auch gleich die Begrenzung enthalten.
Wenn wir statt dessen nur mit freien Wegen und innerem Reichtum arbeiten und dabei auch äußeren Reichtum ernten, ist das in Ordnung. Der äußere Reichtum wird dann für uns eine andere Bedeutung haben, und wir können deshalb mit den Konsequenzen auch anders umgehen.

■ **Übung: Verbindung zu Gold**
Ich verbinde mich mit dem goldenen Strom der unendlichen Liebe und des unendlichen Schutzes. Er wird mich auf allen Wegen beschützen und unterstützend begleiten.

■ **Übung: Loslassen alter Lebensmuster**
Ich lasse jetzt alte überfälligen Lebenswerte los, sodaß sich neue, für mich richtige Bedingungen entwickeln können.

■ **Übung: Beziehung zu Hindernissen**
Ich nehme alle Hindernisse in meinem Leben an, befreunde mich mit ihnen und erkenne sie als Anreiz zur Weiterentwicklung und Förderung meines Potentials.

■ **Übung: Die Schere**
Ich nehme eine symbolische Schere und schneide alle Energien, die nicht durch mich selbst verursacht werden, ab und schicke diese Energien dorthin, wo sie herkommen.
Wählen Sie von den hier angegebenen aktuellen Heilübungen zunächst diejenigen aus, die ihnen am leichtesten fallen. Es hat, wie schon in einem anderen Zusammenhang besprochen, wenig Sinn, etwas auszuführen, an das man tief innen doch nicht glaubt, da Zweifel die Wirkung nehmen.

Übungen zur inneren Stärkung und Gestaltung der Zukunft

Bei den vorherigen Übungen haben wir die Grundlagen geschaffen, um uns jetzt mit Heilübungen zu beschäftigen, die Einfluß auf unsere Alltags- und Zukunftsgestaltung haben können. Wir beginnen am besten damit, uns auf einen verlorenen Gegenstand zu konzentrieren, damit wir ihn nach einiger Zeit der Übung auch wiederfinden. Danach versuchen wir, einen Parkplatz in der Innenstadt zu finden. Wir bereiten uns auf das Finden des Parkplatzes innerlich vor und visualisieren einen Parkplatz. Nach einigem Üben wird es uns möglich sein, den gewünschten Parkplatz auch zu finden. Eine weitere Vorübung besteht darin, uns von einem Freund, den wir lange nicht mehr gesehen haben, anrufen oder schreiben zu lassen. Wir senden die Ideen ins Universum und erwarten eine Reaktion. Wichtig ist, daß wir dabei dem Freund die Möglichkeit einräumen, daß er sich nicht bei uns melden will.

Mit diesen Übungen kann sehr viel manipuliert werden, vor allem mit weniger bewußten Menschen. Visualisieren Sie, was Sie sich wünschen, und halten Sie das Bild solange wie möglich. Achten Sie aber darauf, daß Sie niemanden mit Ihren Wünschen manipulieren! Diese Übungen müssen regelmäßig durchgeführt werden. Solange Sie in der Anwendung noch unerfahren sind und außerdem noch keinen sicheren Glauben an die Wirksamkeit haben, werden keine Wunder geschehen.

■ Übung: Die Insel

Wir nehmen unsere Meditationshaltung ein und entspannen uns. Dann konzentrieren wir uns auf ein Ziel, welches wir gerne erreichen möchten. Wenn wir das Ziel gefunden haben, lassen wir es los und dafür ein Symbol hochkommen. Dieses Symbol sehen wir jetzt auf einer Insel im Meer. Um das Symbol zu erreichen, um also unser Ziel zu erreichen, müssen wir zu dieser Insel schwimmen. Wir stehen am Strand und überlegen uns, wie wir am besten, und ohne zu ertrinken, zu der Insel gelangen. Dann sehen wir im Wasser rechts und links alle Hindernisse auftauchen, die uns an der Verwirklichung unseres Zieles hindern. Wir betrachten uns jedes einzelne Hindernis gründlich und hören zu, was das Hindernis uns darüber zu sagen hat, warum wir unser Ziel nicht erreichen werden.

Nachdem wir genau zugehört haben, sagen wir jedem einzelnen Hindernis, daß wir ihm jetzt zugehört und unsere Zeit zur Verfügung gestellt haben. Wir haben Geduld aufgebracht, haben versucht, uns in seine Begründung hineinzudenken. Wir danken ihm dafür, daß es sich uns so zuwendet. Jetzt ist es aber an der Zeit, daß wir eigenverantwortlich unsere eigenen Wege gehen, und genau das werden wir jetzt tun.

Nachdem wir dies allen Hindernissen gesagt haben, gehen wir ins Wasser und schwimmen ruhig und sicher auf die Insel.

Wenn wir dort angekommen sind, bleiben wir noch eine Weile auf der Insel, betrachten unsere Erfahrung und das, was wir davon mitgenommen und gelernt haben.

Anstelle der Insel kann auch ein Berg gewählt werden, auf dessen Spitze das Symbol steht, das wir durch Besteigen des Berges erreichen wollen.

■ Übung: Eigenschaften

Bevor wir mit der Übung beginnen, denken wir über eine Eigenschaft nach, die wir gerne erlangen möchten. Die aufgeführten Beispiele sind nur wieder eine Auswahl aus den unbegrenzten Möglichkeiten. Wenn wir eine Eigenschaft gewählt haben, können wir diese aufschreiben und darüber meditieren, warum wir uns diese Eigenschaft wünschen, was daran erstrebenswert ist, in welchen Bereichen wir sie anwenden möchten und so weiter.

Wenn wir diese Übung häufiger durchführen, werden wir wie beim Mantra in die Schwingungen und tiefere Bedeutung der Eigenschaften eindringen und uns deren Qualitäten aneignen. Die Namen der Eigenschaften können auch als Mantra benutzt werden.

Beispiele für Eigenschaften wären: Stärke, Weisheit, Verständnis, Wärme, Klarheit, Intelligenz, Kreativität, Ernsthaftigkeit, Mitgefühl.

■ **Übung: Das Glücksrad**
Notieren Sie sich die folgenden Bereiche aus Ihren persönlichen Lebensverhältnissen:

- Beruf
- Einkommen
- Lebensstil
- Lebensqualität
- Beziehungen
- Kreative Möglichkeiten
- Freizeit
- Reisen
- Persönliches Wachstum

Wählen Sie aus diesen Kategorien zwei Bereiche aus, in denen Sie besonders gerne vorankommen möchten. Schreiben Sie dann in jedem Lebensbereich auf, was Sie gerne ändern möchten, und wie diese Änderung aussehen soll.
Wir stellen uns einen Kreis vor oder malen ihn auf. Wir teilen ihn in zwei Hälften. Die eine Hälfte symbolisiert einen Bereich unseres Lebens, während die andere Hälfte einen anderen Bereich darstellt. Es kann sich dabei um unseren privaten Bereich handeln, den beruflichen, unsere Beziehungen im engeren und weiteren Sinne, wie und wo wir leben, unsere Gesundheit und so weiter. Wir schreiben dann in die jeweilige Hälfte des Kreises hinein, was sie darstellt. Dann nehmen wir unsere Meditationshaltung ein und meditieren darüber, wie und womit wir diese Bereiche gerne ausgefüllt hätten. Wir brauchen dazu viel Zeit und Geduld. Es ist wieder nicht eine Frage der Quantität, sondern der Qualität.
Wir schreiben nun unsere Ziele in die jeweiligen Kreishälften. Wir visualisieren dann täglich diese Ziele, lassen danach aber gedanklich davon los. Wünsche erfüllen sich von selbst. Ein zwanghaftes Festhalten bringt nur alle negativen Seiten zur Geltung.

Wenn wir anstatt mit Worten mit Symbolen arbeiten, die unser Ziel darstellen, lassen wir uns auf die Inhalte, die die Symbole verkörpern, ein.

■ **Übung: Rosa Luftblasen**
Wir nehmen unsere Meditationshaltung ein, entspannen und konzentrieren uns auf drei Dinge, die wir gerne erreichen möchten, drei unmittelbare Ziele unseres Lebens.
Wir konzentrieren uns auf das erste Ziel und umgeben es mit einer rosa Luftblase, setzen es in die Mitte der rosa Luftblase, umhüllen es mit Rosa. Wenn wir für das Ziel ein Symbol finden, setzen wir das Symbol in die rosa Luftblase. Dann lassen wir die rosa Luftblase wie einen Ballon in die Luft steigen. Dasselbe machen wir nacheinander mit den anderen beiden Zielen.
Rosa ist die Farbe des Herz-Chakras, aber auch die Farbe der göttlichen Liebe. Wenn die Blasen in der Luft verschwinden, verfolgen wir ihren Weg, sehen sie aufsteigen und immer weiter in die Unendlichkeit hinaufsteigen.
(Zum Begriff »Chakra« siehe auch den Abschnitt »Chakrenmeditationen«.)
Diese Übung kann täglich wiederholt werden. Nach Abschluß der Übung sollte man sich allerdings wieder dem Alltag zuwenden und loslassen, nicht mit allen Gedanken und Wünschen an diesen Luftblasen hängen.
Materielle Wünsche hat man mit großer Vorsicht anzugehen. In der Regel gehen auch die ungelösten Probleme mit in die Realisierung jedes äußeren Wunsches ein, das heißt, das gewünschte Auto beispielsweise kann zum Bumerang werden, wie wir es oben an dem Beispiel des Hauses mit den Holzwürmern gesehen haben. Je mehr innere Klarheit wir haben, desto klarer werden wir auch an die Erfüllung äußerer Wünsche meditativ herangehen.

Heilübungen zur inneren Klarheit

Folgende Übungen helfen, den Weg zur inneren Klarheit in schwierigen Situationen zu finden.

■ Übung: Lichtmeditation

Wir zünden eine Kerze an, stellen diese vor uns hin und nehmen unsere Meditationshaltung ein. Dann ziehen wir das Licht der Kerze visuell durch unser drittes Auge in den Körper ein und »leuchten« damit den Körper aus.

Immer, wenn wir nicht mehr genug Licht haben, gehen wir zur Kerze, sozusagen zu unserem Energiespender, zurück und nehmen wieder neues Licht in den Körper auf. Wir erhellen beziehungsweise »beleuchten« den ganzen Körper von innen, vom Kopf bis zu den Zehen.

■ Übung: Die Pyramide

Wir nehmen unsere Meditationshaltung ein und visualisieren eine Pyramide vor uns. Wir betrachten die Umgebung der Pyramide ganz genau. Danach finden wir einen Eingang. Wir erkunden die Pyramide gründlich von innen, bevor wir uns genau in die Mitte unter die Spitze setzen, legen oder stellen. Wir lassen die energetischen Schwingungen der Pyramide auf uns wirken bevor wir eine Frage zum Problem, das uns gerade beschäftigt, formulieren. Die Antwort kann als Bild kommen, als Satz oder auch als tiefe Einsicht in das Problem.

Wir bedanken uns abschließend bei den Energien der Pyramide. Es kann mehr als nur eine Frage an die Pyramide gestellt werden. Die Fragen müssen aber nacheinander gestellt werden, damit man die Antworten auch auf sich wirken lassen kann. Dadurch werden die Antworten besser und tiefer verstanden.

■ **Übung: Der Kreis**
Wir nehmen unsere Meditationshaltung ein und visualisieren einen Kreis vor uns. Wir betrachten den Kreis ganz genau: die Farbe, Struktur, Material und ebenso Ort des Kreises. Dann gehen wir in den Kreis hinein, finden einen Platz, an dem wir uns entspannt niederlassen können, und formulieren eine Frage, die sich auf den augenblicklichen Problemkreis bezieht. Da der Kreis das Symbol für uns selbst ist, wird die Antwort keine generelle sein, sondern eine, die uns Einsicht in das Problem gibt und unseren persönlichen Anteil daran aufzeigt.
Bleiben Sie nach der Übung noch eine Weile in dem Bewußtseinszustand, bevor Sie sich bedanken.

■ **Übung: Weißes Licht**
Wir nehmen unsere Meditationshaltung ein und öffnen visuell unser Scheitel-Chakra. Dann visualisieren wir, wie wir uns an weißes Licht aus dem Kosmos anschließen. Wir holen dieses Licht in unsere Aura hinein und füllen sie damit aus. Zwingen Sie das Licht nicht, in Ihre Aura zu kommen. Wenn es wieder dunkler wird, konzentrieren Sie sich bewußt auf das Scheitel-Chakra und holen Sie wieder neues weißes Licht in die Aura.
Wenn die Aura mit weißem Licht gefüllt ist, versuchen Sie, das Licht auch in den Körper zu bekommen und ihn von innen zu erhellen. Sie werden sich danach völlig leicht und entspannt fühlen und voller Vertrauen zu sich und der Welt sein.
Dann öffnen Sie die Aura nach vorne zu einer klaren weißen Straße, auf der Sie nun entlanggehen. Am Ende der Straße steht Ihr Ziel, das Sie erreichen wollen. Lassen Sie spontan ein Bild zu Ihrem Ziel hochkommen. Der Weg zu Ihrem Ziel ist gerade, ohne Kurven und Hindernisse. Sie gehen diesen Weg einfach langsam entlang. Auf dem Weg zu Ihrem Ziel wird Ihnen klar werden, wozu die Hindernisse rechts und links dienen, was Ihre Aufgabe

ist. Das gibt Ihnen eine tiefere Einsicht in die Gesamtheit des aktuellen Problems, und Sie können es daraufhin neu und anders anpacken.

■ Übung: Der Diamant
Der Diamant ist ein wunderbares Mittel, um innere Klarheit zu erlangen. Wir nehmen wieder unsere Meditationshaltung ein und visualisieren einen Diamanten vor uns. Gehen Sie um ihn herum, betrachten Sie ihn gründlich: das Funkeln des Steines, die gebündelte Energie, die er ausstrahlt, und ähnliches. Danach finden Sie einen Eingang in den Diamanten. Erkunden Sie nach Ihrem Eintritt in den Edelstein die innere Struktur ausgiebig, und finden Sie dann einen Platz, an dem Sie sich vollständig entspannen können. Bleiben Sie dort einfach ruhig und entspannt liegen. Lassen Sie die Energie des Steins auf sich wirken. Sie können natürlich auch wieder eine Frage stellen. Oft werden Fragen im Diamanten schon beantwortet, bevor man sie formuliert hat.
Dieser Edelstein ist sehr kraft- und wirkungsvoll und kann einen großen Einfluß auf uns haben.
Bleiben Sie nach der Übung noch für eine Weile in dem Bewußtseinszustand, und bedanken Sie sich bei dem Diamanten.

■ Übung: Der Bergkristall
Die Übung mit dem Bergkristall ist ähnlich wie die oben beschriebene mit dem Diamanten. Dieser Edelstein ist nicht ganz so machtvoll wie der Diamant, der körperliche Reaktionen auslöst, in die nicht jeder hineinkommen kann.
Der Bergkristall verhilft auch zur inneren Klarheit. Es ist leichter, mit ihm zu meditieren als mit dem Diamanten.

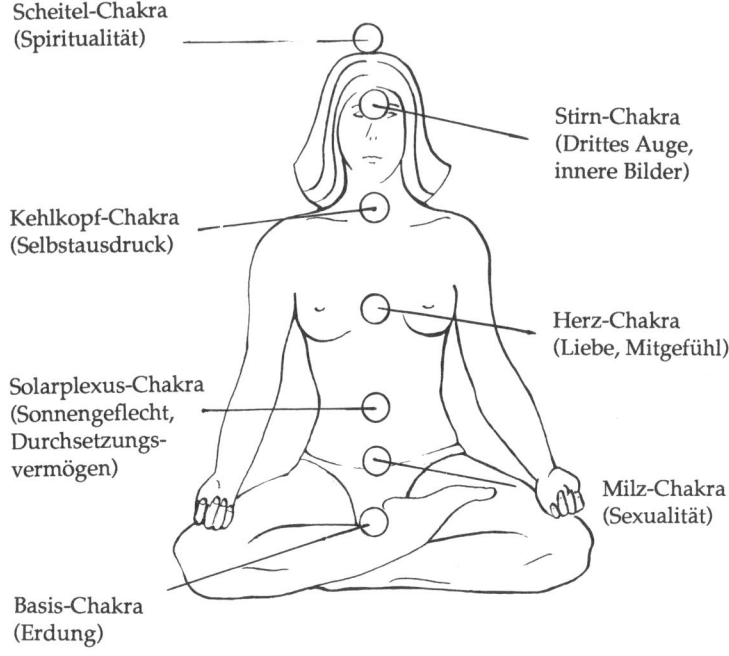

Abb. 38: Die Chakren

Chakrenmeditationen

Die Chakren sind Energiezentren, die sich außerhalb unseres Körpers in der Aura befinden. Sie können noch nicht vollständig von einem materialistischen oder psychologischen Standpunkt her erklärt werden. Die alten indischen Religionen und die Medizin dieser Kulturen arbeiten mit den Chakren schon seit Tausenden von Jahren. Die Chakren hängen mit den feinstofflichen Energien des Körpers zusammen, und sie beeinflussen den Parasympathikus, das autonome Nervensystem und die Hormonsteuerung. Auf diesem Wege tragen die Chakren zur Steuerung des Körpers bei.

Chakra	Farbe	Eigenschaft
Basis-Chakra	Rot	Leben, Tatkraft
Milz-Chakra	Orange	Energie, Freude
Sonnengeflecht (Solarplexus)	Gelb	Intellekt, Wissen
Herz-Chakra	Grün/Rosa	Harmonie, Liebe, Sympathie, Verständnis
Kehlkopf-Chakra	Blau	religiöse Inspiration, Sprache
Stirn-Chakra (Drittes Auge)	Indigo	Intuition
Scheitel-Chakra	Violett	Spiritualität

Das Wort »Chakra« kommt aus dem Sanskrit und bedeutet Kreis, Bewegung und auch Rad. Die Form dieser Energiezentren ist rund und befindet sich außerdem auch in ständiger Bewegung. Sie wurden deshalb Chakren genannt. Abbildung 38 zeigt die Stellen, an denen sich die Chakren in der Aura befinden. Jedem einzelnen dieser sieben Hauptchakren entspricht eine der sieben Regenbogenfarben. Jedes Chakra entspricht außerdem bestimmten Lebensqualitäten beziehungsweise Eigenschaften. Jedes dieser Chakren beeinflußt eine der Hauptdrüsen beziehungsweise ein Organ in unserem Körper.

Chakren	Organe
Basis-Chakra	Geschlechtsorgane, Geschlechtsdrüsen
Milz-Chakra	Milz, Pankreas
Solarplexus	Sonnengeflecht, Nebennieren
Herz-Chakra	Herz, Thymusdrüse
Kehlkopf-Chakra	Schilddrüse
Stirn-Chakra ("drittes Auge")	Zirbeldrüse
Scheitel-Chakra	Hypophyse

Das Basis-Chakra steht für das Leben, die Fortpflanzung, die Handlungsfähigkeit, das Anpacken.
Das Milz-Chakra ist der Sitz von Ärger und Macht.
Der Solarplexus ist Sitz der Anspannung, Verkrampfung und Angst.
Das Herz-Chakra ist der Sitz der Harmonie, Liebe, Ausgeglichenheit. Es ist das Chakra in der Mitte und hält die Balance. Hier sitzt die Angst noch tiefer als im Sonnengeflecht. Hier ist der Mangel an Selbstvertrauen festgehalten.
Das Kehlkopf-Chakra verkörpert die Fähigkeit zur Kommunikation mit sich und anderen.
Das Stirn-Chakra, das Dritte Auge, verkörpert die erweiterte Sichtweise, in der man auch verschiedene Dimensionen sehen und wahrnehmen kann.

Das Scheitel-Chakra ist der Zugang zu spirituellen Energien, der kosmischen Sichtweise, spirituelle Energien aufnehmen zu können.
Unausgeglichene Energien in den Chakren führen zu einer Über- oder Unterreaktion der hier angesprochenen Fähigkeiten und Eigenschaften. Sie haben damit Auswirkungen auf die Persönlichkeit und die Gefühlslage des Menschen. Die Chakren können mit Farbtherapie, aber auch mit Heilübungen behandelt werden.
Jedes dieser Chakren ist durch ein Symbol dargestellt. Die sieben Hauptchakren werden durch Lotosblüten symbolisiert.

Das Basis-Chakra

Das Basis-Chakra, auch Muladhara genannt, bedeutet »Fundament«. Das Symbol ist ein Kreis mit vier Lotosblättern. In dem Kreis befindet sich ein Quadrat. Übungen und Meditationen über dieses Chakra und mit dem Symbol des Chakras setzen Bewußtseinsveränderungen in Gang. Sie helfen, sich von Krankheiten und Abhängigkeiten zu befreien, fördern Leichtigkeit, Vitalität, Intuition, Durchsetzungsvermögen, Sicherheit.
Kinder bis zum Alter von sieben Jahren handeln entsprechend den Basis-Chakra-Motivationen. Sie lernen, die Welt durch neue Erfahrungen zu verstehen. Sie müssen dabei lernen, sich selbst zu erden (an die Erde anzubinden).
Alle Motivation und Intention des kleinen Kindes sind darauf gerichtet, sich seine eigene Identität beim Kennenlernen der Welt aufzubauen.
Menschen, die aufgrund von unausgeglichenen Energien des ersten Chakras handeln, sind unsicher. Haben sie zuwenig Energien, sind sie destruktiv, plagen sich mit Selbstmordgedanken und haben masochistische Tendenzen. Haben Sie zuviel Energien in diesem Chakra, sind sie egoistisch, dominant, können sadistisch bis zu gewalttätig sein.

Abb. 39: Das Basis-Chakra

Lebendige, sich selbst und anderen vertrauende Menschen haben ausgeglichene Energien in diesem Chakra.
Der Sitz der Kundalini-Energie ist im ersten Chakra. Wenn sie erweckt wird, während alle Chakren offen und ausgeglichen sind, gibt sie uns eine ungeheure Energie, die der Kraft des Feuers gleichkommt. Wird sie jedoch absichtlich oder unabsichtlich vor diesem Punkt erweckt, kann sie große Schäden physiologischer als auch psychologischer, geistiger und spiritueller Art auslösen. Das Basis-Chakra beeinflußt das Blut, die Wirbelsäule, die Nerven, die Blase sowie die Geschlechtsorgane und Geschlechtsdrüsen. Übungen mit diesem Chakra wirken sich deshalb auch auf Zustand und Entwicklung dieser Drüsen und Organe aus.

Abb. 40: Das Milz-Chakra

Das Milz-Chakra

Das Milz-Chakra, auch Svahisthana genannt, bedeutet »sich im Platz des Selbst aufhalten«. Das Symbol ist ein Kreis mit sechs Lotosblättern.
Übungen mit oder über dieses Chakra führen zu Interesse an den Künsten und klareren und reineren Beziehungen mit anderen, da man sich dadurch mehr und mehr von Ärger, Neid, Eifersucht, reiner Lust und innerer Unruhe befreit. Konzentration und Meditation mit diesem Chakra ermöglichen dem Verstand, die Welt zu reflektieren. Freisetzen von Energien des zweiten Chakras bringt Sonnenbewußtsein.
Kinder im Alter von acht bis vierzehn Jahren werden von diesen Energien stark beeinflußt.
Menschen, die aus unausgeglichenen Energien des zweiten Chakras heraus handeln, haben große Bedürfnisse nach körperlichen

und äußerlichen Sensationen und Erlebnissen und leben oft in einer Welt von geistigen Phantasien. Körper und Geist sind natürlichen Begrenzungen unterworfen, die zu verstehen und akzeptieren sind, damit man gesund und ausgeglichen sein kann. Manche Personen, die aus den Energien dieses Chakras heraus handeln, haben ein tiefes Selbstverständnis und ein hohes Selbstwertgefühl. Sie fühlen sich als etwas Besonderes und stellen sich auch so dar.

Viele der Helden aus der Geschichte sind Personen, die aus diesen Motiven heraus handeln. Jede Kultur hat eine Menge solcher Heldensagen und -taten.

Das Milz-Chakra beeinflußt die Haut, die Brustdrüsen sowie die weiblichen Geschlechtsorgane und die Nieren. Meditationen mit dem Chakra haben deshalb auch Einfluß auf Zustand und Entwicklung dieser Organe und Drüsen. Die Abbildung 40 gibt das Symbol des Milz-Chakras wieder.

Der Solarplexus (Sonnengeflecht)

Das dritte Chakra, der Solarplexus, wird auch Manipura-Chakra genannt, was »Stadt der Edelsteine« bedeutet. Das Symbol ist ein Kreis mit zehn Lotosblättern, in dem Kreis befindet sich ein nach unten zeigendes Dreieck.

Übungen und Meditationen über dieses Chakra bringen eine tiefe Erkenntnis über den physikalischen Körper - wie der Körper funktioniert und wie die einzelnen Organe miteinander arbeiten, sowie das Verständnis des Zusammenhangs zwischen den Drüsen und den emotionalen Reaktionen.

Streß, Anspannung sowie Angst setzen sich in diesem Chakra fest. Wenn mit diesem Chakra intensiv gearbeitet wird, können sich die körperlichen Probleme lösen.

Dieses Chakra spielt eine große Rolle im Leben der Menschen im Alter von vierzehn bis einundzwanzig Jahren. Eine Person, die

Abb. 41: Das Sonnengeflecht-Chakra

von diesem dritten Chakra dominiert wird, wird für die persönliche Macht und Anerkennung kämpfen, selbst auf Kosten von Freunden und Familie.

Personen mit ausgeglichenen Energien in diesem Chakra sind in der Lage, Phantasien in praktische Formen umzusetzen, und sie besitzen die Kraft, zu organisieren und Menschen anzuleiten.

Personen mit unausgeglichenen Energien in diesem Chakra sind auf der einen Seite sehr beurteilend, arbeitsneurotisch und ständig fordernd. Diejenigen, die zu wenig Energien in diesem Chakra haben, sind wenig selbstbewußt, verwirrt und von der Meinung anderer abhängig.

Das Sonnengeflecht beeinflußt das Zwerchfell und die Atemorgane, die Nebennierenrinde, die Haut, alle Verdauungsorgane wie Pankreas, Galle, Leber und die Gedärme. Übungen mit diesem Chakra unterstützen deshalb diese Organe und ihre Entwicklung.

Abb. 42: Das Herz-Chakra

Das Herz-Chakra

Das vierte Chakra, das Herz-Chakra, wird auch Anahata-Chakra genannt. Es ist durch einen Kreis mit zwölf Lotosblättern und durch die Vereinigung von zwei Dreiecken symbolisiert, wovon eins nach oben und das andere nach unten zeigt. Hier wiederholt sich die Symbolik des Hexagramms, des sechszackigen Sterns.
Übungen über dieses Chakra bringen tiefere Erkenntnisse und Zusammenhänge über die Sprache, die Kommunikationsweise, die uns alle verbindet.
Dieses Chakra symbolisiert die Meisterschaft über sich selbst, über eine innere Weisheit und Stärke. Die weiblichen und männlichen Energien sind im Gleich- gewicht. Deshalb finden wir als Symbol in dem Kreis der Lotosblätter das Hexagramm. Personen im Alter von einundzwanzig bis achtundzwanzig Jahren werden von die-

sen Chakra-Energien bestimmt. Während dieser Zeit wird man sich seiner selbst und seiner Lebensaufgaben bewußt und versucht, diese ins Gleichgewicht zu bringen.
Menschen, die aus unausgeglichenen Energien dieses Chakras heraus handeln, sind oft launisch, melodramatisch, verwenden Geld, um andere zu kontrollieren, und stellen Besitzansprüche. Diejenigen, die jedoch zu wenig Energien in diesem Chakra haben, bemitleiden sich selbst, sind unentschieden, tendieren zur Paranoia und haben ständig Angst, nicht geliebt zu werden.
Das Herz-Chakra beeinflußt das Herz, die Lungen, die Lymphdrüsen und die Thymusdrüse sowie das gesamte Immunsystem. Übungen mit diesem Chakra haben deshalb Einfluß auf diese Organe.

Das Kehlkopf-Chakra

Das fünfte Chakra, das Kehlkopf-Chakra, auch Vishuddha genannt, bedeutet »hinein«. Es ist durch einen Kreis mit sechzehn Lotosblättern symbolisiert.
Übungen mit diesem Chakra geben eine tiefe Einsicht in die Kommunikation zwischen allen Lebewesen der kosmischen Schöpfung, nicht nur von organischem, sondern auch von anorganischem Leben. Man lernt die universelle Sprache der Symbole verstehen. Diese Übungen geben eine tiefe innere Ruhe, Sicherheit im Umgang mit anderen, die Fähigkeit, Gedichte und Schriften zu interpretieren und die symbolische Information der Träume zu verstehen. Personen, die die Energien dieses Chakras im Gleichgewicht haben, haben eine gute Ausstrahlung, wirken jung und sind gute spirituelle Lehrer.
Menschen mit unausgeglichenen Energien in diesem Chakra sind entweder ängstlich, schwach bis zur Hinterhältigkeit oder, wenn sie zuviel Energien haben, rechthaberisch, reden ständig zuviel und sind arrogant.

Abb. 43: Das Kehlkopf-Chakra

Das Kehlkopf-Chakra beeinflußt den Kehlkopf, den Hals, die Schilddrüse, die Nerven sowie die Ohren und die Muskeln. Übungen mit diesem Chakra wirken deshalb auf diese Organe, Drüsen und Körperteile. Sie unterstützen die Funktionen und die Entwicklung.

Das Stirn-Chakra

Das Stirn-Chakra, auch das Dritte Auge oder Ajna-Chakra genannt, kontrolliert die Autorität und die unbegrenzte Kraft. Es wird symbolisch durch zwei Lotosblütenblätter zwischen den Augenbrauen dargestellt.
Übungen mit diesem Chakra lassen Unreinheiten verschwinden. Menschen, die aus den ausgeglichenen Energien dieses Chakras heraus handeln, können von allen Wunschformen loslassen und

Abb. 44: Das Stirn-Chakra

sich in verschiedene Richtungen weiterentwickeln. Sie haben keine Begrenzungen mehr. Sie werden eins mit sich selbst und der Welt und verfügen über Kenntnisse von Vergangenheit, Gegenwart und Zukunft. Die Energien dieses Chakras in die Realität umsetzen zu können, bedeutet innere und tiefe Kenntnis über das »Ich bin«. Die negativen und positiven Seiten der Dualität lösen sich auf und werden eins, wie im Kapitel bei den geometrischen Übungen über das Dreieck dargestellt ist. Der Unterschied zwischen Gut und Böse löst sich auf, er existiert nicht mehr für diese Menschen.

Personen, die aufgrund von zuviel Energie in diesem Chakra handeln, sind egozentrisch, stolz, manipulierend, dogmatische Religionsanhänger und autoritär. Haben Sie zuwenig Energien, sind sie undiszipliniert, übersensibel sich selbst und anderen gegenüber und haben Angst vor dem Erfolg.

Abb. 45: Das Scheitel-Chakra

Das Dritte Auge beeinflußt das Gehirn, die Augen, Ohren und Nase sowie die Pineal-Drüse und die Hypophyse. Übungen mit diesem Chakra wirken sich deshalb auch auf den Zustand der Organe beziehungsweise Drüsen sowie ihre Entwicklung aus.

Das Scheitel-Chakra

Das Scheitel-Chakra, auch Sahasrara-Chakra genannt, vereinigt alle Chakren. Sahasrara bedeutet »Tausend Blütenblätter«. Alle Chakren sind diesem Chakra untergeordnet. Das Symbol ist entweder eine Lotosblüte mit acht Blütenblättern - die flachgelegte Acht ist die Zahl der Unendlichkeit - oder ein Kreis mit unzähligen Lotosblütenblättern.

Ausgeglichene Energien im Scheitel-Chakra bedeuten ein totales Bewußtsein über alle Energien, die weltlichen und die kosmischen Energien. Menschen, die Zugang zu diesen Energien haben, kön-

nen die Gesetze der Natur transzendieren. Sie haben einen vollständigen Zugang zu allen Symbolen, allem Unbewußten, allem Wissen und zu der unendlichen Stille des Universums.
Zuviel Energien in diesem Chakra bewirken ein dauerndes Gefühl von Frustration, das Gefühl von nicht realisierter Stärke, man ist destruktiv, kann ständig unter Migräne leiden und schwankt stark zwischen vielen Gefühlen hin und her.
Zuwenig Energien im Scheitel-Chakra bedeutet die Abwesenheit von Lebensfreude sowie Entscheidungsunfähigkeit.
Das Scheitel-Chakra beeinflußt die Hypophyse, die Pineal-Drüse sowie das gesamte Nervensystem und das Gehirn. Übungen mit diesem Chakra haben deshalb Wirkung auf diese Organe und Drüsen, sie reinigen und unterstützen die Entwicklung.

* * *

Die Heilübungen mit den Chakren sind wie die Übungen mit den Mandalas oder wie die Tantra-Übungen.
Beginnen Sie bei den Chakra-Heilübungen mit dem Basis-Chakra und arbeiten Sie sich dann langsam nach oben. Wenn Sie mit den Übungen beginnen, ist es am besten, wenn Sie sich dies für eine lange Zeit vornehmen. Beginnen Sie nicht mit dem Scheitel-Chakra, und springen Sie nicht von einem Chakra zum anderen. Geduld ist hier wie immer das Zauberwort. Schrauben Sie Ihre Erwartungen nicht zu hoch. Und hier gilt wie immer: Qualität und nicht Quantität.
Meditieren Sie entweder direkt mit den Chakren, stimmen Sie sich in die Schwingungen ein und arbeiten Sie damit, oder arbeiten Sie mit den hier gezeigten Symbolen.
Setzen Sie sich in Ihre Meditationshaltung, entspannen Sie sich und beginnen Sie mit dem Basis-Chakra. Konzentrieren Sie sich auf das Symbol und versuchen Sie, alles alte Wissen beiseite zu lassen. Nehmen Sie sich genügend Zeit.

Heilübungen mit Edelsteinen

In allen Kulturen spielten Edelsteine eine wichtige Rolle in der Medizin. Heutzutage gibt es wieder Heiler in den westlichen Kulturen, die mit den Kräften der Edelsteine heilen. Im Mittelalter arbeitete zum Beispiel die Heilige Edelgard von Bingen mit Edelsteinen.

Es wird oft gesagt, daß sich Edelsteine nur aus Kristallen zusammensetzen und deshalb von niedrigerer Energie seien als andere Formen von Leben. Die Form der Kristalle, aus denen sich Edelsteine zusammensetzen, ist geometrisch, und geometrische Formen bilden den Grundstein fast aller materialisierten Energie- und damit Lebensformen. Das Gesetz des Universums ist: wie oben so auch unten. Die Edelsteine verkörpern mit ihrer Form ebenso die Formen des Universums wie des Lebens auf der Erde. Es gibt sieben Grundformen der Edelsteine:

1. das kubische System mit drei gleichen Achsen,
2. das hexagonale System mit vier Achsen,
3. das tetragonale System mit zwei gleichen Achsen,
4. das orthorhombische System mit drei ungleich langen Achsen,
5. das monoklinische System mit drei ungleichen Achsen,
6. das triklinische System, ebenfalls mit drei ungleichen Achsen, die alle im stumpfen Winkel zueinander stehen.

Bis auf wenige Ausnahmen kristallisieren sich alle Mineralien nach einer der hier benannten Strukturen.

Die Steine mit kubischem System entsprechen den Strahlen der blauen Farbe und damit dem Kehlkopf-Chakra. Sie beziehen sich auf große Probleme und Konflikte, komplizierte Ideen und sehr schwierige Dinge. Steine dieser Struktur helfen uns, wenn wir mit ihnen meditieren, große Probleme und komplizierte Zusammenhänge besser zu verstehen und lösen zu lernen. Beispiele: Granat, Pyrit, Halit (Salz).

Die Steine des hexagonalen Systems haben drei gleiche Achsen, die auf einer Fläche ruhen, und eine Achse von einer anderen Länge, die senkrecht auf dieser Fläche steht. Dadurch entsteht ein sechsseitiges Prisma.

Das Sechseck, bekannt als Hexagramm, symbolisiert den harmonischen Menschen, der gleichermaßen das Materielle und das Spirituelle in sich vereinigen kann. Beispiele: alle Quarzarten wie Bergkristall, Kalzit, Turmalin, Zinnober.

Die Steine der tetragonalen Struktur entsprechen den Strahlen der rosa Farbe und damit dem Herz-Chakra. Steine dieser Struktur können als Umwandlungssteine bezeichnet werden. Übungen mit ihnen helfen uns, in bestimmten Lebenssituationen den Umwandlungsprozeß schneller und gründlicher zu vollziehen. Beispiele: Zirkon, Rutil.

Die Steine der rhombischen Struktur entsprechen den Strahlen der orangenen Farbe und damit dem Milz-Chakra. Steine dieser Struktur können uns schützen, uns aber auch Lebensfreude und Energie geben. Beispiele: Schwefel, Olivin, Staurolit.

Steine der monoklinischen Struktur entsprechen den Strahlen der Farbe Indigo und damit dem Stirn-Chakra, dem Dritten Auge. Steine dieser Gruppe besitzen die Fähigkeit, uns in den Übungen auf grundlegende eigene Strukturen aufmerksam zu machen und den für uns richtigen Weg zur Veränderung zu zeigen. Beispiele: Glimmer (Mika), Hornblende.

Die Steine der triklinischen Struktur entsprechen dem roten Farbstrahl und damit dem Basis-Chakra. Bei den Übungen mit den Steinen dieser Struktur erhalten wir Informationen über die Tiefe unserer Gefühle, sowohl der positiven wie auch der negativen. Beispiele: Amazonit, Rhodonit.

■ **Übung: Die Edelsteine**

Die Anleitung für die Heilübungen mit den Edelsteinen ist für alle Edelsteine gleich. Wir nehmen einen Edelstein in die Hand und betrachten ihn gründlich. Wenn wir später mit dem Stein vertraut sind, können wir die Übungen auch ohne den Stein vornehmen. Zu Anfang müssen wir uns aber mit dem jeweiligen Stein vertraut machen. Wir nehmen unsere Meditationshaltung ein und entspannen uns. Wenn wir mit dem Stein, den wir in unserer Hand haben, vertraut sind, visualisieren wir einen solchen Stein vor uns und finden heraus, wo er liegt. Befindet sich der Stein im Wasser, auf der Wiese, auf dem Feld, in der Stadt? Sieht die Landschaft hinter dem Stein anders aus als die Landschaft vor oder neben dem Stein? Danach finden wir einen Eingang in den Stein. Handelt es sich um eine Tür aus Holz, Stein oder Glas? Wie einfach können wir in den Stein hineingehen? Wenn wir im Stein angelangt sind, schauen wir uns gründlich um. Gibt es im Inneren des Steins Räume, gibt es mehrere Etagen? Wir gehen von Raum zu Raum, von Etage zu Etage und lernen alles gründlich kennen. Wir gehen zu den Wänden und fassen sie an, fühlen die Beschaffenheit der Wände. Dann finden wir einen Platz, an dem wir uns am wohlsten fühlen, setzen oder legen uns dort hin und entspannen uns noch tiefer. Wir lassen dann aus unserem Inneren eine Frage hochkommen, die wir an die Energien des Steines richten.

Wir warten, bis wir eine Antwort erhalten. Die Antwort kann in Worten kommen oder als Gefühl, als Bild oder als Symbol.

Danach bedanken wir uns bei dem Stein, bleiben noch für eine Weile an unserem Platz sitzen und lassen das Erfahrene auf uns wirken. Dann verlassen wir langsam den Stein und kommen zu unserem Normalbewußtsein zurück. Versuchen Sie bei jeder neuen Übung, tiefer in den jeweiligen Stein einzudringen. Je tiefer Sie hineingehen, desto anhaltender und durchgreifender wird der Erfolg sein.

Im folgenden werden die Wirkungen beschrieben, die Edelsteine während der Übungen entfalten können. Aus der Vielzahl der Edelsteine wurden nur einige ausgewählt.

Der Rosenquarz

Der Rosenquarz arbeitet mit dem Herz-Chakra. Ich beginne alle Meditationsübungen mit Edelsteinen für Anfänger immer mit dem Rosenquarz. Viele fühlen während der Übung eine Enge in der Herzgegend, manche sogar Herzschmerzen. Auf jeden Fall steigt das Gefühl und damit auch das Bewußtsein für das Herz erheblich. Alle fühlen sich während der zweiten Heilübung mit dem Rosenquarz wesentlich besser. Viele üben automatisch und zum Teil unbewußt zwischendurch, um das Herz-Chakra zu öffnen.

Kristalle (Quarz)

Der Bergkristall, der aus vielen verschiedenen Ländern kommt, ist ein wunderbarer Stein, um während der Heilübungen Klarheit über ein Problem oder eine Situation zu bekommen. Die Heilübung mit dem Stein verursacht manchen leichte Kopfschmerzen. Das bedeutet, daß wir uns gedanklich zu sehr verrannt haben und eine Lösung auf einem anderen Wege finden sollten. Es empfiehlt sich dann, oft mit dem Rosenquarz zu meditieren, um das Herz-Chakra zu öffnen und von dort eine Lösung hochkommen zu lassen, oder mit dem Dreieck zu meditieren, um eine Einsicht in die andere Seite des Problems zu erhalten.

Der Amethyst

Der Amethyst beschleunigt alle eingeleiteten Entwicklungen. Wenn wir einen neuen Weg eingeschlagen haben und mit dem

Amethyst meditieren, werden wir finden, daß die Entwicklung auf dem neuen Weg wesentlicher rascher voranschreitet, als wir es erwartet haben.

Der Pyrit

Der Pyrit spiegelt das Verhältnis zum eigenen Selbstbewußtsein wider. Der Pyrit kommt in vielen verschiedenen Farben vor und ist ein wundervoller Stein, um das eigene Selbstbewußtsein zu erforschen und festzustellen, wo man steht.
Außerdem gibt einem der Stein Selbstvertrauen, das gewünschte Ziel auch anzupacken und auszuführen. Vom Verstand begriffene Lektionen, die wir aber noch nicht in der Lage sind, emotional auch auszuführen, werden durch Pyrit-Übungen wesentlich beschleunigt.

Der Achat

Der Achat gibt Kraft und Mut, stärkt das Herz und gibt Vitalität. Er kommt in vielen verschiedenen Typen vor: brauner Achat, Moosachat aus Indien, Baumachat. In vielen Kulturen wird ein Achat-Amulett als Schutz gegen Epilepsie und böse Geister getragen.

Der Granat

Durch den Granat wird man sich seiner tiefsten Gefühle bewußt: Tiefsitzender Ärger und Enttäuschung kommen an die Luft, tiefe Lieben und tiefe Freundschaften werden uns bewußt. Der Granat erscheint in vielen Farben: grün, gelb, orange, rot, rot-violett und schwarz. Die Heilübung mit dem Granat ist eine wunderschöne und sehr erfolgreiche Übung, um sich endlich alter und tiefsitzender Gefühle bewußt zu werden.

Der Lapislazuli

Der Lapislazuli erleichtert das Öffnen vieler Chakren und verstärkt die Verfeinerung der Schwingungen der Chakras. Übungen mit dem Lapislazuli fördern die Veredelung der Gedanken, aber auch der Gefühlsformen. Der Lapislazuli hat einen sehr beruhigenden Einfluß auf Körper, Emotionen, Geist und Spiritualität.

Der Rubin

Der Rubin reflektiert die Qualität Liebe; Liebe wahrnehmen, annehmen, sie geben und nehmen zu können. Heilübungen mit diesem Stein fördern diese Fähigkeiten und machen einem bewußt, woran es mangelt. Der Stein hilft nicht nur bei der Erkenntnis, sondern auch dabei, die Energien, die sich festgesetzt haben, zu lösen. Der Rubin hilft dabei, die Realität über sich selbst sehen zu lernen. In manchen alten Kulturen wird der Rubin deshalb auch als heilender Stein bei Augenkrankheiten verwendet. Der Rubin wirkt vor allem reinigend auf die Chakras.

Der Diamant

Der Diamant ist der härteste aller Edelsteine. Mit ihm kann Stahl geschliffen werden. Der Diamant vermittelt bei den Heilübungen eine glasklare Reinheit. Im Diamant ist kein Verstecken vor sich selbst mehr möglich. Er gibt Selbstbewußtsein, Kühle und Distanz, besonders dann, wenn man dazu neigt, bei einer Sache sofort mit Haut und Haaren mitzumachen. Übungen mit dem Diamant kühlen »heiße« Situationen sofort ab.

Der Aquamarin

Der Aquamarin strömt Frieden und Ausgeglichenheit aus, wie die Wasserwellen, auf denen man sanft schaukeln kann. Der

Aquamarin vermittelt bei den Heilübungen Friede, Stille und dadurch Geborgenheit und Schutz. Er vertieft alle die schon gemachten Erfahrungen in der Übung und führt sie in weitere Dimensionen.

Der Smaragd

Der Smaragd vermittelt Ruhe und Geborgenheit, Wärme und Ausgeglichenheit. Er gibt uns dadurch die Kraft, weiter suchen und finden zu wollen. Er verhilft uns zu Ruhe und Gelassenheit auf diesem Weg. Heilübungen mit dem Smaragd sind eine wunderbare Sache, wenn man nach größeren und anstrengenden Veränderungen fühlt, daß man jetzt nicht mehr kann oder genug hat. Der Smaragd beruhigt dann und gibt einem die Zuversicht, daß man später in Ruhe und mit Erfolg weiter an sich arbeiten kann.

Der Türkis

Türkis ist eine Schutzfarbe und wird vor allem von den Indianern sehr geschätzt. Bei den Heilübungen zeigt uns der Türkis, wo wir uns schützen müssen und wo wir Schutz, der uns einengt, wieder aufgeben müssen. Der Türkis beruhigt außerdem. In Perioden von großer innerer Unruhe empfehle ich immer wieder, mit dem Türkis zu meditieren.

Abb. 46: Der Narr, die Grundkarte im Tarot

Heilübungen mit Tarot

Über den Ursprung der Tarotkarten gibt es ebenso viele Meinungen, wie Bücher darüber geschrieben werden. Die einen glauben, daß sie in Ägypten entwickelt wurden, andere sehen den Ursprung in China oder Indien. In der Art und Weise, wie sich das Kartenset zusammensetzt, mit den Figuren, die sie darstellen, und dem gesamten System, gibt es viele Verbindungen zu allen Kulturen. Die vier Rubriken könnten zum Beispiel auf die vier Kasten des Hinduismus hinweisen, und der Narr könnte auf den buddhistischen Mönch Bezug nehmen, dessen Weg der Erleuchtung ähnlich dem Weg des Narren in den Tarotkarten ist.

Die ersten schriftlichen Hinweise für die Existenz der Tarotkarten stammen von 1392, zu Zeiten des französischen König Charles VI. 1377 schrieb ein Schweizer Mönch, Bruder Johannes von Bredfeld, über die Karten. Er verstand sie als eine Beschreibung der sozialen Zustände, wie sie damals waren: er bezieht die Kelche auf die Kirchenmänner, die Schwerter auf die Aristokratie, die Münzen auf die Kaufleute und die Stäbe auf die einfachen Leute. Zu dieser Zeit, als die Tarotkarten in Europa auftauchten, war der Kontinent vom Christentum beherrscht, welches jede Art von »heidnischem« Gedankengut nicht nur ablehnte, sondern auch streng bestrafte. Die Bilder der Karten beziehen sich im wesentlichen auf nicht christliche Figuren, und da die neue Religion die Götter der alten Religion als teuflisch bezeichnete, wurden die Karten von den Christen als Werk des Teufels angesehen. Einige der nicht-christlichen Lehren blieben jedoch erhalten und sie werden heute als Gnosis bezeichnet. Die gnostischen Lehren umfaßten Lehren aus Indien, Persien, Ägypten sowie Teile der griechischen Philosophie, hebräisches Wissen der Kabbala, also esoterisches Wissen aus vielen Kulturen.

Im achtzehnten Jahrhundert erwachte in Frankreich ein Interesse an alten esoterischen und okkulten Ideen, und es wurde verbreitet, daß die Karten aus Ägypten kämen. Sie enthielten das reinste Wissen der ägyptischen Priester in Symbolform und man könne dadurch das Wissen von den nicht Eingeweihten fernhalten. Es wurde geglaubt, daß die Zigeuner diese Karten mit nach Europa gebracht hatten.

Im neunzehnten Jahrhundert wies der Franzose Eliphas Levi, ein Rosenkreuzer und Kabbalist, auf den Zusammenhang zwischen den zweiundzwanzig großen Arkanakarten, den zweiundzwanzig kleinen Arkanakarten und dem hebräischen Alphabet hin. Er veränderte die Nummernfolge der Karten, damit sie in das kabbalistische System paßten. Diese Nummernfolge ist bis heute beibehalten worden.

Ein weitverbreitetes Anwendungsgebiet der Tarotkarten ist die Vorhersage der Zukunft. Damit wollen wir uns jedoch nicht beschäftigen, da mit jeder Festlegung gleichzeitig die Eingrenzung verbunden ist.

Bei einer Vorhersage der Zukunft ist das Problem nicht, ob die Vorhersage richtig oder falsch ist, sondern das derjenige, der die Zukunft vorhergesagt haben will, ein Gedankenmodell von einer vorhersagbaren und schon festgelegten Zukunft hat.

Die Tarotkarten haben aber eine weit tiefere Bedeutung, mit der hier gearbeitet wird. Die Karten können zeigen, wo man zur Zeit spirituell steht und an welchem Problem man arbeiten kann, um die bestehende Situation zu verbessern. Wir sind wie ein Mosaik, ein Kunstwerk, das sich aus unzähligen Einzelteilen zusammensetzt. In den Heilübungen können wir unsere Vielfalt, diese unzähligen Einzelteile, aber auch unsere Gesamtheit erfahren. Die Tarotkarten können uns dabei helfen.

Wir werden uns nicht mit der Bedeutung der einzelnen Karten beschäftigen. In dem Rahmen dieses Buches ist dazu nicht genügend Raum vorhanden. Im Literaturverzeichnis finden sich Literaturhinweise zu Büchern, die sich ausführlich mit der Bedeutung der Tarotkarten beschäftigen.

■ Übung: Tarot

Wir holen uns die Tarotkarten hervor, setzen uns in unsere Meditationshaltung, entspannen uns und konzentrieren uns auf ein Thema, das uns beschäftigt. Dann ziehen wir eine Karte aus den zweiundzwanzig Karten der Großen Arkana. Diese Karte wird uns während der Übung Auskunft darüber geben, was dem Thema zugrundeliegt, wo die Probleme stecken, und wie wir sie angehen können. Wir konzentrieren uns auf die Karte und betrachten sie ganz genau.

Wir machen uns Gedanken über die Bedeutung, die sie für uns hat, was spiegelt die dort abgebildete Figur für uns wider? Wenn möglich, versuchen wir, in die Symbole dieser Figur hineinzugehen, um die Bedeutung von innen zu erfahren.
Wir können möglicherweise noch eine zweite Tarotkarte ziehen und mit dieser meditieren, um den Horizont dessen, was wir zu erfahren und zu erkennen wünschen, zu erweitern.

Heilübungen mit dem Körper

Bei diesen Heilübungen beschäftigen wir uns mit dem Inneren unseres Körpers. Wir stellen dabei fest, welche Organe angespannt sind und wo sich Energien festgesetzt haben. Wir können dann direkt an den Energieblockaden arbeiten.
Wir setzen uns entspannt in unserer Meditationshaltung hin und beginnen mit dem Kopf. Wir konzentrieren uns auf den Kopf, zunächst auf die Augen, dann der Reihe nach auf die Ohren, Nase und Mund, den Hinterkopf und dann das Gehirn. Die Reihenfolge kann verändert werden.
Wir stellen uns bei jedem einzelnen Körperteil vor, wie sich die Zellen darin entspannen, öffnen und alles Dunkle, Angespannte und Verkrampfte herausfällt.
Wir fühlen die Augenzellen, wie sie sich entspannen und öffnen. Wir fühlen den Kiefer, in dem wir alles festhalten, was wir uns nicht auszudrücken trauen; fühlen, wie er sich entspannt und freier wird. Wir entspannen die Ohren, damit wir besser »hören«, das heißt, vertieft andere Schwingungen und Informationen hören können.
Nachdem der Kopf entspannt ist und die Zellen der einzelnen Kopfbereiche offen und gelöst sind, gehen wir zum Nacken und zu den Schultern. Dieser Bereich ist bei den meisten Menschen verspannt. Wir visualisieren wieder, wie sich die Zellen öffnen,

entspannen, weiter und breiter werden. Durch diese Entspannung können die Zellen besser mit Sauerstoff versorgt werden und blockierte Energien werden wieder frei.
Von der Schulter gehen wir zur Wirbelsäule und visualisieren bei jedem einzelnen Wirbelkörper, wie sich die Zellen in den Knochen entspannen, die Wirbel sich aufrichten, die ganze Wirbelsäule sich aufrichtet. Wir visualisieren und spüren, wie der Raum zwischen den einzelnen Wirbeln sich ebenfalls entspannt, sodaß die Bandscheiben mehr Platz haben.
Dann arbeiten wir mit den Lungen, den Bronchien, dem Herz, den anderen inneren Organen, den Armen und Beinen. Wir können uns besonders auf die Gelenke konzentrieren, um diese beweglich zu halten.
Wir werden feststellen, daß sich bestimmte Körperteile schneller entspannen und öffnen als andere und daß manche Körperteile völlig schwarz und dicht sind. Mit diesen verspannten Teilen arbeiten wir dann wiederholt.
Diese Übung ist sehr schwer und erfordert viel Geduld, Konzentration und Ausdauer. Sie ist aber sehr effektiv und hilft deutlich. Ich beginne alle meine Meditationsklassen mit dieser Übung, und jeder Teilnehmer fühlt schon beim ersten Mal Veränderungen und Entspannungen.
Wir entwickeln durch diese Übung ein neues Körpergefühl und ein völlig neues Verhältnis zu unserem Körper. Die angesprochenen Organe werden uns, wenn wir diese Übung regelmäßig durchführen, »mitteilen«, wenn sie der »Zuwendung« bedürfen, das heißt, wenn ihr Energielevel gering ist. Wir werden feststellen, zu welchen Organen wir leicht und schnell Zugang haben und zu welchen wir überhaupt keinen Kontakt bekommen. Das sind dann die Organe, mit denen wir am meisten zu arbeiten haben.
Jede menschliche Beziehung braucht »Pflege«, große und kleine Firmen betreiben Kontaktpflege mit ihren Kunden. Wir kümmern uns intensiv um unsere nächsten Freunde und Verwandten. Nur

den eigenen Körper lassen wir oft im wahrsten Sinn des Wortes »links« liegen, das heißt, wir richten unser Bewußtsein nicht auf ihn. Er hat zu funktionieren. Sie werden überrascht sein, wie der Körper auf diese neue Zuwendung anspricht und sich ganz anders verhalten wird. Der Körper wird zum Freund und seine einzelnen Organe werden zu Freunden, mit denen man einen engen Kontakt »pflegt«. Dieser Kontakt wird dann auch dementsprechend vom Körper beantwortet.

Wir können Farben einatmen und dann wieder ausatmen. Damit füllen wir die Körperenergien mit den Eigenschaften der Farben und aktivieren sie. Wir können auch mit den Energien der Farben den Körper reinigen. Wir atmen klare reine Farben ein, nehmen diese ganz tief in unseren Körper auf, visualisieren, wie der Körper damit gereinigt wird, und atmen dunkle, verschmutzte Farben, die den »Abfall«, den »Dreck«, die Anspannung und Verspannung des Körpers enthalten, wieder aus.

Das innere Lächeln

Es ist besonders schwierig, mit den dunklen Stellen im Körper zu arbeiten, sie lassen sich oft nicht einfach durch die im vorherigen Kapitel beschriebenen Heilübungen entspannen und öffnen. In diesem Fall müssen wir einen anderen Weg suchen, um den Kontakt mit den für uns schwierigeren Körperteilen herzustellen. Ein anderer Weg dazu ist das innere Lächeln.

Wir entspannen uns, setzen uns in unsere Meditationshaltung und konzentrieren uns auf das Herz. Dann lächeln wir nach innen, indem wir das Herz anlächeln - immer wieder, bis sich das Herz öffnet, zurücklacht und strahlt. Wir können diese Übung später vielfach am Tage durchführen, auf dem Weg zur Arbeit, im Büro und so weiter. Wir signalisieren damit dem Herz, daß wir Kontakt aufnehmen wollen, und daß uns sein Wohlbefinden wichtig ist.

Wenn sich das Herz geöffnet hat - und das wird für viele Menschen ein Problem sein, besonders für die Kopflastigen -, können wir mit den Organen und Körperstellen arbeiten, die sich bei den vorherigen Heilübungen nicht geöffnet haben.

Sprechen Sie mit Ihren Körperteilen. Akzeptieren Sie die Körperteile als eigene, selbständige Einheiten des Lebens, als Energieeinheiten, die alleine eine Existenzberechtigung haben, aber im Verbund leben und arbeiten. Die Analogie dazu sind wir selbst. Wir sind eigene Einheiten des Lebens, existieren aber im Verbund mit anderen. Dasselbe läßt sich auf die Existenz von Sternen und Planeten übertragen sowie auf das Verhältnis von Galaxien zu- und miteinander. Der Grundsatz ist: wie unten so oben, wie oben so unten.

Bauern sprechen nicht nur mit ihren Tieren, sondern auch mit ihren Pflanzen. Diejenigen, denen man »grüne Händchen« zuschreibt, haben oft nur deshalb so guten Erfolg mit ihren Pflanzen, weil sie mit ihnen sprechen. In England gibt es einen Ausspruch, der besagt, daß diejenigen, die am meisten mit ihren Tomaten reden, auch die besten Früchte ernten können.

Unser Körper und unsere Organe stehen in einem noch engeren Verhältnis zu uns als die Pflanzen. Sie werden sofort auf unsere »Zuneigung« reagieren.

Verbinden der rechten und linken Gehirnhälfte

Unser Gehirn ist unterteilt in zwei Gehirnhälften: die rechte und die linke. Eine Seite funktioniert und arbeitet anders als die andere Seite. Die linke Gehirnseite hat Fähigkeiten und Eigenschaften, die mit denen eines Computers verglichen werden können. Diese Seite erhält, speichert und verarbeitet Informationen von äußeren Quellen. Man kann diesen Prozeß als passiv bezeichnen, da er im Grunde auf äußere Informationen reagiert, während die rechte

Seite sich auf innere, intuitive Informationen bezieht. Intuitionen können als »verstecktes« Wissen bezeichnet werden. Die linke Seite arbeitet geradlinig, in sich wiederholender Form, während die rechte Seite kreativ und in einem gewissen Sinne destruktiv arbeitet, das heißt Denk- und Wahrnehmungsmuster der linken Seite hinterfragt und umstößt, um etwas Neues aufzubauen. Die linke Seite findet Sicherheit in einem geordneten System und in der Beständigkeit von Nummern und klaren Regeln; die rechte Seite schlägt gerne gedankliche und intuitive Haken, um neue Wege zu gehen.

Die linke Seite fühlt sich dem Konzept der linearen Zeit zugehörig, während sich die rechte Seite im freien Raum bewegen will und die Einordnung des Raumes in der linearen Zeit als große Einengung wahrnimmt.

Unser westlicher Kulturkreis neigt in den Erklärungen über die Welt und im Aufbau der sozialen Struktur sehr stark zu den Qualitäten der linken Gehirnseite.

Die Fähigkeit zu meditieren ist eine der rechten Gehirnseite. Es soll hier aber keine Gehirnseite bewertet werden. Wir haben schon mehrfach vom Aufheben der Polaritäten gesprochen. Die folgenden Heilübungen werden uns dabei helfen, die beiden Gehirnseiten zu verbinden, damit wir lernen, den Umständen entsprechend beweglich zu handeln.

Es gibt Umstände, bei denen wir uns der linken, rationalen Gehirnhälfte bedienen müssen. Dann gibt es wieder andere Situationen, in einem kreativen Prozeß zum Beispiel, wo wir allein unsere rechte, intuitive Gehirnhälfte fordern. Ideal wäre es allerdings, wenn wir in jeder Situation aus einer Einheit von rechter und linker Gehirnhälfte heraus handeln könnten. Dazu müssen wir uns aber dieser beiden Gehirnhälften bewußt werden, um sie dann kombinieren zu lernen.

Personen, die sich häufig wiederholen, zwanghaft und dadurch dominierend sind, reagieren aufgrund von Lernprozessen der linken Gehirnhälfte. Personen mit dem Wunsch nach Wechsel, Abenteuer, Forschung lassen sich von der rechten Gehirnhälfte beeinflussen.

Die folgende Aufstellung zeigt die unterschiedlichen Funktionen der beiden Gehirnhälften:

Linke Gehirnhälfte	Rechte Gehirnhälfte
Logik	Intuition
Analytisches Denken	Analoges Denken
Intelligenz	Holistik
Sprache	Metaphern
Lesen	Musik
Schreiben	Farbempfinden
Rechnen	Symbolik
Aufschlüsselung der Umwelt	Raumempfinden
Digitales und lineares Denken	Gestaltwahrnehmung
Zeitabhängigkeit	Zeitlosigkeit

■ **Übung: Entspannen des Gehirns**
Wir haben im vorigen Kapitel gelernt, die einzelnen Körperteile zu entspannen. Diese Übung hilft uns dabei, uns der Anspannung im Gehirn bewußt zu werden und diese loslassen zu können.
Wir konzentrieren uns auf die äußere Gehirnhälfte und visualisieren, wie sich die Zellen öffnen, entspannen und alles Dunkle, Schwere und Angespannte herausfällt. Wir beginnen mit der äußeren Schicht und entspannen uns dann Stück für Stück nach innen in die tieferen Gehirnschichten.
Wir werden feststellen, wie sich manche Gehirnbereiche schnell entspannen, bei anderen dauert es länger und wieder andere entspannen sich gar nicht. Je öfter wir diese Übung wiederholen, desto leichter wird es.

■ **Übung: Verbindung der beiden Gehirnhälften mit der Acht**
Wir konzentrieren uns auf unser Gehirn und visualisieren eine flachgelegte Acht, das Unendlichkeitszeichen. Dann konzentrieren wir uns ganz auf unser inneres Gehirn und visualisieren dieses Zeichen dort in Rot. Das Zeichen wächst und wird immer größer, bis es uns visuell aus den Ohren heraus kommt. Dann lassen wir es langsam wieder kleiner werden, so klein wie es zu Beginn war.
Nun führen wir dieselbe Übung mit demselben Zeichen, diesmal aber nicht flachgelegt, sondern stehend im Gehirn durch. Wir beginnen auch hier wieder mit der Farbe Rot.
Danach führen wir die Übung mit dem Zeichen diagonal rechts im Gehirn beginnend durch. Danach wenden wir uns der rechten Seite zu: links diagonal, so daß uns das Zeichen am Ende eine rote Blume im Gehirn visualisiert hat.
Diese Übung wird nach und nach mit allen Farben durchgeführt. Jedesmal verbinden wir die rechte und linke Gehirnhälfte mit den Eigenschaften und Qualitäten der jeweiligen Farbe. Wir werden herausfinden, wieweit wir Zugang zu unserem eigenen Gehirn

haben können und wo die Grenzen sind. Die Effekte dieser Übung sind ein enorm gewachsenes Bewußtsein über das eigene Gehirn, eine schnellere Auffassungsgabe, da wir jetzt mit beiden Seiten und mit allen Qualitäten (deshalb arbeiten wir mit allen Farben) schneller und effektiver aufnehmen können. Wir werden außerdem feststellen, daß wir insgesamt wacher und aufgeschlossener unserer Umwelt gegenüber sind.

■ **Übung: Verbinden der beiden Gehirnhälften mit dem Kreis**
Diese Übung ist ähnlich wie die vorangegangene. Wir arbeiten diesmal aber nicht mit dem Unendlichkeitszeichen, sondern mit einem Kreis. Wir beginnen wieder in der Mitte des Gehirns mit einem kleinen Kreis in einer Farbe. Wir lassen den Kreis immer größer werden. Wenn er über unseren Kopf hinauswächst, lassen wir ihn langsam wieder kleiner werden.
Dann wechseln wir zu einer anderen Farbe über und führen die Übung hiermit durch.
Eine neue Flexibilität und Schnelligkeit in unserer Auffassungsgabe und Wahrnehmungsstruktur ist nur ein Effekt dieser Heilübung. Eine viel tieferliegende und grundlegendere Wirkung ist darin zu sehen, daß wir mit diesen Heilübungen eine Veränderung unserer Gedankenstruktur in die Wege leiten. Unsere chemischen Gedankenverbindungen haben sich als eine Reaktion auf unsere Erfahrung mit der Umwelt herausgebildet. Wir alle haben unsere eigenen bestimmten Strukturen, die in manchem mit anderen übereinstimmen, in vielem aber auch völlig anders sind.
Mosche Feldenkrais war einer der ersten, der herausfand, daß bei Unfallbehinderten das Visualisieren des Bewegens eines gelähmten Körperteiles eine Veränderung herbeiführte. Wenn diese Übungen länger durchgeführt wurden, konnten einige der Behinderten ihre gelähmten Gliedmaßen wieder bewegen. Feldenkrais fand heraus, daß Visualisierungen den Teil im Gehirn aktivieren,

der unterhalb der Stelle liegt, die das gelähmte Teil normalerweise kontrolliert. Diese Erkenntnis haben sich viele der neueren, alternativen medizinischen Methoden zu eigen gemacht: die Alexandertechnik arbeitet damit, in der modernen Psychotherapie wird heute damit gearbeitet, in der Krebs- und Aidstherapie ebenso. Die beiden oben beschriebenen Übungen aktivieren alle Gehirnbereiche, da sie alle Teile des Gehirns entspannen, unabhängig davon, ob dieser Teil während unseres normalen Alltags benutzt wird oder nicht. Damit geben sie die Möglichkeit zur Auflösung von bestehenden geistigen Begrenzungen und Blockaden.

Akustische Heilübungen

Das Kapitel über die akustischen Heilübungen wird hier nur in Grundzügen vollständigkeitshalber behandelt werden, da ich an einem Buch über die Wirkungen von Klang auf den Körper arbeite.
Der Wert der Musik wurde während der Geschichte der Menschheit immer anerkannt. Musik wurde bewußt in allen Kulturen angewandt. Die frühen Schriften der Chinesen, Griechen, Ägypter, Perser und Hindus berichten vom Wert der Musik. Für die Griechen und die Priesterkasten im Römischen Reich war Musik ein magisches Reinigungs- und auch Heilmittel, das besonders bei kultischen Festen angewandt wurde. In Indien war und ist die Musik heute noch ein Meditationsmittel. In Indien, Afrika und auch im Mittelalter in Europa diente die Musik als Schutz gegen Dämonen. Krankheiten wurden personifiziert und Bannlieder gesungen. Durch Zauberlieder wurden die bösen Geister ausgetrieben. In Afrika, bei den Indianern und australischen Ureinwohnern ist das heute noch üblich. Die Trommeln und die dazugehörigen ekstatischen Tänze in bestimmten, sich wiederholenden Rhythmen sollen zur Abwehr dienen und Dämonen austreiben.

Musik und Tanz können zu einem veränderten Bewußtseinszustand führen, zur Ekstase. Wir sehen dies bei den Stämmen der verschiedenen Kulturen, bei dem Tanz der Derwische der Sufis, aber auch in der westlichen Teenagerkultur seit den fünfziger Jahren.
Musik kann streßabbauend wirken und die Stimmungslage verändern, nicht nur bei Menschen, sondern auch bei Tieren. Kuhställe werden heutzutage mit Musik bespielt, damit die Kühe in ihren Boxen weniger gestreßt sind und dadurch mehr Milch geben. Ähnliches spielt sich in den Einkaufszentren, aber auch in den modernen Fabriken oder bei den Kampfliedern der Soldaten ab. Die Motivation in all diesen Fällen ist, eine Veränderung der Stimmungslage der Menschen herbeizuführen.
Musik kann aber auch streßförderd sein. Denken wir zum Beispiel an Krimiserien im Fernsehen oder bei den modernen Actionfilmen. Durch die Musik wird unsere Spannung erhöht.
Wir haben alle die Erfahrung gemacht, daß man sich von Musik »verzaubern« lassen kann, daß man sich vollständig in Musik vergessen kann, daß die Musik den Zugang zu anderen Dimensionen des Lebens ermöglicht.
In den Psychiatrien und in der Behandlung behinderter Kinder wird mit der Musiktherapie gearbeitet. Sie eröffnet besonders autistischen Kindern die Möglichkeit, Kontakt zu sich und anderen aufzunehmen. Sie erleichtert es Körperbehinderten, sich zu bewegen.
Musik hat nicht nur eine heilende Wirkung auf Menschen und Tiere, sondern auch eine prophylaktische Wirkung. Wenn wir die für uns richtigen Klänge hören, können diese uns beleben, in Ausgleich bringen und Energien geben. Es ist klinisch erwiesen, daß Musik als wesentlicher Faktor zu allgemeinem Wohlbefinden und Gesundheit beitragen kann. Musik kann eine wichtige Rolle bei der Vorbeugung von Krankheiten spielen, da sie uns auf der energetischen Ebene ausgleichen kann. Die Musik beeinflußt nicht nur

Menschen, sondern auch Pflanzen. Wenn ihnen im Gewächshaus verschiedene Musikarten vorgespielt werden, reagieren sie darauf folgendermaßen:
- bei klassischer Musik wachsen sie schneller als die Pflanzen, die nicht mit Musik bespielt werden, außerdem wachsen sie zum Lautsprecher hin;
- bei Rockmusik wachsen die Pflanzen langsamer und vom Lautsprecher weg;
- bei indischer Sitarmusik wachsen die Pflanzen nicht nur schneller als bei allen anderen Musikarten, sondern umschlingen mit ihren Blättern die Lautsprecher.

Neuere Untersuchungen der Kinesiologen weisen den Zusammenhang zwischen Herz, Musik und Muskelspannung nach:
Einer Gruppe von Menschen wurde Popmusik, klassische und Sitar-Musik vorgespielt. Beim Anhören der klassischen Musik sowie der Sitar-Musik stieg die Muskelspannung der Hörenden, während sie bei der Popmusik sank. Das erscheint uns allen einleuchtend und bestätigt die oben erwähnten Ergebnisse bei Pflanzen.

In einem zweiten Durchgang änderten sich die Ergebnisse jedoch schlagartig. Bei den Zuhörenden stieg die Muskelspannung beim Abspielen der Popmusik, und sie erschlaffte beim Zuhören der klassischen und Sitar-Musik.

Wie läßt sich dieser Widerspruch der Ergebnisse zwischen dem ersten und zweiten Versuch erklären?

Des Rätsels Lösung: Beim ersten Versuch spielten die Musiker die klassische und Sitar-Musik mit innerer Beteiligung, mit ihren Herzen, und die Popmusik melancholisch. Beim zweiten Versuch war es genau umgekehrt. Das bedeutet, daß sich die emotionale Beteiligung der Musiker selbst über Schallplatte und Cassette den Zuhörenden unbewußt körperlich mitteilt.

Musik hat einen ähnlichen Einfluß auf Menschen. Menschen, die entweder selbst ein Instrument spielen oder sich sehr intensiv mit

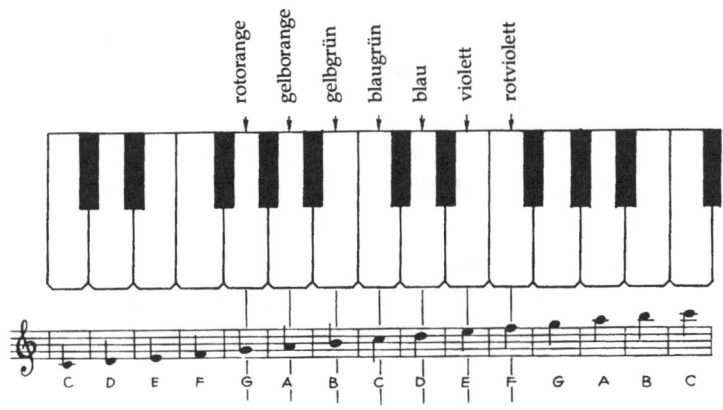

Abb. 47: Töne und Farben auf dem Klavier

Musik beschäftigen, sind in der Regel seelisch ausgeglichener, das heißt seelisch gesünder als diejenigen, die kein Verhältnis zur Musik haben.

In den westlichen Kulturen haben wir verlernt, mit dem Körper bewußt Musik zu hören. Wir nehmen Musik vorwiegend mit dem Verstand wahr. Dabei ist der Körper eigentlich die zuverlässige Instanz bei der Beurteilung, was gut für uns ist. Wie jeder Körper seinen eigenen Puls hat, so hat auch jedes Musikstück seinen »Puls«. Ein Musiker lebt, wenn er ein Stück spielt, mit und in dessen Puls. Daß heißt, daß Musiker und Musikstück dann eins sind. Wenn das erreicht werden kann, ist die höchste Form der Meditation erreicht. Viele große Musiker werden sehr alt. Sicherlich hängt das hohe Alter mit der Fähigkeit dieser Musiker zusammen, mit ihrer Musik verschmelzen zu können.

Musikwissenschaftler aller Kulturen sehen einen Zusammenhang zwischen der Musik und dem Kosmos. Der Begriff »Harmonie der Sphären« zieht sich seit Pythagoras durch die Konzepte der esoterischen Musikwissenschaftler aller Zeiten. Kepler zum Bei-

spiel sowie die modernen Musikwissenschaftler Hans Cousto und Joscelyn Godwin haben mathematische Formeln entwickelt und die Rhythmen der Planeten in Töne und Farben umgerechnet. Es gibt einen Zusammenhang zwischen den Tönen und den Farbschwingungen, wie die Abbildung 47 zeigt.
In der Avantgarde, im Jazz und in der Popmusik zeigt sich in den letzten Jahren gleichermaßen eine Entwicklung zu mehr geistigen, nach innen gerichteten Klängen. Der Musikgeschmack der Menschen ändert sich langsam. Es besteht heute ein zunehmendes Interesse der Öffentlichkeit an außereuropäischer, elektronischer und nach innen gerichteter Musik. Viele der Tiefenentspannungskurse lassen heute mit Atemtechniken und Musik atmen. Jedes größere Musikgeschäft führt heute Weltmusik sowie Meditationsmusik.

Heilübungen zu Musikstücken

Suchen Sie sich in Ruhe ein Musikstück mit beruhigender, inspirativer Musik aus. Es kann sich dabei um klassische oder elektronische Musik, um Jazz oder auch um Musik-Meditation handeln. Nehmen Sie dann Ihre Meditationshaltung ein und entspannen sich, bevor Sie mit dem Abspielen der Musik beginnen. Versuchen Sie, sich zunächst auf den Ablauf des Stückes zu konzentrieren, gehen Sie mit der Musik mit, versuchen Sie dann, in die Musik hineinzugehen. Nehmen Sie auf, was Ihnen die Musik emotional anbietet.
Lassen Sie sich auf keinen Fall bei den Heilübungen stören. Bei Musikübungen ist man eher in Gefahr, sich ablenken zu lassen. Wir haben fast immer Radio oder Fernsehen an, werden also fast ständig berieselt, während wir etwas anderes tun. Viele Dinge erledigen wir automatisch, während wir mit halbem Ohr der Musik zuhören und außerdem noch über etwas anderes nachdenken.

Wir müssen besonders wachsam sein, daß die Musikheilübungen nicht ungewollt in dieselbe Richtung laufen. Die Grundregel, sich während der Meditation nicht stören zu lassen, muß deshalb ganz besonders gewahrt werden.

Die Übung sollte regelmäßig mit denselben Musikstücken wiederholt werden, um die Musik immer wieder und doch neu erfahren zu können. Als Grundsatz gilt hier ganz besonders: Nicht die Quantität ist entscheidend, sondern die Qualität. Wir werden bei jeder neuen Meditation mit demselben Stück neue Einsichten in die Musik und in uns selbst bekommen. Wenn wir diese Übungen zu Anfang mit vielen verschiedenen Musikstücken durchführen, führt dies zu einem Durcheinander von Eindrücken und Informationen, die dann in der Regel nicht richtig verarbeitet werden können. Nicht die Vielzahl der Eindrücke ist entscheidend, sondern die Tiefe. Bei allen Heilübungen geht es immer um den inneren Kern jeglicher Entwicklung, Erfahrung, Motivation, von dem sich die äußeren Erscheinungen und Erfahrungen ableiten. Je besser und gründlicher wir den inneren Kern verstanden haben und sehen können, desto besser verstehen wir eine ungeheure Vielzahl von äußeren Ereignissen und Phänomenen.

Sind Sie mit einem Musikstück vertraut und haben Sie das Gefühl, daß Sie diese Musik von innen her verstehen, dann gehen Sie zu einem anderen über. Die meisten werden für eine Weile bei der Musikrichtung bleiben, mit der sie vertraut sind. Es empfiehlt sich aber, später auf andere Musikrichtungen zu wechseln. Andere Musikstile haben Zugang zu anderen Inhalten. Es gibt klassische Musiker, die zum Beispiel indische Sitarmusik - ebenfalls eine Form klassischer Musik, aber aus einer anderen Tradition - oder aber zum Beispiel Jazz ablehnen. Der Jazz wird in Zukunft sicherlich als die klassische Musik unserer Zeit angesehen werden. Jede Ablehnung einer bestimmten Musikrichtung ist aber eine Einschränkung. Niemand ist davor gefeit, »engstirnig« andere Musikrichtungen abzulehnen.

Die Sehnsucht nach innerer Vereinigung, die viele Menschen haben, wird »äußerlich« durch die Musik eingeholt und zerbricht natürlich sehr schnell wieder. Es wird auch immer wieder verwechselt, daß es sich bei der herbeigesehnten inneren Vereinigung eigentlich um eine Vereinigung mit sich selbst und nicht mit jemand anderem handelt. Also Vorsicht bei den Musik-Heilübungen. Hier ist ein inneres Schummeln schneller möglich als bei anderen Heilübungen. Jede Selbsttäuschung schadet letztlich immer nur einem selbst.

■ Obertonsingen

Das Obertonsingen wird seit Jahrtausenden in Indien, Tibet sowie in den buddhistischen Klöstern in Japan und China praktiziert. In rumänischen und bulgarischen Folklore-Gesängen sind ebenfalls Ansätze dazu vorhanden. Der bulgarische Staatschor *Le Mystere des Voix Bulgares* - einzig in seiner Art - reist mit seinen Liedern, die mit Viertel- und Achteltönen gesungen werden, durch die Welt.

Im Mittelalter wurde diese Art des Singens in den Gregorianischen Gesängen wiedergegeben. Das Singen der Mönche hallte in den Kirchen, was noch einmal eine zusätzliche Resonanz gab.

Jeder Ton hat einen Grundton und viele Obertöne. Jedes Instrument hat seinen eigenen spezifischen Klang. Dieser Klang entsteht nicht durch den Grundton, sondern durch die bei jedem Instrument verschiedenen Obertöne. Obertöne entstehen durch Resonanzen, die der Klang im Instrumentenkörper hervorruft. Jedes Instrument resoniert anders zum Grundklang und hat deshalb einen eigenen spezifischen Klang.

Physikalisch gesehen versteht man unter einem Ton eine einzige hörbare Schwingung. Zu jedem auf natürliche Weise erzeugtem Ton kommen die Obertöne hinzu. Ein Ton mit seinen Obertönen wird als Klang bezeichnet.

Das Obertonsingen wurde immer als eine Form von Meditation und Selbsterfahrung angesehen. Im Altertum wurden diejenigen, die das Obertonsingen beherrschten, als diejenigen verstanden, die die Verbindung von Natur und Seele herstellen und verstehen konnten.
Die Obertöne werden mit den Vokalen gesungen.
Bei den Frequenzbereichen handelt es sich um Mittelwerte aus statistischen Untersuchungen.
Das Singen der Obertöne ist eine Meditation und Heilübung. Es eröffnet uns Türen zu neuer Selbsterfahrung und neuen Dimensionen. Die Vokale werden aus dem ganzen Körper heraus gesungen, entweder aus der Brust, dem Kehlkopf, dem Bauch oder dem Zwerchfell heraus. Je nachdem, aus welchem Bereich des Körpers wir singen, klingen die Obertöne anders, da der Körper an dieser Stelle anders resoniert. Unser Kopf entspricht beim Obertonsingen den Kuppeln in den Kirchen oder Tempeln. Der Musiker Paul Horn, der mit seiner Flöte in den ägyptischen Pyramiden spielte, sprach davon, daß die Form der Pyramiden den Klang der Flöte und seiner Stimme wie eine Blume aufblühen und entfalten ließ. Durch das Obertonsingen gewinnt man ein anderes Verhältnis zu sich, seinem Körper und seiner Umwelt. Die Proportionen und Intervalle der Obertonreihe finden sich überall wieder: im menschlichen Körper, in den Pflanzen, in den Abständen der Planeten zueinander. Der Ungar György Doczi hat in seinem Buch *Die Kraft der Grenzen* diese Proportionen in allen Lebensbereichen wissenschaftlich nachgewiesen.
Mit dem Singen der Obertöne schwingen wir uns auf die Harmonie der Gesetzmäßigkeiten unseres Weltalls ein. Das Obertonsingen harmonisiert und entspannt uns auf der ganzen Ebene. Dann wird jeder einzelne Ton ein Erlebnis. Wir machen wieder die Erfahrung, daß es bei diesen Heilübungen nicht um Quantität, sondern um Qualität geht: Die Einschränkung auf das Singen nur eines Tones wird eine ungeheure Bereicherung und Erweiterung.

Durch die Konzentration auf den einen Ton sammeln wir unsere Gedanken und werden im Laufe der Übungen eins mit dem Ton. Wir singen den Ton nicht mehr, wir sind der Ton und erhalten damit die tiefsten Einsichten in kosmische Zusammenhänge.
Stimme und Sprache sind Ausdruck und Spiegel des Bewußtseins. Wir spüren zunächst die Verspannungen im Körper, dann im Atmen und dann im Denkprozeß. Das Obertonsingen führt uns zu den tiefen Schichten unseres Bewußtseins.
Es ist schwierig, das Obertonsingen ohne Anleitung zu lernen. Wenn in Ihrer Nähe keine Kurse angeboten werden, kann man sich jedoch entsprechende Kassetten kaufen. In der Literaturliste finden Sie dazu Vorschläge.
Wir beginnen das Obertonsingen mit Atemübungen zur Entspannung. Wir können das Obertonsingen praktisch in jeder Haltung ausführen. Wichtig ist, daß der Körper aufrecht ist und in sich ruht.
Wir singen am Anfang in der Reihenfolge u - o - a - e - i. Wählen Sie eine Stimmlage, die Ihnen leicht fällt. Die Länge der von Ihnen gesungenen Töne wird von Ihrem Atemrhythmus bestimmt. Strengen Sie sich aber bei den Übungen nicht an. Atmen und Singen sollen eine Einheit bilden. Es geht nicht darum, daß Sie zu Anfang den Vokal so lange wie möglich anhalten können. Es geht um die Einheit von Atem, Stimme und Körper. Einheit ist wichtiger als Leistung.

Om-Heilübungen

Das Om, auch Ohm oder Aum geschrieben, symbolisiert in den alten indischen und buddhistischen Religionen den Urklang, das Urwort, das Heilige Wort. In der indischen Musik werden alle Instrumente danach gestimmt. Dieser Grundton der Instrumente, in Indien vor Jahrtausenden errechnet, entspricht seitdem dem

*Abb. 48: Bildliche Darstellung des Om
(aus H. Couslo, Die kosmische Oktave, Essen 1984)*

Jahreston der Erde. Es war keine Anpassung oder Veränderung während dieser Tausende von Jahren nötig. Bildlich wird das Om folgendermaßen dargestellt:
Der Schweizer Wissenschaftler Hans Cousto und der angelsächsische Wissenschaftler Joscelyn Godwin haben sich mit dem Verhältnis von Planetenumlaufbahnen, Tönen und Farben befaßt und den Jahreston der Planeten errechnet. Der Jahreston der Erde ist 136.10 Hertz. Er entspricht damit dem Grundton der indischen Sitar, der dem Cis entspricht.

Die Farbe des Jahres hat die Frequenz 598,6 Billionen Hertz, was der Wellenlänge von 501 Nanometern entspricht. Wir sehen diese Frequenz und Wellenlänge als Grün. Unser menschliches Auge kann nur Wellenlängen von 380 bis 740 Nanometern wahrnehmen. Unser Farbunterscheidungsvermögen ist im Grünbereich auch am stärksten ausgebildet. Grün befindet sich im Regenbogenband in der Mitte und symbolisiert Harmonie, Gleichgewicht und Ausgeglichenheit.

Beim Meditieren mit Om schwingen wir uns direkt in die tiefsten Informationen des Kosmos ein. Auch hier singt man am besten zunächst mit den Om-Gesängen der tibetanischen Mönche mit. Wenn man sich nach einigen Übungen selbst auf das Om einschwingen kann, findet man sofort Ruhe, Entspannung und Sicherheit. Das Om ist ein wunderbares Meditations- und Heilmittel. Es hilft bewußten und wachen Menschen, Einblick in tiefe Blockaden zu erhalten.

Planeten-Ton-Heilübungen

Die schon erwähnten Wissenschaftler Cousto und Godwin haben basierend auf dem Wissen von Pythagoras und Kepler die Töne und Farben der Planeten errechnet. Wir können, wie bei den Obertönen und der Om-Heilübung, auch mit diesen Ton- und Farbfrequenzen arbeiten.

Meditieren mit den Tönen und Farben der jeweiligen Planeten gibt uns die Möglichkeit, uns auf die Informationen, Bedeutungen und heilenden Kräfte dieser Planeten einzuschwingen und sie zu erfahren.

Die folgende Tabelle gibt eine Übersicht über die Planeten und deren Zuordnung zu Klang und Farbe.

Planet	Frequenz in Hz	Ton	Wellenlänge in nm	Farbe
Merkur	141,27	D	482,5	Blau
Venus	221,23	A	616,2	Orangerot
Erde	136,10	CIS	500,9	Grün
Mars	144,72	D	471,0	Blau
Jupiter	183,58	FIS	742,6	Rot
Saturn	147,85	D	461,1	Blau
Uranus	207,36	GIS	657,5	Orangerot
Neptun	211,44	A	644,8	Orangerot
Pluto	140,25	D	486,0	Blau

Vorschläge zur Musik für Heilübungen:

Johann-Sebastian Bach
Ludwig van Beethoven
Joachim-Ernst Berendt, Urtöne
Bluesmusik
Clannas (Irische Musik)
John Coltrane, Om
Enya
Andreas Friedemann
Peter Hamel
Johann-Friedrich Händel
Paul Horn: Inside
Indische Sitarmusik
Salif Keita
Otmar Liebert
Franz Liszt
Paco de Lucia
John McLaughlin, Shakti
Stephan Micus
Wolfgang Amadeus Mozart
Fricke Popohl: Tantric Songs
Ravi Shankar
Steve Schroyder
Klaus Schulze
Karl-H. Stockhausen
Tangerine Dream
Andreas Vollenweider

VI. Zum Abschluß

Die Heilübungen wirken in allen Bereichen: von der mentalen auf die spirituelle, emotionale und auch auf die körperliche Ebene. Eine Heilung wird durch die zunehmende Integration des Ganzen erreicht. Integration wird hier verstanden als Form eines inneren Einswerdens mit den verschiedenen Körpern. Integration ist keine Anhäufung von einzelnen Teilen. Der Begriff wird nicht in einem mechanistischen, sondern in einem ganzheitlichen Sinn verwendet. Als Beispiel läßt sich die Eingliederung anderer Kulturen und Menschen in eine Gesellschaft heranziehen. Neue Menschen aus anderen Kulturen verändern die Kultur, in die sie hineinwachsen. Sie verändern sich selbst, indem sie Teile der neuen Kultur in ihre eigene integrieren, sie verändern aber auch die schon bestehende Kultur. Der Untergang von alten und das Wachstum von neuen Kulturen sind das Beispiel dafür. Wenn wir die einzelnen, sich oft widerstreitenden »Kultur«-Bereiche in uns selbst kennen- und integrieren lernen, können wir aus der neuen, uns bewußten Ganzheit heraus handeln. Außerdem werden uns weitere Entwicklungen und Veränderungen schneller und klarer bewußt, und wir können diese auch bewußt steuern lernen. Diese Übungen werden neue innere und schließlich auch äußere Erfahrungen hervorrufen.

Es ist einfacher, diese Heilungen in Gruppen durchzuführen. Wichtig für den Erfolg ist die innere Einstellung. Wenn während der Heilübungen bestimmte Gefühle beziehungsweise Erkennt-

nisse hochkommen, die im Alltag dann nicht weiter beachtet werden, werden die Heilübungen nicht viel Wirkung haben. Die schwierigste Aufgabe für jeden ist letztlich nicht das Auflösen von Blockaden - egal auf welchen Ebenen -, sondern die Umsetzung neuer Erkenntnisse in den Alltag. Das ist harte Arbeit. Andere Methoden können unterstützend helfen, da wären beispielsweise Homöopathie, Bachblüten, Rolfing, Energiekörpermassagen, Alta Major und andere Methoden, die nicht nur körperlich wirken, sondern auch in die tieferen Schichten dringen. Jede Art von Körpertherapie hilft, diese Prozesse zu beschleunigen, dazu gehören Yoga, Tai Chi oder Qi Gong und Bioenergetik. Oft sind weitere unterstützende Hilfen nötig, kreative und gestalterische Arbeit zum Beispiel. Die Arbeit mit Masken oder Marionetten kann einem mitteilen, welche eigene Maske der Umwelt gegenüber aufgesetzt wird. Darüber kann man seine persönlichen Abhängigkeiten direkt und konkret erfahren und dann Marionetten oder Puppen bauen, die das symbolisieren, was man in sich unterdrückt hat. Die Erkenntnis und Erfahrung muß auf allen Ebenen stattfinden, damit sie als neue Information auch in die Informationsstruktur des Körpers eingehen kann. Einmalige »große« Erkenntnisse sind zwar erleuchtend und erhöhen den Adrenalinspiegel im Körper, lassen sich aber in der Regel nicht im Alltag umsetzen. Mit jeder Form von unterstützender Hilfe schaffen wir für uns eine Art emotionales, psychologisches und geistiges Netzwerk zum Ausprobieren der neuen Erfahrungen und erleichtern uns damit die Umsetzung in den Alltag.
Es gibt viele Beispiele von Leuten, die nach Indien reisen, dort bei einem Guru die wunderschönen hohen Energien erfahren, und sobald sie wieder in »ihren« Alltag zurückkehren, »ins schwarze Loch« fallen. Die »hohen« Energien werden dann oft wieder dadurch hereingeholt, daß man von Seminar zu Seminar fährt und dort wieder auftankt. Das kostet viel Geld, doch man hat das Gefühl, daß man sich etwas Gutes tut, man fühlt sich nach

jedem Seminarbesuch besser und versteht nicht, warum man so schnell wieder zurückfällt. Oft wird dann die Umwelt verantwortlich gemacht, und als Folge davon will man umziehen, die Arbeit oder die Beziehung wechseln. Das kann zwar alles nötig sein, man muß aber genau auf die innere Motivation achten. Die Dinge liegen nicht außerhalb, sondern immer innerhalb. Eine innere Veränderung wird immer eine äußere Veränderung verursachen. Eine äußere Veränderung wird aber nur manchmal eine innere Veränderung herbeiführen. Dessen muß man sich bewußt sein.

Wir sind alle auf der tiefen Ebene miteinander verbunden und voneinander abhängig. Gemeinsame Übungen unterstützen die Erfahrung und können uns helfen, klarer zu sehen, da wir sie mit anderen durchsprechen können und lernen, einander zu vertrauen. Vertrauen zu erfahren und zu lernen ist das Wichtigste bei diesen Heilübungen: Vertrauen zu sich selbst und damit auch Vertrauen zu anderen. Nur mit einem inneren Vertrauen zu sich selbst ist man in der Lage, sich selbst, die innere und die äußere Entwicklung sowie die Umwelt positiv zu sehen. Ohne dieses Vertrauen werden die Dinge negativ wahrgenommen und man handelt auch dementsprechend.

Seid ehrlich, vor allem zu Euch selbst. Ehrlichkeit schafft Vertrauen! Schummeln nutzt nicht nur nichts, sondern schadet! Ehrlichkeit hängt immer zusammen mit innerer Ehrlichkeit zu sich selbst. Mogeln auf dieser Ebene bedeutet immer, sich selbst zu belügen oder um eine tiefere Erkenntnis herumzuschleichen. Das schadet insofern, als es den Erkenntnisprozeß nicht nur verlangsamt, sondern auch verzerrt an die Oberfläche kommen läßt. Das bedeutet, daß äußere Erfahrungen sich entsprechend der inneren Widersprüche zuordnen.

Außerdem bedeutet Mogeln auch immer ein Vermeiden von neuen Erfahrungen, sowohl auf der inneren als auch auf der äußeren Ebene. Neue Erfahrungen - innerlich und äußerlich - bieten die Möglichkeit für neue Erkenntnisse und als Folge dessen die Ent-

wicklung von neuen Bewußtseinsstrukturen. Die Welt ist so ungeheuer vielfältig und hat einen unermeßlichen Reichtum, inneren wie äußeren. Wir können lernen, diesen Reichtum wahrzunehmen und uns davon zu nehmen, was wir für unser Leben benötigen - nicht im egoistischen Sinne. Egoistisch ist das Anhäufen von Reichtum, und es handelt sich dabei fast ausschließlich um äußeren Reichtum. Jede Form von Festhalten ist egoistisch und führt zwangsläufig zu einem inneren Stillstand.
Wenn wir in Gruppen arbeiten, arbeiten wir an einer gemeinsamen Sache. Wir können dann später, wenn nötig, diese Gruppenenergien um Hilfe bitten. Das verläuft so, als ob wir telepathisch mit den Gruppenenergien Kontakt aufnehmen und uns von dort Energien zukommen lassen. Mit diesen Gruppen-Heilübungen bauen wir uns ein Fundament des Vertrauens und der Ehrlichkeit sowie ein Reservoir, aus dem wir Energien schöpfen können, wenn wir sie benötigen. Es mag in manchen Gruppen länger dauern, bis dieser energiespendende Zustand erreicht wird. Das hängt von der inneren Bereitschaft und Fähigkeit der einzelnen Gruppenmitglieder ab, sich zu öffnen und echte Gruppenteilnehmer zu werden. Jeder hat seine eigene Geschwindigkeit, es hilft absolut nichts, wenn man versucht, andere unter Druck zu setzen, um den Prozeß zu beschleunigen. Es ist von größter Wichtigkeit, daß unsere eigene Erfahrung an andere weitergegeben wird. Jede Form von Weitergeben macht Platz für neue Erfahrungen und neue Entwicklungen. Festhalten von Erfahrungen führt zur Stagnation und konsequenterweise zum Stillstand oder dazu, daß man sich im Kreise dreht.
Eine Veränderung der Bewußtseinsstrukturen vieler einzelner verändert auch die Bewußtseinsstruktur der Erde. Neue revolutionäre Erkenntnisse, die die Welt verändert haben, sind in der Regel nicht nur in den Köpfen einzelner entstanden. Erkenntnisse über den Zusammenhang zwischen Krebs und Emotionalität beispielsweise wurden zur gleichen Zeit in verschiedenen Ländern

erforscht: Ungarn, USA und Deutschland. Die weltverändernden Erkenntnisse der Quantenphysik wurden ebenfalls zur gleichen Zeit von Wissenschaftlern verschiedener Länder erarbeitet. C.G. Jung benennt die Kraft, in der alles Wissen und Bewußtsein gespeichert ist: das kollektive Unbewußte.

Alle Erfahrung, alles Geschehen und alle Erkenntnis geht nicht verloren. Die Form ändert sich zwar, das Wissen an sich wird aber gespeichert. Zugang zu all diesen Informationen kann jeder haben, der sich mit diesem anderen Verständnis von Materie auseinandersetzt, sie akzeptiert und damit zu arbeiten lernt.

Die beschriebenen Heilübungen machen uns nicht nur uns selbst gegenüber offener, kritischer, bewußter und positiver. Sie fördern gleichzeitig auch das Bewußtsein unserer Umwelt und dem Kosmos gegenüber. Heilen unserer selbst geht Hand in Hand mit der Heilung des Planeten.

In den Readings, die ich gebe und über die ein weiteres Buch in Vorbereitung ist, geht es um das Erkennen und die Auslösung von Blockaden, die jeder einzelne hat. Blockaden sind ursprünglich zum Schutz entstanden, um dem einzelnen eine ähnliche Erfahrung zu ersparen oder um die Erinnerung an eine schmerzvolle Erfahrung zu verhindern. Diese ursprünglichen »Schutzenergien« haben sich dann selbständig gemacht. Sie existieren in der gesamten Persönlichkeit, sind dem einzelnen oft aber nicht bewußt. Es kostet Energien, diese Blockaden unbewußt zu halten. Wenn es sich bei den Blockaden um Angst, Einsamkeit, Leere, Traurigkeit, Depressionen, Bitterkeit, Ressentiments, aber auch Ärger, Enttäuschung, Neid und Haß etc. handelt, werden sehr viele Energien benötigt, diese Blockaden unter Kontrolle zu halten.

Jemand, der sich als Kind nicht angenommen fühlte, wird diese Erfahrung so lange immer wieder machen, bis er innerlich bereit ist, sich selbst anzunehmen und nicht äußerlich nach Annahme zu suchen. Die mangelnde innere Annahme ist die Grunderfahrung, die der Betroffene gemacht hat. So sehr auch versucht wird, sich diese Annahme von außen hereinzuholen, so sehr wird er von der Außenwelt enttäuscht werden. Niemand kann einem auf Dauer etwas geben, was man nicht selbst von innen hat. Frühe Erfahrungen verfestigen sich oft zum inneren Leid, im Gegensatz zum inneren Schmerz. Beim Schmerz handelt es sich um ein direktes, unmittelbares und aktives Gefühl, während Leid festgefahrener Schmerz ist. Um Gefühle wie Leid, Bitterkeit, Haß etc. auflösen zu können, muß man zunächst einmal an die tieferliegenden Schmerzgefühle kommen.

Das häufigste Muster ist, daß man sich das, was einem fehlt, über eine Partnerbeziehung hereinholt. Dem Partner wird dann - mehr oder weniger bewußt - die Aufgabe angetragen, das zu erfüllen, was man sich selbst nicht erfüllen kann. Wenn diese »Lücke« dann geschlossen ist, wird der Partner uninteressant, man findet - mehr oder weniger bewußt - neue »Lücken« und sucht sich dann, in den meisten Fällen unbewußt, einen neuen Partner.

Zu jedem Konflikt gehören immer mehr als nur eine Person. Mindestens zwei Personen müssen mit verschiedenen Vorstellungen und Erwartungen aufeinanderstoßen. Readings und Heilübungen werfen ein Licht auf die Ursachen für die äußeren Widersprüche und die dahinterliegenden individuellen Konflikte. Ein tieferes Verständnis für die Ursachen löst viele der äußeren Machtkonflikte durch die Erkenntnis sofort auf. Wir haben kein Recht, jemanden zu seinem »Glück« zu zwingen. Es wäre sowieso nicht erfolgreich, da sich Menschen, die sich unter Druck oder Manipulation ändern, nicht wirklich ändern. Sie passen sich der gegebenen Situation an, wollen den Status quo sichern, und bei der nächsten Gelegenheit taucht derselbe Konflikt in veränderter Form wieder auf, oder die sich anpassende Person wird krank. Krankheit kann auch eine Form der Manipulation sein, um den Partner dorthin zu bekommen, wo man ihn haben will.

Die Sexualität ist der intimste Ausdruck der eigenen Persönlichkeit. Die Männer unserer Gesellschaft stehen dort immer noch -

wie auch im Berufsleben - unter Leistungsdruck und wollen sich auch dort beweisen. Sie nehmen sexuelles »Versagen« weit schwerer als Frauen, zumal weibliches »Versagen« von Frauen ja auch gut versteckt werden kann. Sexuelle Probleme beider Geschlechter sind ein enorm wichtiges Thema in unserer Gesellschaft, und wir beginnen gerade erst, dies zu erkennen und zu verstehen. Je mehr wir zu uns selbst stehen, uns selbst annehmen können, desto besser und sicherer können wir uns auch sexuell zu erkennen geben und ausdrücken. Bislang laufen die Sexualtherapien noch darauf hinaus, die sexuellen Funktionen zu stärken und zu unterstützen. Das ist aber nur der erste Schritt. Mit der eigenen inneren Annahme nehmen wir auch eine Sexualität an, in der wir uns ganz ausdrücken können.

Die Heilübungen helfen uns dabei, Licht auf verborgene Blockaden zu werfen, uns diese anzuschauen und aufzulösen - zu heilen. Mit der Auflösung jeder Blockade werden weitere Energien frei, mit denen wir uns selbst und unsere Umwelt neu bewerten, bewußt weitere Veränderungen und Heilungsprozesse einleiten und ausführen können. Das erfordert wiederum eine Reaktion anderer und setzt dadurch weitere Prozesse in Gang. Wie immer diese Prozesse sein mögen, selbst wenn sie für uns negativ aussehen, haben wir kein Recht, manipulierend einzugreifen. Wir wissen nichts über das tiefere Lebenskonzept eines anderen - wir wissen ja sehr wenig über unser eigenes! Das, was für uns als negativ erscheinen mag, kann die Voraussetzung für einen neuen, positiven und sehr wichtigen Schritt sein.

VII. Anhang

Empfehlungen für Heilübungen

Diese Empfehlungen für bestimmte Heilübungen sollen helfen,
- schwierige Gefühle und Situationen zu verstehen und zu lösen und
- gewünschte Gefühle und Situationen zu erreichen.

Zur Vereinfachung und wegen der Vielfalt der Möglichkeiten werden zu bestimmten Bereichen (zum Beispiel zum Thema *Malen und Gedichte*) keine speziellen Empfehlungen gegeben, da es den Rahmen der folgenden Übersicht sprengen würde. Dasselbe gilt für die Musik. Sie kann die Wirkung der Übungen sehr unterstützen.

Die zu Beginn von Kapitel V. beschriebenen Atemübungen sind grundlegend. Sie sollten wiederholt geübt werden. Sie unterstützen und vertiefen Ihre persönlichen Erfolge.

Auch Mantras, Thangkas und Affirmationen sowie Räucherstäbchen und Öllampen können immer angewandt werden. Dazu werden hier jedoch keine spezielle Empfehlungen gegeben.

Die folgenden Empfehlungen sind nur Anhaltspunkte. Wenn Ihnen eine bestimmte Heilübung sehr zusagt und leichtfällt, versuchen Sie, diese in verschiedenen Alltagssituationen anzuwenden. Finden Sie selbst heraus, wie sie Ihnen hilft.

Gefühle	Atemüb.	Symbole	Meditationen
Allmachts-ansprüche	alle, besonders 6, 7, 8	Yin und Yang, Hexagramm, Kreis, Siebenheit, Sonnenblume, Eule	inneres Lächeln, besonders zum Herz, ich akzeptiere, Blockaden/Begrenzungen, loslassen alter Lebensmuster
Alpträume	1, 2, 3, 5, 6, 7	Sonnenblume, Kreis, Siebenheit, Rose, Pyramide	Schere, Blockaden/Begrenzungen, Wasserglas, ich akzeptiere, alle Wege sind offen
Angst vor Abgründen	1, 2, 4, 6, 7	Berg, Yin und Yang, Eule	Berg, Bergkristall, Angst, ich akzeptiere
Angst vor Autoritäten	1, 2, 5	Kreuz, Siebenheit	Magnetische Erdenergie, Angst, Blockaden/Begrenzungen, Beziehungen zu Hindernissen
Angst vor dem Fallen	1, 2, 3, 6, 7	Quadrat, Rose, Sonnenblume, Regenbogen	Angst, Schuldgefühle, visuelle Farbstraßen, loslassen von alten Lebensmustern
Angst vor dem Fliegen	alle	Quadrat, Rose, Sonnenblume, Regenbogen, Hexagramm	rosa Luftblasen, magnetische Erdenergie
Angst vor der Schule	1, 2, 5	Sonnenblume wachsend, Yin und Yang, Quadrat	visuelle Farbstraßen, unerwartete Türen, öffnen von verschlossenen Türen
Angst vor Dunkelheit	1, 4, 6, 7	Eule, Regenbogen, Quadrat, Sonnenblume, gelbe Rose	öffnen der Zellen, Angst, Lichtmeditation, Blockaden/Begrenzungen, Schere, alle Wege sind offen

Farben	Chakren	Edelsteine	Andere
goldene, schwarze, weiße Farbübungen	alle, besonders 6, 7	Bernstein, Diamant, Kristall, Obsidian, Onyx	Element: Erde; Tarot: Teufel, Hierophant, Narr, Magier, Mäßigkeit; Reinigen der Sinne, Musik zum Nachdenken
grüne, rosa, goldene Farbübungen	2, 3, 4, 6, 7	Achat, Smaragd, Rosenquarz, Bernstein, Topas	Element: Luft; Tarot: Rad des Schicksals, Hohe Priesterin, Mond, Sonne; inneres Lächeln, besonders zum Gehirn, beruhigende Musik
grüne Farbübungen	1, 3, 4, 7	Smaragd, Achat, Turmalin	Element: Erde; Körperübungen, beruhigende Musik, Verbinden der Gehirnhälften
rote Farbstraße, Anmalen von Herz und Solarplexus mit Rot	1, 2, 3	Rubin, Granat, Amethyst	Element: Wasser, Luft (Sturm); Tarot: Wagen, Kraft, Tod, Herrscher; inneres Lächeln, aktivierende Musik
grüne und goldene Farbübungen	1, 3, 4, 7	Smaragd, Achat, Emerald	Element: Wasser, Luft (Vogel); Tarot: Turm; entspannende Musik
alle Übungen mit grüner Farbe	1, 2, 3, 4	Smaragd, Achat, Bergkristall	Element: Erde, später Luft; inneres Lächeln, besonders Herz, Heilübungen mit dem Körper, Om, beruhigende Musik
alle Farben, alle Farbübungen	1, 2, 3	Achat, Smaragd, Malachit	Element: alle; Tarot: Kraft, Rad des Schicksals, Herrscher, Herrscherin, Sonne; inneres Lächeln, besonders zum Herz
alle goldenen, gelben Farbübungen	1, 2, 3, 4	Zitrin, Topas, Bernstein, Sonne	Element: alle; Tarot: Eremit, Mond, Kraft, Hohe Priesterin; Om

Gefühle	Atemüb.	Symbole	Meditationen
Angst vor falschen Entscheidungen	1, 7	Dreieck, Siebenheit	Blockaden/Begrenzungen, ich akzeptiere
Angst vor Feuer	1, 2	Quadrat, Yin und Yang, Hexagramm	Lichtmeditation, weißes Licht
Angst vor Krankheit	1, 2	Sonnenblume, Sonne, Yin und Yang, Pyramide, Hexagramm	Angst, Blockaden/Begrenzungen, Wasserglas, alle Wege sind offen
Angst vor Reisen	1, 2, 5	Kreis, sich nach vorne zum Tunnel öffnend, Hexagramm	visuelle Farbstraßen, alle Wege sind offen, rosa Luftblasen
Angst vor Veränderung	1, 2, 3, 4	Kreis, Dreieck, Sonnenblume	rosa Luftblasen, Wasserglas, Blockaden/Begrenzungen
Angst vor Wasser	alle	Quadrat, Yin und Yang, Sonne	Wasserglas, unerwartete Türen, alle Wege sind offen.
Angst, allgemeine	1, 2, 3	Dreieck, Kreis, Hexagramm, Siebenheit	Farbstraßen, Lichtmeditation, alle Wege sind offen, unerwartete Türen
Apathie	1, 2, 5, 6	Kreis, Yin und Yang, die Sonne, Sonnenblume	rosa Luftblasen, Blockaden/Begrenzungen, alle Wege sind offen

Farben	Chakren	Edelsteine	Andere
Übungen mit Grün, Rosa	4	Diamant, Kristall	Tarot: Narr, Sonne; inneres Lächeln zum Herz, ausgleichende Musik
blaue Straße, später mit roter Farbe	1, 2, 3, 4	Aquamarin, Sodalit, Saphir	Element: Wasser und Erde, später Feuer; Tarot: Eremit
alle Übungen mit grüner und goldener Farbe	1, 2, 3, 4	goldener Pyrit, Bernstein	Tarot: die Welt; Verbinden von linker und rechter Gehirnhälfte, Unendlichkeitszeichen im Gehirn, Om, Obertonsingen
alle Farben, alle Übungen	1, 2, 3, 4	Rosenquarz, Pyrit	Element: Luft, Wasser; beruhigende Musik, inneres Lächeln, besonders zum Herz, Solarplexus
alle grünen, rosa Farbübungen	1, 2, 3, 4	Smaragd, Jade, Lapislazuli, Achat	Tarot: Turm, Wagen, Kraft; Verbinden von rechter und linker Gehirnhälfte, Om
rote Farbübungen, später mit blauer Farbe	1, 2, 3, 4	Achat, Smaragd, Malachit, Turmalin	Element: Luft, später Wasser; Tarot: der Stern; Verbinden der Gehirnhälften, Kreis (blau) im Gehirn malen, Om
alle grünen, rosa, goldenen Farbübungen	3, 4, 5	Smaragd, Achat, Emerald, Rosenquarz, Bernstein	Element: Erde; Tarot: Welt, Stern, Rad des Schicksals; Musik zur Beruhigung
gelb, gelbe Straße, Farbatmen gelb	1, 2	Diamant, Quarz, Granat, Rubin, Zitrin	Tarot: Sonne, Kraft; Malen, Gedichte, Blockaden/Begrenzungen, aktivierende Musik (Tageston)

Gefühle	Atemüb.	Symbole	Meditationen
Aufregung	1, 3, 4	Kreis, Kreuz, Hexagramm, Eule	Berg, Beziehung zu Hindernissen, Wasserglas, rosa Luftblasen
Bequemlichkeit	1, 2, 3, 4	Sonne, Kreuz, Quadrat, Rose	Farbstraßen, magnetische Erdenergie, Lichtmeditation
Beobachtungsfähigkeit, mangelnde	1, 4, 5, 6	Dreieck, Siebenheit	Farbstraßen, Eigenschaften, Beziehung zu Hindernissen, Berg, Glücksrad
Bereitschaft, innere	1, 2, 3, 4, 5, 6, 7, 8	Yin und Yang, Pyramide, Eule, Hexagramm, Siebenheit, Regenbogen	Farbstraßen, loslassen von alten Lebensmustern, Schere, Blockaden/Begrenzungen, Lichtmeditation, ich akzeptiere
Besitzergreifend	besonders 5 und 8	Quadrat, Hexagramm, Kreuz, Eule, Rose	rosa Luftblasen, Wasserglas, ich akzeptiere, Beziehung zu Hindernissen
Beständigkeit, mangelnde	1, 2, 4	Quadrat	magnetische Erdenergie, Schere, loslassen von alten Lebensmustern
Courage/Mut	3, 4, 7 und 8	Kreuz, Siebenheit, Sonne, Rose, Pyramide, Eule	rosa Luftblasen, magnetische Erdenergie, Glücksrad, loslassen von alten Lebensmustern

Farben	Chakren	Edelsteine	Andere
grün, grüne Straße, Herz und Gehirn grün anpinseln	3, 4	Lapislazuli, Smaragd, Jade	Element: besonders Erde und ruhig fließendes Wasser; inneres Lächeln besonders zum Herz und Solarplexus, Musik zur Beruhigung,
gelbe, orangene, rosa, violette Farbübungen	1, 2, 3, 4, 7	Topas, Rosenquarz, Granat, Rubin, Amethyst	Element: Feuer, Luft, Wasser; Tarot: Teufel, Narr, Sonne; Körperübungen, inneres Lächeln, besonders Unterkörper und Herz, anregende Musik
gelbe, violette, grüne Farbübungen	5, 6, 7	Amethyst, Topas, Emerald	Element: alle; Tarot: Eremit, Hierophant, Mäßigkeit, Herrscherin; Verbinden der Gehirnhälften, besonders mit Unendlichkeitszeichen, Heilübungen mit dem Körper
grüne, rosa, goldene und silberne Übungen	4, 6, 7	Jade, Achat, Smaragd, Rosenquarz, Gold, Pyrit, Silber	Element: alle, besonders Wasser; Tarot: Mond, Hohe Priesterin, Hierophant, Herrscher, Herrscherin, Rad des Schicksals, Welt; Verbinden der Gehirnhälften, Körperheilübungen
violette und goldene Farbübungen	2, 3, 4	Amethyst, Bernstein, Topas	Element: Wasser, Luft, Feuer; Tarot: Turm, Tod, Sonne; Verbinden der Gehirnhälften, inneres Lächeln, besonders zu Gehirn und Herz
rote Straße, grüne Farbübungen	1, 2	Rubin, Granat, Smaragd	Tarot: Hierophant, Gericht, Kraft
rote, orangene Farbübungen	1, 4, 7	Granat, Rubin, Diamant, Kristall	Tarot: Sonne, Kraft, Eremit, Gehängte; Verbinden der Gehirnhälften, inneres Lächeln, besonders zu Wirbelsäule, Herz und Gehirn

Gefühle	Atemüb.	Symbole	Meditationen
Depression	alle	Pyramide, Kreis, Rose, Sonnenblume	Lichtmeditation, weißes Licht, Rosa Luftblasen, Glücksrad, alle Wege sind offen
Egoismus	1, 2, 3, 4	Kreuz (Mitte), Pyramide	Schere, öffnen von verschlossenen Türen, Eigenschaften
Ehrlichkeit	1, 2, 3, 4, 5, 6, 7	Rose, Eule, Yin und Yang, Dreieck, Kreuz	Farbstraßen in Blau und Rosa, Lichtmeditation, ich akzeptiere, loslassen von alten Lebensmustern
Eifersucht	1, 2, 4, 5, 6	Hexagramm, Kreis, Siebenheit, Eule	loslassen von alten Lebensmustern, Wasserglas, Enttäuschung, Beziehung zu Hindernissen
Eitelkeit	1, 2, 6, 7, 8	Pyramide, Rose, Hexagramm, Eule, Regenbogen	Farbstraßen: violette, goldene, schwarze, Lichtmeditation, alle Wege sind offen, ich akzeptiere
Energieschöpfen	alle	Sonne, Sonnenblume, Kreis, Dreieck, Pyramide	magnetische Erdenergie, loslassen von alten Lebensmustern, Farbstraßen, unerwartete Türen, Baum
Entscheidungsunfähigkeit	2, 3, 4	Yin und Yang, Siebenheit, Hexagramm, Kreis	rosa Luftblasen, Enttäuschung, magnetische Erdenergie, Berg, Glücksrad, unerwartete Türen

Farben	Chakren	Edelsteine	Andere
gelb, violett, rosa, gelbe, violette Straßen	1, 2, 3, 4, 5	Rosenquarz, Topas, Bernstein, Amethyst, Zitrin	Om, inneres Lächeln, besonders zu Herz und Wirbelsäule, Planetenton Erde, Heilübungen mit dem Körper
rosa und goldene Farbübungen	4	Rosenquarz, Kristall	Tarot: Tod, Teufel, Eremit, Sonne; inneres Lächeln, besonders zum Herz
alle blauen, rosa Farbübungen	4, 5, 6, 7	Sodalith, Saphir, Turmalin, Aquamarin, Rosenquarz	Element: besonders Wasser, Feuer; Tarot: Sonne, Narr, Eremit, Welt, Gerechtigkeit; inneres Lächeln, besonders zum Herz
grüne, rosa, blaue, goldene Farbübungen	3, 4	Smaragd, Saphir, Sodalith, Rosenquarz, Lapislazuli, Bernstein	Element: Erde, Wasser; Tarot: Liebenden, Narr, Magier; Verbinden der Gehirnhälften, Om, ausgleichende, beruhigende Musik
violette, goldene und schwarze Farbübungen	alle, besonders 4, 5, 6, 7	Onyx, Obsidian, Turmalin	Element: Feuer, Wasser, Luft; Tarot: Teufel, Turm, Gehängte, Mäßigkeit, Narr, Magier
besonders rote, orangene Farbübungen	1, 2, 7	Granat, Rubin	Element: besonders Feuer; Tarot: Sonne, Kraft, Stern, Welt; inneres Lächeln, besonders zu Unterkörper, Wirbelsäule und Herz, Om, Lichtmeditation
alle Übungen mit Rot, Blau und Weiß	1, 2, 3, 4	Achat, Granat, Rubin, Sodalith, Lapislazuli	Tarot: Rad des Schicksals, Welt; inneres Lächeln zu allen Organen, anregende Musik, Verbinden der Gehirnhälften

Gefühle	Atemüb.	Symbole	Meditationen
Entspannung	1, 2, 3	Pyramide, Regenbogen, Rose	Wasserglas, rosa Luftblasen, Farbstraßen, Lichtmeditation
Enthusiasmus	1, 2, 3, 4, 5, 6	Pyramide, Dreieck, Hexagramm, Siebenheit, Quadrat	Farbstraßen, Lichtmeditation, Wasserglas, alle Wege sind offen, öffnen von verschlossenen Türen, Glücksrad, rosa Luftblasen
Enttäuschung	1, 2, 3, 4, 5	Sonne, Yin und Yang, Rose	Enttäuschung, Lichtmeditation, Glücksrad, Schere, Beziehung zu Hindernissen
Enttäuschungen/ Frustrationen	1, 2, 3, 4, 5, 6, 7	Dreieck, Sonnenblume	Enttäuschung, Ärger, ich akzeptiere, alle Wege sind offen, Schere
Entzündungen	1, 3	Dreieck, Berg, Sonnenblume, Pentagramm, Hexagramm	Blockaden/Begrenzungen, ich akzeptiere, Farbstraßen, unerwartete Türen, Beziehungen zu Hindernissen
Erdung	1, 2, 3	Yin und Yang, Quadrat, Hexagramm	Berg, magnetische Erdenergie, Farbstraßen
Erinnerungen, unangenehme	1, 2, 3, 4, 7, 8	Berg, Eule, Yin und Yang, Sonnenblume	Ärger, Enttäuschung, Eigenschaften, Luftblasen, Lichtmeditation

Farben	Chakren	Edelsteine	Andere
Farbatmen grün, rosa	2, 3, 4, 5	Lapislazuli, Smaragd, Emerald, Rosenquarz	Element: besonders Erde, Wasser; Tarot: Stern, Mond, Magier; inneres Lächeln, besonders zum Hals, Verbinden der Gehirnhälften, Om,
rote und orangene Übungen	1, 2, 7	Granat, Rubin, Koralle	Element: alle; Tarot: Magier, Narr, Welt, Stern; Verbinden der Gehirnhälften, Musik zur Anregung
Farbatmen grün, orange	3, 4	Rubin, Granat	Element: Wasser, Luft; Tarot: Sonne, Herrscherin; ausgleichende Musik
rosa und blaue Farbübungen abwechselnd	1, 2, 3, 4, 5	Rubin, Aquamarin, Saphir, Sodalith	Tarot: Rad des Schicksals, Mond, Hohe Priesterin, Hierophant; belebende und ausgleichende Musik
blau, visuelles Anmalen der Entzündungen mit blau	3, 4	Quarz, Lapislazuli, Sodalith, Saphir	Tarot: Rad des Schicksals, der Gehängte; inneres Lächeln an die Entzündungen, Om, Ton: Venus
grüne, rosa, blaue Farbübungen	1, 2, 3, 4, 5	Smaragd, Achat, Malachit, Turmalin, Rosenquarz	Element: alle, besonders Erde (Baum); magnetische Erdenergie, Erdenton
grüne Farbübungen	3, 4	Smaragd, Achat, Turmalin	Element: Wasser, Luft; Tarot: Gerechtigkeit, Hohe Priesterin, Herrscher; inneres Lächeln, besonders zu Gehirn und Herz, erfrischende Musik

Gefühle	Atemüb.	Symbole	Meditationen
Flexibilität	1, 2, 3, 4, 5, 6	Dreieck, Siebenheit, Quadrat, Yin und Yang	Glücksrad, rosa Luftblasen, Lichtmeditation, alle Wege sind offen, loslassen von alten Lebensmustern
Freiheit	alle, besonders 7 und 8	alle geometrischen und nicht geometrischen, Sonne	ich akzeptiere, Glücksrad, alle Farbstraßen, besonders weiße und schwarze
Freßsucht	1, 2, 3, 5, 6, 8	Pentagramm, Sonne	ich akzeptiere, Angst, Schuldgefühle, Enttäuschung
Freude	alle, besonders 5, 6, 8	alle geometrischen und nicht geometrischen, Regenbogen	visuelle Farbstraßen, Glücksrad, Lichtmeditation, weißes Licht, alle Wege sind offen
Frieden	1, 2, 3, 4, 5, 6, 7, 8	Regenbogen, Rose, Sonnenblume, Eule, Kreis, Hexagramm	ich akzeptiere, alle Wege sind offen, unerwartete Türen, rosa Luftblasen, Wasserglas
Geduld	1, 2, 3, 4	Dreieck, Kreis, Kreuz, Quadrat, Yin und Yang, Eule	Schere, Ärger, Enttäuschung, Angst, Schuldgefühle, rosa Luftblasen, Wasserglas

Farben	Chakren	Edelsteine	Andere
orangene, gelbe, violette Farbübungen	2, 3, 4, 7	Rosenquarz, Topas, Bernstein, Amethyst	Element: alle, besonders Wasser, Feuer; Tarot: Narr, Magier, Welt, Rad des Schicksals; inneres Lächeln, besonders zur Wirbelsäule, Musik zur Veränderung
alle Farben, besonders weiße, schwarze, rosa, goldene Farbübungen	alle	alle, besonders Diamant, Kristall, Onyx und Obsidian, schwarzer Turmalin	Element: alle; Tarot: Narr, Magier, Tod, Teufel, Sonne; Om, Obertöne, besonders Mandalas, Öffnen von verschlossenen Türen, Weltmusik
gelbe, goldene, rote Farbübungen	1, 2, 3	Zirkon, Topas, Bernstein	Element: Feuer (Sonne); Tarot: Sonne, Teufel, Tod, Magier; Musik zur Beruhigung
alle Farben	alle Chakren	alle Edelsteine	Element: alle; Tarot: besonders Sonne, Liebenden, Stern, Welt, Rad des Schicksals; Körper-übungen
blaue, goldene Farbübungen	5, 7	Sodalith, Saphir, Turmalin, Topas, Aquamarin, Bernstein, Lapislazuli	Element: besonders Wasser; Tarot: Magier, Narr, Sonne, Stern, Welt, Liebenden; Heilübungen mit dem Körper, Verbinden der Gehirnhälften
alle blauen, weißen Farbübungen	1, 2, 3, 4, 5	Saphir, Lapislazuli, Aquamarin, Diamant, Kristall	Element: besonders Feuer, Erde; Tarot: Mond, Gericht, Turm, Wagen; inneres Lächeln besonders zu Herz und Wirbelsäule, Musik zur Beruhigung

Gefühle	Atemüb.	Symbole	Meditationen
Gefühle von Unreinheit	1, 2, 4, 5, 6, 7	Pyramide, Regenbogen, Yin und Yang	magnetische Erdenergie, Lichtmeditation, weißes Licht, Blockaden/Begrenzungen
Gewalt	alle, besonders 7, 8	Dreieck, Hexagramm, Siebenheit, Sonnenblume, Yin und Yang	rosa Luftblasen, Wasserglas, Berg, Eigenschaften, öffnen von verschlossenen Türen, loslassen von alten Lebensmustern
Harmonie	1, 2, 3, 4, 5, 6	Pyramide, Dreieck, Siebenheit, Kreis, Quadrat	ich akzeptiere, Schere, rosa Luftblasen, alle Wege sind offen, loslassen von alten Lebensmustern
Haßgefühle	alle	Dreieck, Regenbogen, Quadrat, Yin und Yang	Eigenschaften, Blockaden/Begrenzungen, ich akzeptiere, rosa Luftblasen
Hemmung durch andere	besonders 7	Pyramide, Ausdehnen von Kreis und Dreieck	öffnen der Zellen, Lichtmeditation, Blockaden/Begrenzungen, magnetische Erdenergie, alle Wege sind offen
Hoffnungslosigkeit	alle	Kreuz, Kreis, Dreieck, Hexagramm, Siebenheit, Yin und Yang, Sonnenblume, Regenbogen	Farbstraßen: gelb, violett, orange, Glücksrad, rosa Luftblasen, Lichtmeditation, Blockaden/Begrenzungen

Farben	Chakren	Edelsteine	Andere
rote, weiße Farbübungen	1, 2 und 7	Diamant, Kristall, Lapislazuli	Element: besonders Feuer; Tarot: Hierophant, Eremit, Stern, Sonne; Reinigen der Sinne
grüne, goldene, türkise Farbübungen	4, 5, 6, 7	Türkis, Bernstein, Topas, Smaragd, Malachit, Turmalin	Element: besonders Wasser, Luft; Tarot: Sonne, Wagen, Gehängte, Tod, Kraft
alle grünen, rosa Farbübungen	besonders 4	Jade, Turmalin, Emerald, Smaragd	Element: alle; Tarot: Liebenden, Magier, Gerechtigkeit, Welt, Stern; inneres Lächeln, besonders zum Herz, Musik zum Ausgleich
grüne und violette Farbübungen	4, 5, 6, 7	Achat, Smaragd, Malachit, Turmalin	Element: Wasser und Luft; Tarot: Eremit, Hierophant, Gericht, Liebenden, Mäßigkeit; Verbinden der Gehirnhälften, Musik zum Ausgleich
violett und rosa, Anmalen des Gehirns in diesen Farben	4, 5, 6, 7	Rosenquarz, Amethyst	Element: Luft und Wasser; Tarot: Magier, Narr; anregende, aktivierende Musik,
gelbe, violette, orangene Farbübungen	1, 2, 4, 5, 6, 7	Topas, Bernstein, Amethyst, goldener Pyrit	Tarot: Liebenden, Sonne, Narr, Magier; Kreis und Unendlichkeitszeichen im Gehirn, Körperübungen, anregende Musik, Om, Obertonsingen

Gefühle	Atemüb.	Symbole	Meditationen
Inspiration	1, 2, 3, 4, 5, 6	Pentagramm, Kreis, Hexagramm, Pyramide, Dreieck	magnetische Erdenergie, Farbstraßen, alle Wege sind offen, unerwartete Türen, Verbinden von beiden Gehirnhälften
Integrität	1, 2, 3, 4	Kreuz, Dreieck, Siebenheit, Quadrat, Pentagramm, Hexagramm	Beziehung zu Hindernissen, Eigenschaften, Blockaden/Begrenzungen
Intoleranz sich selbst und/oder anderen gegenüber	1, 3, 4, 5, 6, 8	Quadrat, Yin und Yang, Siebenheit, Eule, Rose	Lichtmeditation, weißes Licht, Kreis, Diamant, ich akzeptiere
Klarheit, innere	alle, besonders 6, 7 und 8	Yin und Yang, Kreis, Sonne, Hexagramm	Lichtmeditation, Diamant, weißes Licht, Pyramide, alle Wege sind offen
Kommunikation	1, 2, 3, 4, 5	Dreieck, Pyramide, Yin und Yang	Beziehung zu Hindernissen, Lichtmeditation, weißes Licht, Blockaden/Begrenzungen
Konfusion	alle, besonders 4, 7	Yin und Yang, Pyramide, Hexagramm, Rose, Berg	Diamant, weißes Licht, Lichtmeditation, rosa Luftblasen, Wasserglas, unerwartete Türen

Farben	Chakren	Edelsteine	Andere
gelbe und violette Übungen	alle, besonders 2, 4, 6, 7	alle, besonders Topas, Zitrin, Bernstein, Amethyst, Lapislazuli	Element: besonders Wasser, Feuer; Tarot: Turm, Eremit, Stern, Sonne, Welt, Rad des Schicksals, Mond, Hohe Priesterin; Körperheilübungen
weiße, schwarze, goldene, silberne Farbübungen	4, 6, 7	Diamant, Kristalle, Gold, Silber, Pyrit	Element: alle; Tarot: Mond, Hohe Priesterin, Eremit, Hierophant; Heilübungen mit dem Körper, inneres Lächeln
goldene, grüne, rosa Farbübungen	1, 2, 3, 4, 5	Smaragd, Koralle, Rosenquarz, Achat, Bernstein, goldener Pyrit	Tarot: Hohe Priesterin, Mäßigkeit, Stern, Welt; inneres Lächeln zu allen Organen, Om, Verbinden der Gehirnhälften, besonders Unendlichkeitszeichen, Musik zum Nachdenken
weiße, schwarze Farbübungen	alle, besonders 4, 6, 7	Diamant, Kristall, Obsidian, Onyx	Element: besonders Wasser und Luft; Tarot: Narr, Magier, Eremit, Hierophant; Reinigung der Sinne, Körperübungen, Verbinden der Gehirnhälften
alle blauen Farbübungen	5, 6, 7	Saphir, Sodalith, Aquamarin, Turmalin, Lapislazuli	Element: besonders Wasser, Erde; Tarot: Die Liebenden, Magier, Wagen, Teufel, Mond, Gericht; inneres Lächeln, Öffnen der Zellen
weiß-schwarze Übungen sowie rosa, grüne, türkise	4, 5, 6, 7	Türkis, Diamant, Kristall, Obsidian, Rosenquarz, Achat, Malachit	Element: Erde und Wasser; Tarot: Gericht, Hierophant, Eremit, Hohe Priesterin, Mond; Körperübungen, Musik zur Entspannung

Gefühle	Atemüb.	Symbole	Meditationen
Kontrolle der Gedanken	1, 2, 3, 4, 5, 6, 7, 8, besonders 7	Kreis, Hexagramm, Kreuz, Eule	Lichtmeditation, weißes Licht, Schere
Krankheiten, chronische	alle, besonders 3, 4, 5, 6	Yin und Yang, Pyramide, Hexagramm, Kreis, Pentagramm, Eule	alle Wege sind offen, ich akzeptiere, Lichtmeditation, loslassen, Farbstraße
Krankheiten, eingebildete	alle	Sonnenblume, Eule, Dreieck, Pentagramm	rosa Luftblasen, Blockaden/Begrenzungen, Berg, Lichtmeditation, weißes Licht
Kreativität	alle, besonders 8	alle Symbole, besonders Sonne, Rose, Sonnenblume, Pyramide, Hexagramm	magnetische Erdenergie, Farbstraßen, alle Wege sind offen, unerwartete Türen
Kritiksucht	4, 5, 6, 7, 8	Kreis, Dreieck, Yin und Yang, Sonne, Regenbogen	Wasserglas, rosa Luftblasen, alle Wege sind offen
Launenhaftigkeit	1, 2, 3, 6	Pentagramm, Yin und Yang	Farbstraßen, Schere, ich akzeptiere, loslassen von alten Lebensmustern
Lebenseinstellung, kritische	1, 2, 3, 4, 5, 7	Kreis, Siebenheit, Hexagramm	öffnen der Zellen, ich akzeptiere

Farben	Chakren	Edelsteine	Andere
weißes Licht	5, 6, 7	Diamant, Kristall, Lapislazuli, Pyrit	Element: besonders Erde; Tarot: Eremit, Teufel, Gericht, Narr; Verbinden der Gehirnhälften
alle Farben und alle Übungen	alle, besonders 5 und 6	Kristall, Diamant, Lapislazuli, goldener Pyrit	Tarot: Liebenden; inneres Lächeln an alle Organe, Heilübungen mit dem Körper, Öffnen der Zellen
grüne, weiße Farbübungen	2, 5, besonders 4	Emerald, Smaragd, Achat, Jade, Turmalin	Tarot: Sonne, Liebenden, Welt, Hohe Priesterin; inneres Lächeln, besonders zum Herz und zu den »Krankheitsstellen«, Musik zum Ausgleich und Nachdenken
alle Farben, besonders Rot, Blau, Violett, Gelb	1, 2, 5, 6, 7	Topas, Bernstein, Granat, Rubin, Saphir, Lapislazuli, Amethyst, Sodalith	Element: alle, besonders Feuer, Luft, Wasser; Tarot: Narr, Magier, Turm, Teufel, Stern, Liebenden; Körperheilübungen, inneres Lächeln, besonders zu Herz, Gehirn und Oberkörper, Musik zur Anregung
goldene Übungen	1, 2, 4, 5	goldener Pyrit	Element: Wasser, Feuer; Tarot: Teufel, Tod, Turm, Eremit, Gerechtigkeit, Gericht; beruhigende Musik,
grüne und rosa Farbübungen	1, 2, 3, 4	Achat, Rosenquarz, Turmalin	Element: Erde (Baum), Wasser; Tarot: Gerechtigkeit, Wagen, Welt; beruhigende Musik
alle grünen, rosa Übungen	2, 4, 5	Diamant, Quarz	Tarot: Hierophant, Rad des Schicksals, Welt, Turm; Oberton

Gefühle	Atemüb.	Symbole	Meditationen
Lebens-einstellung, negative	alle	Regenbogen, Eule, Sonnenblume, Kreis, Sonne, Pyramide	weißes Licht, Bergkristall, Lichtmeditation, Kreis
Leichte Beeinfluß-barkeit	1, 2, 3, 4, 5	Siebenheit, Yin und Yang, Rose, Sonnenblume	Farbstraßen grün und violett, magnetische Erdenergie, Schere, Berg, Beziehung zu Hindernissen
Licht	alle, besonders 8	Kreis, Sonne, Regenbogen, Pyramide	Lichtmeditation, weißes Licht, Sonne, Wasserglas, Sphärenmusik
Liebe	1, 2, 3, 4	Rose, Sonnenblume, Regenbogen, Dreieck, Hexagramm, Sonne	magnetische Erdenergie, alle Wege sind offen, unerwartete Türen
Lustlo-sigkeit	1, 2, 3, 4, 5, 6	Dreieck, Hexagramm, Sonne	magnetische Erdenergie, Baum, rote Farbstraßen, unerwartete Türen, alle Wege sind offen
Mangel an eigenen Grenzen	3, 4	Kreis, Hexagramm, Berg, Eule	Berg, Lichtmeditation, Körperheilübungen
Mangel an Energie	alle	Pyramide, Sonne, Regenbogen	magnetische Erdenergie

Farben	Chakren	Edelsteine	Andere
weißes Licht und rote Farbschwingungen	1, 2, 3, 4, 5, 6, 7	Diamant, Kristall, Rubin, Granat	Tarot: Sonne, Turm, Mond, Teufel, Welt; inneres Lächeln, Körperübungen, aktivierende und belebende Musik, Verbinden der Gehirnhälften
grüne und violette Farbübungen	aktivieren: 1, 2, 3; beruhigen: 4, 5, 6, 7	Amethyst, Achat, Jade, Smaragd, Turmalin	Element: Erde und Feuer; Tarot: Gehängte, Eremit, Wagen, Kraft
alle weißen Farbübungen	besonders 7	Diamant, Kristall	Element: besonders Luft; Tarot: Sonne, Stern, Mond; Öffnen der Zellen, Sphärenmusik
rote, orangene, goldene Farbübungen	1, 2, 4, 7	Granat, Rubin, Rosenquarz, Topas, Bernstein	Element: alle, besonders Wasser und Feuer; Tarot: Die Liebenden, Narr, Welt, Stern
alle roten Farbübungen	1, 2, 3, 4	Rubin, Granat	Element: Erde, Feuer, Wasser; Tarot: Sonne, Stern, Liebenden; aktivierende Musik, Sphärenmusik
grünes Farbatmen und Farbstraßen	1, 2, 3	Achat, Pyrit, Turmalin	Element: Erde; Tarot: Hierophant, Tod
rot	1, 2, 3, 4	Granat, Rubin, Diamant	Element: alle, besonders Feuer und Luft (Wind); Tarot: Sonne, Wagen; anregende Musik

Gefühle	Atemüb.	Symbole	Meditationen
Melancholie	alle	Sonne, Hexagramm, Pentagramm, Pyramide	Sonne, rosa Luftblasen, Wasserglas, rote und goldene Farbstraßen
Müdigkeit	1, 4, 5, 6	Kreis, Baum, Sonne, Regenbogen	Lichtmeditation, weißes Licht, magnetische Erdenergie, Wasserglas, Diamant
Mutlosigkeit	1, 2, 4, 5	Hexagramm, Sonnenblume, Regenbogen	Ärger, Enttäuschung, Schuldgefühle, Wasserglas, alle Wege sind offen, Schere, loslassen von alten Lebensmustern
Nervosität	1, 2, 4, 6	Berg, Quadrat	rosa Luftblasen, Wasserglas, Baum, Schere
Offenheit	alle, besonders 8	Siebenheit, Hexagramm, Pyramide, Regenbogen	Schere, alle Wege sind offen, öffnen von verschlossenen Türen, Beziehung zu Hindernissen
Panikattacken, Anfälle von Panik	1, 2, 7	Yin und Yang, Kreis, Regenbogen, Sonnenblume	weißes Licht, Kreis, Bergkristall, Diamant, Wasserglas
Perfektionismus	4, 5, 6, 7	Quadrat, Pyramide, Dreieck, Siebenheit	·Farbstraßen, besonders weiße, violette und goldene, Lichtmeditation, ich akzeptiere

Farben	Cha-kren	Edelsteine	Andere
alle orangenen, roten, goldenen Farbübungen	1, 2, 3, 4	Rubin, Granat, Koralle, Bernstein, Topas	Element: Feuer, Luft, Wasser; Tarot: Sonne, Stern, Liebenden; Schere, Körperübungen, inneres Lächeln, beruhigende, ausgleichende und belebende Musik
rote, rosa und violette Farbübungen	1, 2, 3, 4	Rubin, Granat, Amethyst, Rosenquarz	Element: Feuer und Luft (Wind); Tarot: Kraft, Wagen, Sonne, Stern; anregende und belebende Musik, inneres Lächeln, besonders zum 1. und 2. Chakra
Farbatmen gelb, orange, grün	1, 4	Zitrin, Topas	Element: Feuer, Luft; Tarot: Sonne, Welt, Rad des Schicksals; aktivierende Musik
alle Übungen, grün und rosa	1, 2, 3, 4	Achat, Emerald, Rosenquarz, Topas	Element: Erde und Wasser; Tarot: Stern, Magier, Hierophant; beruhigende Musik, Om, inneres Lächeln, besonders Herz und Solarplexus, Körperübungen
weiße Farbübungen, besonders die Integration von Weiß und Schwarz	alle	Diamant, Kristall, Onyx, Obsidian	Element: Luft; Tarot: Sonne, Narr, Magier, Teufel, Tod; Öffnen der Zellen, Körperheilübungen, inneres Lächeln zu allen Organen, Om
grüne, rosa, goldene Farbübungen	1, 2, 4	Smaragd, Achat, Rosenquarz	Element: Erde; Tarot: Herrscher, Mäßigkeit, Kraft, Liebenden; inneres Lächeln, besonders zum Herz
weiße, violette, rosa, goldene Farbübungen	alle, besonders 4, 7	Pyrit alle Farben, Amethyst, Diamant	Element: alle; Tarot: Liebenden, Turm, Narr, Magier; Verbinden der Gehirnhälften, Om

Gefühle	Atemüb.	Symbole	Meditationen
Reichtum, innerer	alle, besonders 7 und 8	alle geometrischen und nicht geometrischen Symbole	ich akzeptiere, rosa Luftblasen, Farbstraßen, Wasserglas, Glücksrad, Blockaden/Begrenzungen
Reinigung von Verstand und Körper	3, 4	Pyramide, Hexagramm, Siebenheit, Regenbogen	Lichtmeditation, weißes Licht, alle Wege sind offen, Farbstraßen
Reizbarkeit	1, 2, 3, 4	Quadrat, Rose, Yin und Yang, Berg, Rose, Siebenheit	Farbstraßen, Wasserglas, unerwartete Türen, alle Wege sind offen
Ressentiments	1, 2, 5, 6, 7, 8	Siebenheit, Regenbogen, Yin und Yang	Farbstraßen: gelbe, goldene, violette, ich akzeptiere, öffnen von verschlossenen Türen, Schere
Rigidität	alle, besonders 7	Kreis, Dreieck, Hexagramm, Siebenheit	ich akzeptiere, Eigenschaften, Farbstraßen, alle Wege sind offen, unerwartete Türen, loslassen von alten Lebensmustern
Schlaflosigkeit	1, 2	Yin und Yang, Eule	Blockaden/Begrenzungen, Wasserglas, rosa Luftblasen
Schockzustände	alle, besonders 1	Kreis, Yin und Yang, Regenbogen, Rose (aufblühend)	alle Wege sind offen, Farbstraßen in Rosa, Grün, Gold und evtl. Schwarz, weißes Licht

Farben	Cha-kren	Edelsteine	Andere
alle Farben, besonders violette und weiße	besonders 6, 7	Amethyst, Diamant, Kristall	Element: alle, besonders Wasser; Tarot: Welt, Stern, Magier, Rad des Schicksals, Narr; inneres Lächeln, besonders zu Wirbelsäule, Hüfte, Beine, Gelenke zum Fortbewegen
weißes Licht	alle	Diamant, Kristall, Amethyst	Element: alle, besonders Wasser; Tarot: Stern, Sonne, Turm; alle Wege sind offen, Öffnen der Zellen, Om
blaue und grüne Farbübungen	1, 2, 3, 4	Jade, Smaragd, Achat, Malachit	Element: Wasser; Tarot: Hohe Priesterin, Mond; Musik zum Ausgleichen, Om,
gelbe, goldene, violette Farbübungen	2, 4, 7	Amethyst, Bernstein, Topas	Element: Wasser, Feuer; inneres Lächeln, besonders zu Herz, Wirbelsäule, Solarplexus, Nieren, Körperübungen
rosa, violette Farbübungen sowie schwarze	alle, besonders 4, 7	Rosenquarz, Amethyst, Obsidian, Onyx	Element: besonders Wasser, Luft, Feuer; Tarot: Narr, Magier, Mond, Hohe Priesterin; Körperübungen, Verbinden der Gehirnhälften, besonders Kreis, Om
grüne und violette Farbübungen, grüne Kreise im Gehirn malen	2, 3, 4	Rosenquarz, Achat, Smaragd	Tarot: Mond, Hohe Priesterin; Sphärenmusik, beruhigende Musik
rosa, grüne, goldene Farbübungen (evtl. auch schwarze)	alle, besonders 4	Rosenquarz, Türkis, Bernstein, Obsidian, Diamant, Kristall	Element: Erde, Tarot: Liebenden, Rad des Schicksals, Welt, Sonne; entspannende Musik

Gefühle	Atemüb.	Symbole	Meditationen
Schuldgefühle	1, 2, 3, 4	Yin und Yang, Rose, Regenbogen, Kreuz	Schuldgefühle, Berg, loslassen, Blockaden/Begrenzung, ich akzeptiere, Wasserglas, Glücksrad, rosa Luftblasen
Selbstbewußtsein, mangelndes	1, 2, 3, 4, 5, 6	Kreis, Dreieck, Hexagramm, Pentagramm	loslassen von alten Lebensmustern, Beziehung zu Hindernissen, Schere, unerwartete Türen, alle Wege sind offen
Selbstdisziplin, mangelnde	1, 2, 5, 6, 7, 8	Yin und Yang, Kreis, Quadrat, Berg	Berg, Bergkristall, Eigenschaften, Beziehung zu Hindernissen, magnetische Erdenergie
Selbstmordtendenzen	besonders 6	Regenbogen, Sonne, Dreieck, Quadrat	ich akzeptiere, inneres Lächeln zu allen Organen, besonders Wirbelsäule, alle Wege sind offen, Farbstraßen, unerwartete Türen
Selbstmitleid	1, 2, 3, 4, 6	Rose, Sonnenblume, Hexagramm, Pentagramm	Blockaden/Begrenzungen, Eigenschaften, rosa Luftblasen, Wasserglas
Sorgen	1, 2, 3, 4	Kreis, Dreieck, Regenbogen, Sonnenblume	Glücksrad, Eigenschaften, Farbstraßen, Wasserglas, alle Wege sind offen

Farben	Chakren	Edelsteine	Andere
farbige Straßen, goldene, violette Farben	2, 4	Quarz, Topas, Bernstein, Amethyst	Element: Luft; Musik zur Entspannung, Om, Obertöne, Heilübungen mit dem Körper
türkise, goldene, blaue Farbübungen	3, 4, 5	Türkis, Bernstein, Topas	Element: Erde (Baum, Steine), Feuer; Tarot: Mäßigkeit, Mond, Hohe Priesterin, Wagen; inneres Lächeln, besonders zu Herz, Gehirn, Wirbelsäule
rosa und grüne Farbübungen, evtl. blaue	3, 4, 5	Rosenquarz, Malachit, Turmalin, Smaragd	Tarot: Eremit, Kraft, Gehängte, Turm, Stern, Narr; Körperübungen, Blockaden/Begrenzungen, Verbinden der Gehirnhälften, besonders Unendlichkeitszeichen
grüne, blaue, goldene Farbübungen	4, 5, 6, 7	Achat, Malachit, Turmalin, Bernstein, Lapislazuli, Saphir	Element: alle, besonders Wasser; Tarot: Kraft, Stern, Sonne, Liebenden; Om, Körperübungen, belebende, anregende Musik
orangene, rote Farbübungen	1, 2, 4	Rosenquarz, Granat, Rubin	Tarot: Narr, Rad des Schicksals, Tod, Herrscher; inneres Lächeln, besonders zu Herz und Wirbelsäule, Körperübungen, anregende Musik
grüne und rosa Farbübungen	2, 3, 4	Rosenquarz, Jade, Smaragd, Achat, Malachit	Element: Wasser; Om, Obertonsingen, Körperübungen, inneres Lächeln, besonders zum Herz, beruhigende Musik

Gefühle	Atemüb.	Symbole	Meditationen
Spontaneität	1, 2, 3, 4, 5, 6	Sonne, Regenbogen, Pentagramm, Hexagramm	rosa Luftblasen, magnetische Erdenergie, Beziehung zu Hindernissen, Schere, Glücksrad
Stärke	1, 2, 3, 4, 5, 6	Quadrat, Pyramide, Kreuz, Sonnenblume	magnetische Erdenergie, rosa Luftblasen, Wasserglas, visuelle Farbstraßen, alle Wege sind offen
Stärke von Körper und Geist, mangelnde	1, 2, 3, 4, 5, 6, 7	Pyramide, Siebenheit, Quadrat	magnetische Erdenergie, Wasserglas, Diamant, Bergkristall, weißes Licht
Stolz	1, 2, 4, 6, 7, besonders 5	Dreieck, Kreuz, Kreis, Eule, Rose, Yin und Yang	loslassen von alten Lebensmustern, alle Wege sind offen, Schere, Wasserglas
Synthese	alle, besonders 8	Dreieck, Pyramide, Siebenheit, Regenbogen, Yin und Yang	Glücksrad, Wasserglas, visuelle Farbstraßen, besonders schwarze und weiße, Eigenschaften
Tendenz zur Überverantwortung	1, 2, 3, 4, 5, 6	Kreis, Sonne, Rose, Eule	ich akzeptiere, Schere, alle Wege sind offen, Lichtmeditation, weißes Licht, Diamant, rosa Luftblasen

Farben	Chakren	Edelsteine	Andere
rote, orangene, gelbe und violette Übungen	1, 2, 3, 4, 7	Granat, Rubin, Topas, Zitrin, Amethyst	Element: besonders Wasser, Feuer; Tarot: Narr, Magier, Kraft, Sonne, Stern, Rad des Schicksals, Welt, Turm; Öffnen der Zellen, besonders im Schulter-, Nacken-, Hüft- und Beinbereich.
rote, orangene Farbübungen	1, 2, 6, 7	Granat, Rubin, Rosenquarz	Element: alle, besonders Feuer und Wasser; Tarot: Sonne, Mond, Welt, Kraft; Körperheilübungen
rote, orangene Farbübungen	1, 2	Granat, Rubin	Element: alle, besonders Feuer und Luft (Sterne und Gewitter); Tarot: Kraft, Stern, Welt, Herrscher und Herrscherin; Om, Obertöne
violette und gelbe Farbübungen	1, 2, 3, 4	Amethyst, Pyrit alle Farben, Topas	Element: Wasser, Feuer; Tarot: Turm, Narr, Mäßigkeit, Rad des Schicksals; inneres Lächeln, besonders Wirbelsäule, Hüfte, Herz, Körperübungen, Musik zum Nachdenken
alle, besonders die Integration von Schwarz und Weiß	alle, besonders 7	alle, besonders Diamant, Kristall, Onyx, Obsidian	Tarot: Tod, Teufel, Sonne, Mond, Eremit, Magier, Narr, Hierophant, Turm, Liebenden; Öffnen der Zellen, Körperheilübungen, Om
grüne und rosa Farbübungen	besonders 4	Rosenquarz, Malachit, Turmalin	Element: Wasser, Luft; Tarot: Sonne, Mäßigkeit, Rad des Schicksals, Liebenden; beruhigende Musik

Gefühle	Atemüb.	Symbole	Meditationen
Todes-ängste	1, 2, 3, 4	weißer Kreis, Rose, Glücksrad, Sonne, Regenbogen	unerwartete Türen, alle Wege sind offen, Lichtmeditation
Transformation	alle, besonders 8	alle geometrischen und nicht geometrischen Übungen	Lichtmeditation, weißes Licht, ich akzeptiere, Farbstraßen, alle Wege sind offen, loslassen von alten Lebensmustern, unerwartete Türen, Glücksrad
Übersensibilität	1, 2, 3	Dreieck, Siebenheit, Berg	Eigenschaften, rosa Luftblasen, ich akzeptiere, Schere
Überarbeitungstendenzen (Workoholics)	1, 2, 7	Yin und Yang, Sonne, Rose, Sonnenblume	Lichtmeditation, alle Wege sind offen, Glücksrad, rosa Luftblasen
Übereifrigkeit	1, 2, 7, 8	Kreuz, Pentagramm	loslassen von alten Lebensmustern, Schere, magnetische Erdenergie
Ungeduld	2, 3, 4	Hexagramm, Siebenheit, Yin und Yang	ich akzeptiere, Blockaden/Begrenzungen
Unruhezustände	1, 3, 4	Rose, Sonnenblume, Eule	Wasserglas, Schere, Glücksrad, Eigenschaften, alle Wege sind offen.

Farben	Chakren	Edelsteine	Andere
alle Farbübungen grün, violett, weiß	1, 3, 4, 7	Diamant, Kristall	Tarot: Sonne, Stern, Magier; inneres Lächeln
alle weißen, schwarzen, goldenen und silbernen Übungen	alle, besonders 6, 7	Diamant, Kristall, Onyx, Obsidian, Pyrit, Gold, Silber	Element: alle, besonders Feuer, Wasser; Tarot: Turm, Tod, Gehängte, Teufel, Welt, Magier, Narr, Hierophant, Rad des Schicksals; Verbinden der Gehirnhälften, besonders mit Unendlichkeitszeichen, inneres Lächeln, besonders zum Gehirn, Weltmusik
grüne und blaue Farbübungen	1, 2, 4, 6, 7	Smaragd, Jade, Malachit	Element: Erde, Wasser; Tarot: Narr, Magier, Gerechtigkeit; Körperübungen, Musik zum Ausgleich und zur Beruhigung
grüne und weiße Farbübungen	2, 3, 4	Smaragd, Jade, Kristall, Diamant, Turmalin	Element: Wasser, Erde; Tarot: Liebenden, Narr, Herrscherin, Mäßigkeit, Gericht; Verbinden der Gehirnhälften, Om, Musik zur Beruhigung und zum Nachdenken
grüne und goldene Übungen	1, 2	Achat, Pyrit	Tarot: Eremit, Hierophant, Mäßigkeit; Körperübungen, inneres Lächeln, besonders zum Herz
grüne und blaue Übungen	3, 4	Smaragd, Lapislazuli	inneres Lächeln zu Herz und Solarplexus, Om, Obertonsingen, beruhigende Musik
rosa, grüne, blaue Farbübungen	3, 4	Smaragd, Rosenquarz	Element: Feuer (Sonne); Tarot: Kraft und Sonne; Om, Planeten-Ton: Erde, Musik zur Beruhigung, Öffnen der Zellen

Gefühle	Atemüb.	Symbole	Meditationen
Unzufriedenheit	1, 2, 4	Kreuz, Siebenheit, Sonnenblume	ich akzeptiere, Blockaden/Begrenzungen, Wasserglas
Verständnis der Gedanken	3, 4, 7, 8	Pyramide, Eule, Regenbogen, Siebenheit, Rose	ich akzeptiere
Verzweiflung	1, 2	Kreis, Sonne, Sonnenblume, Regenbogen	Enttäuschung, Schuldgefühle, ich akzeptiere
Vergangenheit nicht loslassen können	1, 2, 3, 8	Yin und Yang, Sonne, Regenbogen	rosa Luftblasen, Schere, Glücksrad, loslassen von alten Lebensmustern, Lichtmeditation
Verstärken des Willens	besonders 8	Siebenheit, Pyramide, Sonne, Kreis	magnetische Erdenergie, Farbstraßen, Wasserglas, Lichtmeditation, weißes Licht
Verstehen	alle, besonders 5 und 6	Kreis, Yin und Yang, Sonne, Rose, Eule, Berg	visuelle Farbstraßen, Beziehung zu Hindernissen, Lichtmeditation, weißes Licht
Vertrauen	1, 2, 3, 4, 5, 6	Pyramide, Sonnenblume, Rose, Regenbogen	öffnen der Zellen, Lichtmeditation, Glücksrad, ich akzeptiere, Blockaden/Begrenzungen, unerwartete Türen

Farben	Chakren	Edelsteine	Andere
gelb, grün, Farbatmen und Farbstraßen	3, 4, 5	Rubin, Achat, Malachit	Element: Luft; Tarot: Glücksrad; ausgleichende Musik, Obertonsingen
alle Farben	5, 6, besonders 7	Diamant, Pyrit	Tarot: Eremit, Narr, Magier, Turm, Teufel; Verbinden der Gehirnhälften, Öffnen der Zellen
alle Übungen mit Gold, Gelb, Weiß	3, 4	Rubin, Zirlein, Bernstein	Element: die Erde; Tarot: Narr, Sonne, Stern, Liebenden; Erdenton, Om
alle grünen und gelben Farbübungen	1, 2, 3	Topas, Pyrit, Bernstein, Achat	Tarot: Gericht, Kraft, Mäßigkeit, Sonne; Om, Obertonsingen, inneres Lächeln, besonders zum Herz, belebende, aktivierende Musik
rote, orangene Farbübungen	1, 2, 3, 4	Granat, Rubin	Element: besonders Feuer; Tarot: Sonne, Kraft, Stern, Hierophant, Magier, Eremit; inneres Lächeln, besonders zu Herz, Wirbelsäule, Leber und Nieren, aktivierende Musik
besonders gelbe, blaue, violette Farbübungen	2, 5, 6, 7	Bernstein, Topas, Zitrin, Saphir, Aquamarin, Sodalith, Amethyst	Element: besonders Wasser, Feuer, Luft; Körperübungen, inneres Lächeln, Öffnen der Zellen, Om, Mandalas
besonders blaue, violette Farbübungen	5, 6, 7	Aquamarin, Saphir, Amethyst, Rosenquarz, Topas, Bernstein	Element: besonders Wasser, Feuer, Luft; Tarot: Narr, Gericht, Herrscher, Herrscherin, Rad des Schicksals, Liebenden

Gefühle	Atemüb.	Symbole	Meditationen
Verzeihen	1, 2, 3, 4, 5, 6, 7, 8	Regenbogen, Eule, Sonnenblume, Berg, Kreuz, Quadrat, Dreieck	ich akzeptiere, Wasserglas, rosa Farbstraße, alle Wege sind offen, unerwartete Türen
Vitalität, mangelnde	besonders 6, 8	Siebenheit, Pyramide, Baum, Sonne	magnetische Erdenergie, Farbstraßen, unerwartete Türen, loslassen von alten Lebensmustern
Wahrheit	1, 2, 4, 5, 6, 7, 8	Kreis, Kreis mit Punkt, Siebeheit	besonders inneres Lächeln, Lichtmeditation, öffnen der Zellen, loslassen von alten Lebensmustern, rosa Luftblasen, Farbstraßen in Blau, Schwarz und Weiß
Zukunftsvisionen/ -bestimmungen	besonders 8	Kreis, Pyramide, Eule, Rose	Glücksrad, unerwartete Türen, alle Wege sind offen, öffnen von verschlossenen Türen
Zwanghaftigkeit	alle, besonders 7 und 8	Kreis, Pyramide, Yin und Yang, Eule	Lichtmeditation, Eigenschaften, Berg, Bergkristall, Schere, rosa Luftblasen
Zweifel an der eigenen Urteilsfähigkeit	besonders 7	Kreis, Pyramide	unerwartete Türen, alle Wege sind offen, loslassen von alten Lebensmustern
Zweifel, grundlegende	3, 7	Pyramide	Angst, Körperheilübungen, magnetische Erdenergie, Eigenschaften

Farben	Chakren	Edelsteine	Andere
rosa, grüne und violette Übungen, auch weiß	4 und 7	Rosenquarz, Jade, Achat, Emerald, Smaragd, Amethyst	Element: besonders Wasser, Feuer; Tarot: Hierophant, Gericht, Möglichkeit, Hohe Priesterin; Körperheilübungen, inneres Lächeln zum Herz, Musik zum Nachdenken
rote, orangene, grüne Farbübungen	1, 2, 4	Achat, Granat, Rubin, Malachit, Turmalin	Element: besonders Feuer und Wasser; Tarot: Sonne, Stern, Kraft; Verbinden der Gehirnhälften, aktivierende Musik, Om,
alle Farbübungen, besonders blaue, weiße, schwarze	alle, besonders 5, 6, 7	alle, besonders Diamant, Kristall, Onyx, Obsidian, Saphir, Aquamarin	Element: alle, besonders Wasser; Tarot: Eremit, Hierophant, Sonne, Mond, Narr, Magier, Tod, Teufel; Verbinden der Gehirnhälften, besonders in blau, schwarz und weiß, Om
alle Farbübungen, besonders rosa	2, 6, 7	Amethyst, Lapislazuli, Pyrit	Tarot: Rad des Schicksals, Welt, Hierophant, Eremit; Verbinden der Gehirnhälften, Om
goldene, Rosa, silberne, blaue Farbübungen	alle, besonders 1, 7	Lapislazuli, Saphir, Gold und Silber als Metall, Rosenquarz	Element: Erde, Wasser, Feuer; Tarot: Eremit
grün, gold, Farbatmen und Farbstraßen	1, 2, 3	Emerald, Malachit, Smaragd, Jade	Tarot: Narr, Gerechtigkeit, Eremit; Verbinden der Gehirnhälften
violette, grüne Farbübungen	2, 3, 4	Rubin, Lapislazuli	Tarot: Hierophant, Gehängte; inneres Lächeln, besonders zu Solarplexus, Milz, Herz

Alphabetisches Verzeichnis der Übungen

Alle Wege sind offen	187
Angst	178
Atemübung 1: Zählen des Atems	106
Atemübung 2: Das Anhalten des Atems	106
Atemübung 3: Körperbetrachtung	106
Atemübung 4: Bewußtseinsbetrachtung	107
Atemübung 5: Farbatmen	107
Atemübung 6: Farbatmen und Reinigung	108
Atemübung 7: Verfolgen der Gedanken	108
Atemübung 8: Einswerden mit dem Objekt	109
Atemübung 9: Vergangenheit, Gegenwart, Zukunft	109
Atmen	64
Auf den Grund des Wassers gehen	156
Ärger	173
Berg	144
Bergkristall	195
Beziehung zu Hindernissen	188
Blockaden/Begrenzungen	180
Diamant	195
Dreieck	117
Edelsteine	212
Eigenschaften	190
Entspannen des Gehirns	226
Entspannung	86
Enttäuschung	175
Erde	163
Eule beobachten	146
Farbkreis	171
Farbstraße	170
Farbwolke	170
Feuer	158

Fisch im Wasser	155
Gehen	65
Glücksrad	191
Hexagramm	128
Ich akzeptiere	182
Insel	189
Kontakt mit der magnetischen Energie der Erde	185
Kreis	113
Kreis	194
Kreuz	121
Lichtmeditation	193
Loslassen alter Lebensmuster	188
Mandala	151
Mit der Eule fliegen	146
Mit der Erde verbinden	164
Obertonsingen	234
Pentagramm – die fünf Tugenden	124
Pentagramm – die Ernährung	125
Pyramide	129
Pyramide	193
Quadrat	119
Regenbogenfarben	137
Regenbogen – Spaziergang	137
Rosa Luftblasen	192
Rose	139
Rosengarten	141
Rosenknospe	141
Schere	188
Schuldgefühle	176
Schwimmen im Wasser	154
Sich ausbreitendes Feuer	159
Siebenheit	132
Sitzen	64

Sonne	135
Sonnenblume	142
Steine	164
Tarot	219
Unerwartete Türen	186
Verbinden der beiden Gehirnhälften mit dem Kreis	227
Verbindung zu Gold	187
Verbindung der beiden Gehirnhälften mit der Acht	226
Verschlossene Türen	187
Visuelle Farbenstraße	185
Vogelflug	161
Wasserglas	184
Weißes Licht	194
Wind	162
Yin und Yang	135

Literaturverzeichnis

Abraham, Kurt, *Threefold Method for Understanding the Seven Rays*, Cape May, 1984
Aivanhov, Omraam Mikhael, *The Splendour of Tiphareth*, Shaftesbury, 1982
Aivanhov, Omraam Mikhael, *The Symbolic Language of Geometrical Figures*, Frejus, 1985
Aivanhov, Omraam, Mikhael, *What is a Spiritual Master?*, Frejus, 1984
Allgeier, Kurt, *Die Heilkraft der Bäume*, München, 1986
Argüelles, Jose & Miriam, *Mandala*, Boston, 1972
Assaglio Roberto, *The Act of Will*, Wellingborough, 1984
Bach, Richard, *EinsSein*, München, 1990
Baker, Douglas, *Meditation*, Essendon, 1975
Bauer, Wolfgang, u. a., *Lexikon der Symbole*, München, 1987
Berendt, Joachim-Ernst, *Das Dritte Ohr*, Reinbeck, 1989
Berendt, Joachim-Ernst, *Ich Höre, Also Bin Ich*, Freiburg, 1989
Bentov, Itzhak, *Stalking The Wild Pendulum*, New York, 1981
Bloomfield, Harold, u.a., *How Meditation Can Reduce Stress*, London, 1976
Bohm, David, *Die implizierte Ordnung*, Berlin, 1987
Bonewitz, Ra, *The Cosmic Crystal Spiral*, Shaftesbury, 1987
Bonin, Werner F., Hrsg., *Lexikon der Parapsychologie*, München, 1984
Brunton, Paul, *Healing of The Self, The Negatives*, New York, 1989
Brunton, Paul, *Meditationen*, New York, 1986
Campbell, Robert, *Fisherman's Guide*, Boston & London, 1985
Chocron, Daya Sarai, *Heilen mit Edelsteinen*, München, 1985
Chopra, Deepak, *Die heilende Kraft*, Bergisch Gladbach, 1992
Chopra, Deepak, *Die Körperseele*, Bergisch Gladbach, 1992
Cooper, J.C., *Illustriertes Lexikon der traditionellen Symbole*, Leipzig, 1986
Cousto, Hans, *Die Kosmische Oktave*, Essen, 1984
Cousto, Hans, *Die Oktave*, Berlin, 1988
Cousto, Hans, *Klänge, Bilder, Welten*, Berlin, 1989
Cumming, Elisabeth/Kaplan, Wendy, *The Arts and Crafts Movement*, London, 1991
Dahlke, Rüdiger, *Mandalas der Welt*, München, 1984
Davies, Paul, *Gott und die Moderne Physik*, München, 1986

Denniston, Denise, u.a., *The Transcendental Meditation Book, How To Enjoy The Rest of Your Life*, Allen Park, 1975
Denniston, Denise/McWilliams, Peter, *The Transcendental Meditation Book*, New York, 1975
Diamond, John, *Der Körper lügt nicht*, Freiburg, 1990
Diamond, John, *Lebensenergie in der Musik*, Südergellersen, 1989
Doczi, György, *Die Kraft der Grenzen*, München, 1987
Dossey, Larry, *Die Medizin von Raum und Zeit*, Reinbeck, 1987
Elias, Norbert, *Über die Zeit*, Frankfurt, 1989
Ferrucci, Piero, *What We May Be*, Wellingborough, 1986
Fischer, Mark, *Das Geheimnis des inneren Reichtums*, Bad Münstereifel, 1991
Gardner, Joy, *Color and Crystals*, Stanford, 1988
Garfield, Laeh Maggie, *Der heilende Klang*, München, 1987
Gawain, Shakti, *Kreative Visualisation*, San Rafael, 1978
Gettings, Fred, *Dictionary of Occult, Hermetic and Alchemical Symbols*, London, 1981
Gierer, Alfred, *Die Physik, das Leben und die Seele*, München & Zürich, 1988
Gimbel, Theo, *Form, Sound, Colour and Healing*, Walden, 1987
Glover, Jonathan, *The Philosophy and Psychology of Personal Identity*, London, 1988
Godwin, Joscelyn, *Music, Mysticism and Magic*, London, 1987
Haich Elisabeth, *Tarot*, Stuttgart, 1969
Halevi, Z'ev ben Shimon, *Kabbala and Psychology*, Bath, 1986
Halevi, Z'ev ben Shimon, *Tree of Life*, London, 1972
Hamel, Peter Michel, *Durch Musik zum Selbst*, München, 1980
Hausman, Gerald, *Meditations with the Navajo*, Santa Fe, 1987
Hawking, Stephen W., *A Brief History of Time*, London, 1988
Hertzka, Gottfried/Strehlow, Wighard, *Die Edelsteinmedizin der heiligen Hildegard*, Freiburg, 1985
Hewitt, James, *Meditation*, New York, 1978
Hewitt, James, *The Complete Relaxation Book*, London, 1989
Houston, Jean, *The Possible Human*, Los Angeles, 1982
Humphrey, Naomi, *Meditation, The Inner Way*, Bungay, 1987
Jaffé Aniela, *Erinnerungen, Träume, Gedanken von C.G. Jung*, Freiburg, 1963

Johari, Harish, *Chakras*, Rochester, 1987
Kawohl, Marianne, *Heilkraft der Musik*, Freiburg, 1989
Klinger-Raatz, Ursula, *Die Geheimnisse edler Steine*, Durach, 1988
Krishna, Gopi, *Kundalini - Erweckung der geistigen Kraft im Menschen*, Bern-München-Wien, 1985
Laszlo, Ervin, *Evolution - The Grand Synthesis*, Boston & London, 1987
Laughlin, Charles, u. a., *Symbol & Experience*, Boston & Shaftesbury, 1990
Le Shan, Lawrence, *How to Meditate*, Wellingborough, 1983
Leonard, George, *Der Rhythmus des Kosmos*, Reinbeck, 1986
Love, Jeff, *Die Quantengötter*, Reinbeck, 1887
Masino, Marcia, *Easy Tarot Guide*, San Diego, 1987
Maturana, Humberto R./Varela, Francisco J., *Der Baum der Erkenntnis*, Bern-München-Wien, 1987
Meiser, Hans Christian, Hrsg., *Dalai Lama - Ausgewählte Texte*, München, 1987
Miers, Horst E., *Lexikon des Geheimwissens*, Freiburg, 1980
Moore, John, *Being in Your Right Mind*, Salisbury, 1984
Mulford, Prentice, *Unfug des Lebens und des Sterbens*, Frankfurt, 1977
Muths, Christa, *Farbtherapie*, München, 1989
Neumann, Thomas, Hrsg., *Zeitmontage, Albert Einstein*, Berlin, 1989
Nisargadatta, Maharaj Sri, *Ich bin*, Bombay, 1983
Ouseley, S.G.J., *Colour Meditations*, Exeter, 1949
Palos, Stephan, *Atem und Meditation*, München, 1974
Pollak, Rachel, *Seventy-Eight Degrees of Wisdom I + II*, Wellingborough, 1980
Porkert, Manfred, *Die chinesische Medizin*, Düsseldorf-Wien, 1986
Powell, Arthur E., *The Mental Body*, London, 1984
Proto, Louis, *Meditation for Everybody*, London, 1991
Ramm-Bonwitt, Ingrid, *Tantrische Meditationen*, Freiburg, 1988
Richardson, Wally + Jenny, Huett Leonora, *Die geistigen Heilkräfte der Edelsteine*, Grafing, 1987
Rieker, Hans-Ulrich, *The Secret of Meditation*, New York, 1974
Rudhyar, Dane, *Culture, Crisis, and Creativity*, Wheaton, 1977
Rudhyar, Dane, *Die Magie der Töne*, München, 1988
Rudhyar, Dane, *Rhythm of Wholeness*, Wheaton, 1983
Russel, Peter, *Die erwachende Erde*, London, 1984
Russel, Peter, *The TM Technique*, New York, 1978

Rywerant, Yochanan, *Die Feldenkrais-Methode*, Heidelberg, 1987
Sartory, Gertrude & Thomas, *Schlüssel zum Geheimnis der Welt*, Basel, 1983
Schrödinger, Erwin, *Geist und Materie*, Wien & Hamburg, 1986
Schul, Bill/Pettit, Ed, *Die geheimnisvollen Kräfte der Pyramide*, Stuttgart, 1986
Schulz, Johanna von, *Heilende Kräfte in der Musik*, München, 1981
Scott, Cyril, *The Greater Awareness*, Henley-on-Thames, 1981
Scovel Shinn, Florence, *Your Word is your Wand*, Romford, 1982
Sharamon, Shalila/Baginski, Bodo J., *Das Chakra-Handbuch*, Durach, 1990
Sharman-Burke, Juliet, *The Complete Book of Tarots*, London, 1985
Shastri, Hari Prasad, *Meditation*, London, 1936
Sheldrake, Ruprecht, *A New Science of Life*, London, 1988
Sheldrake, Ruprecht, *The Presence of the Past*, London, 1989
Simon, Franz, *Der Flirt mit der Negativität*, Berlin, 1991
Tegtmeier, Ralph, *Musikführer für die Reise nach Innen*, Haldenwang, 1984
Tompkins, Peter/Bird, Christopher, *Das geheime Leben der Pflanzen*, Frankfurt, 1990
Toth, Max/Nielsen, Greg, *Pyramid Power*, Freiburg, 1986
Uyldert, Mellie, *Verborgene Kräfte der Edelsteine*, München, 1983
Uyldert, Mellie, *Verborgene Kräfte der Metalle*, Amsterdam, 1984
Vollmar, Klausbernd, *Fahrplan durch die Chakren*, Reinbeck, 1985
Wallace, B. Alan, *Choosing Reality*, Boston, 1989
Wang, Robert, *The Quanalistic Tarot*, York Beach, 1983
Watts, Alan, *The Meaning of Happiness*, London, 1940
Watts, Alan, *The Wisdom of Insecurity*, Tiptree, 1979
Wilber, Ken/Engler, Jack/Brown, Daniel P., *Transformations of Consciousness*, Boston & London 1986
Wilber, Ken, *Eye to Eye*, Boston & Shaftesbury, 1990
Wilson, Annie/Bek, Lilla, *What Colour are You?*, Wellingborough, 1983
Wilson, Colin, *Access to Inner Worlds*, London, 1986

Simon + Leutner

Samuel Avital
Mimenspiel
Die Kunst der Körpersprache

Roland Bäurle
Körpertypen
Vom Typentrauma zum Traumtypen

R. Bahro, A. Holl u.a.
Radikalität im Heiligenschein

Hilde Beck-Avellis
Fibel des autogenen Trainings

Inge Biermann
AtemWege
Atemarbeit nach Langenbeck

Hautnah
Erfahrungen aus der Atemarbeit

Hans Cousto
Die Oktave
Das Urgesetz der Harmonie

Klänge Bilder Welten
Musik im Einklang mit der Natur

Orpheus Handbuch
Die Rhythmen der Erde

Encu
Der kosmische Clown
Eine unterhaltsame Einführung
in die Astrologie

Fritz Dobretzberger
Farbmusik
Eine kombinierte Farben
und Musiklehre

Hans-Curt Flemming
Sprünge
Gedichte und Geschichten

Suchbilder
Gedichte und Photographien

Ein Zettel an meiner Tür
Gedichte

Annäherung
Gedichte

**Blätter vom
fliegenden Märchenbuch**
Geschichten für Kinder

Eluan Ghazal
Der heilige Tanz
Einführung in den
orientalischen Tanz

Ulrich Gressieker
Vaterschaft
- oder wie ich schwanger wurde

Christa Muths
**Heilen mit Farben, Bildern
und Symbolen**
Das große Buch der Heilübungen

Hartmut Müller
Heile Deine Gedanken
Das Mind-Clearing-Buch

Spiel Tarot - Spiel Leben
Schule des intuitiven Tarot

Margo Naslednikov
Tantra - Weg der Ekstase
Sexualität des neuen Menschen

Frank Natale
Trance Tanz
- der Tanz des Lebens
Rituale und Erfahrungen

Lebendige Beziehungen
Die 20 Qualitäten der Liebe

Petra Niehaus
Astrokalender
Sternenlichter

Karin Petersen
Aber die Liebe
... nicht Anfang noch Ende sie kennt

Herbstzeitlose
Eine tantrische Liebesgeschichte

Jack Lee Rosenberg
Orgasmus

Barbara Schermer
Astrologie live!
Astrodrama und Gestalttherapie

Steve Schroyder
Klänge Bilder Welten
Die Rhythmen der Erde (2 CD)

Sun - Spirit of Cheops
Sonnenton-Musik nach den Prinzipien der kosmischen Oktave (CD)

John Selby
Wieder klar sehen
Zur Heilung von Kurzsichtigkeit

Franz Simon
Flirt mit der Negativität
Eine ehrliche Konfrontation

Wie man den Zufall manipuliert
Verantwortung, Kreativität
und positives Denken

Penny Slinger und Nick Douglas
Das geheime Dakini Orakel Buch

Hal & Sidra Stone
Wenn zwei sich zu sehr trennen
Bindungsmuster durchschauen -
Lust, Nähe und Vertrauen
wiedergewinnen

Klausbernd Vollmar, M. Haeusler
Der letzte Schrei
aus dem Jenseits
Über Channeling und Lichtarbeit

Hellmut Wolf
Creation Dance Tantra (CD)

- Bestellen Sie unser Gesamtprogramm, kostenlos und unverbindlich bei
Simon + Leutner, Oranienstr. 24, 10999 Berlin